솔리드웍스
정적구조 및 유체유동 공학해석 기초

공학박사 이상만 저

- 정적구조 공학해석 실무능력 논리수립
- 유체유동 공학해석 실무능력 논리수립
- 논리수립 접근을 위한 다양한 학습모델 활용

인터넷 강좌용
USB 판매용
도서

명인북스
Myungin Books

솔리드웍스
정적구조 및 유체유동 공학해석 기초

솔리드웍스 해석기초

가장 기본적인 내용을 중심으로 해석논리 습득을 위하여 기초과정을 학습하기 위한 17 개의 모델로 작성되었다.

- **정적구조 논리습득 최소 해석모델**
  중공평판, L-브래킷, Support 브래킷, ㄷ-브래킷, ㅗ-브래킷, C-브래킷, ㅗ-브래킷(assembly), Plier, 2-ring, Wrench, 충격흡수기

- **유체유동 논리습득 최소 해석모델**
  등속유동상자, 화학후드, Check Valve, Regulating Valve, 흡기다기관, 람보르기니

머리말

➜➜ 해석논리의 수립에 대한 고찰

해석유형에 따라 공학해석 이론과 유한요소 이론적용의 해석논리를 접근시키는 기술적인 방법과 도구가 서로 확연한 차이점이 있기 때문에, 공학해석 논리를 수립하기 위해서는 우선 해석하려는 유형(구조, 유체유동, 열 유동)을 분명하고 타당성 있게 결정해야 한다.

단위계는 모든 해석유형에서 공통으로 설정해야 하므로, 현재 대부분의 공학교육에서 일반적으로 통용되고 있는 국제표준의 SI 단위계에 대한 정의를 확실하게 숙지해야 하는 공학적인 기반이 중요하다고 판단된다.

해석유형에 따라 결과분석에 필요한 후처리과정을 제외하면, 각 과정에서 해석논리를 수립하기 위하여 요구되는 차이점은 다음과 같이 요약할 수 있다.

1. 정적구조 해석에서는 역학적인 평형과 구조의 미소변형 및 거동에 관한 사항의 해석이 중요하므로 정역학과 재료역학의 공학이론이 필요하며, 특히 소성변형과 탄성변형의 경계조건을 정의하는 응력-변형율 선도의 이해가 필수적인 선행학습 과정이다.

또한, 유한요소 해석에 관한 전산이론을 숙지하기 위해서는 3-D 모델의 재질설정, 메시구조의 속성과 유형, 부품 또는 assembly의 구속유형, 다양한 하중유형의 적용, 연결부품 요소의 유형과 상당설정 필수요건에 대한 이해, assembly 부품간의 접촉유형의 구분과 설정기법 적용에 대한 이해 등이 체계적으로 숙지되어야 한다.

이 외에, 비선형 대변위 해석, 사용자정의 재질의 적용과 해석에 적합한 설계치수의 결정, 해석에 적합한 메시요소 및 구조의 선택을 고려하는 해석에 필요한 기술적인 가정을 합리적으로 적용하기 위한 구조의 단순화 등의 응용기법이 추가적으로 요구된다.

2. 열 및 유체유동 해석에서는 유동의 가시화가 우선적인 기본사항이므로, 이 목표를 구체화하기 위한 모델의 준비작업과 유동을 생성하는 물리적 물성 값의 정확한 정의, 유동저항과 관련되는 인자의 정의, 초기조건 및 경계조건의 적절한 적용에 대한 이해가 필요하므로 정적 및 동적 유

체역학에 관한 기초적 공학이론의 선행학습이 요구된다.

또한, 유한체적요소의 해석에 관한 전산이론을 숙지하기 위해서는 메시의 유형(기본메시, 초기메시, 국부 초기메시 등), 해상도, 메시생성을 위한 참조치수의 적용, 수동 메시인자를 적용한 메시 생성기법, 좁은통로 세분화(NCR) 기법, 컨트롤평면 적용기법 등과 같은 메시 생성논리 algorithm에 대한 이해를 기반으로 하는 생성된 메시의 확인절차가 필수사항이다.

이 외에, 해석의 신뢰성을 확보하기 위해서는 메시의 최적화 접근과정, 가시화 도구로 활용하고 있는 입자스터디 적용방법에 대한 이해와 부품컨트롤 및 계산컨트롤 기법적용 등의 응용과정이 추가적으로 요구된다.

3. 열에너지는 난방용도를 포함하는 열기관에서의 이용목적 외에는 에너지 변환을 적용하는 대부분의 실무 산업현장에서 회수될 수 없는 최종적인 에너지 형태이므로 일반적으로는 생성 mechanism을 분석하여 효과적으로 제거시키고 있으며 특히, 반도체 산업분야의 전기전자 부품에서 발생하는 열에너지는 부품의 오작동 및 고장과 재해사례를 발생하는 원인이 될 수 있으므로 제거의 필요성이 가중된다.

한편, 열 유동 해석은 열역학적 평형을 기반으로 하고 있으므로 열역학과 열전달 mechanism에 관한 이론의 선행학습이 필수사항이다.

열 유동 해석도 유한체적요소를 해석에 이용하고 있으므로 전산이론은 유체 유동해석과 기본적으로는 동일하며 대부분 동시에 수행되고 있으나, 열 해석을 위해서는 열전달 및 3-D 모델의 열적인자가 추가되어야 하므로 구성하는 솔리드 재질에 대한 공학 데이터베이스의 활용이 필수사항이다.

또한, 열전달 특성과 관련되는 종속성 및 구성부품 솔리드의 열적 속성에 대한 학습과정과 이해가 추가적으로 필요하며, 다른 해석과 비교하여 해석 결과의 비교분석 및 검토가 특히 중요한 과정이 될 것으로 판단된다.

주요 해석결과의 가시화는 온도플롯으로 단순화 되는 반면, 전처리의 설정은 가장 다양하고 복잡한 공학해석 논리수립의 최종단계가 되므로, 기초과정을 익숙하게 활용할 수 있는 수준이후의 단계에서 해석논리를 추가시키는 과정을 통하여 완성하는 순서가 용이한 접근방법이라 할 수 있다.

본 도서에서는 기초적인 구조 및 유동의 해석모델을 이용하여 해석논리에 단계적으로 익숙해질 수 있도록 함으로써 실무 산업현장에서 접하게 될 업무에 활용할 수 있는 해석접근 능력을 습득하는 것을 목적으로 저술되었으므로, 지면의 제한조건을 고려하여 공학이론의 수록은 최소화 하였으며 독자의 의도에 따라 필요한 역학 관련서적을 추가적으로 참조하기 바란다.

수록된 학습과제들을 관련되는 첨부 동영상을 참조하면서 순차적으로 수행하다 보면 자신도 모르게 해석논리들이 자연스럽게 수립될 수 있도록 구성하였으며, 제 3 장에서의 개별실습과제 참조사항 및 참조플롯을 검토하여 해당 과제들을 수행할 수 있을 정도의 능력에 도달하면 기본적인 업무에 활용하기에는 충분할 것으로 사료된다.

3-D 모델링 과정이 설계의 완성과정이라 한다면 모의해석 과정은 완성된 설계의 검증을 위한 독립적인 과정이므로, 미리 습득해 두면 도움은 될 수 있지만, 3-D 모델링 과정이 모의해석 과정을 위하여 필수적으로 선행되어야 할 요건은 아니며 따라서 모델링 과정에 정통하지 않은 경우에도 무관하다.
다만, 해석 중에 필요에 따라 모델링에 관련되는 사항이 나타나기도 하지만 해석논리를 수립하는 접근과정의 수준에 불과하다.

본 도서에서 해석에 활용된 3-D 모델의 다수는 해석논리 수립에 적합한 SolidWorks의 training 과정 프로그램 등에서 발췌하였으므로 이미 이전에 보았던 경험이 있을 수도 있으나, 다년간의 교육과 응용경험을 토대로 국내 엔지니어 정서에 적합하도록 해석주제를 정하고 재편성하면서, 개인적인 응용연습이 가능하도록 개별실습 과제를 추가하여 체계적으로 해석논리를 습득할 수 있도록 편집하는데 주력하였다.

또한, 공학해석에 필요한 기초부터 일반사항을 구분하여 수립할 수 있도록, 전처리과정부터 해석결과의 분석을 위한 후처리 작성기법을 단계적으로 수록하여 완성할 수 있도록 구성하였으며, 해석과정 중에 설정내용이 복잡하거나 추가적 option 사항을 포함하는 경우는 관련되는 고급과정 설정상세사항의 검토과정을 통하여 해석논리의 수립에 도움이 될 수 있기를 기대한다.

각 해석주제 분류의 도입부에는 경험상 실무에서 발생하는 중요사항들이 제시되어 있고 관계되는 참고사항을 서술하고 있으므로 충분히 숙독하여 이해될 수 있어야 하며, 학습 시에 참조가 되기를 바란다.

끝으로, 본 도서의 출판에 아낌없는 도움을 받은 현대 CAD 디자인 직업전문학교 임직원 여러분들에게 깊은 감사의 뜻을 드리면서 본서의 출간을 허락해 주신 명인북스 대표님께 감사드립니다.

공학박사 이 상 만

CONTENTS

제1장 정적구조 해석

1-1. 공학기초 이론   15
1-1-1. 단위계와 기본물리량 및 규격의 표준화   15
1-1-2. 공학이론 (재료역학)   22
1-1-3. 유한요소 해석이론   28

1-2. 해석기초 및 일반사항   50
1-2-1. 해석결과의 신뢰성 및 기초해석기법   50
1-2-1-1. 메시 밀도   58
1-2-1-2. 구조적결함 및 메시 컨트롤(MC)   77
1-2-1-3. 자동세분화(h-A) 해석기법   93
1-2-1-4. 설계스터디(DS-1) 해석기법   101
1-2-1-5. 개별실습 예제 (Ⅰ)   109

1-2-2. Assembly 해석   110
1-2-2-1. 단일부품 vs assembly   113
1-2-2-2. 접촉유형과 상당설정   119
1-2-2-3. 거동구속   136
1-2-2-4. 연결유형과 결과분석   158
1-2-2-5. 개별실습 예제 (Ⅱ)   177

목차

제2장 열 및 유체유동 해석

2-1. 공학기초 이론 — 183
2-1-1. 기본물리량 — 184
2-1-2. 공학이론 (유체역학, 열역학, 열전달) — 185
2-1-3. 유한체적요소 해석이론 — 193

2-2. 해석기초 및 일반사항 — 197
2-2-1. 해석모델의 준비와 검사 — 198
2-2-2. 해석트리의 구성 — 206
2-2-3. 내부유동 vs 외부유동 — 219
2-2-4. 입자스터디 — 230
2-2-5. 유동의 가시화 (해석결과의 분석) — 234
2-2-6. 유체유동 vs 열 유동 — 256

제3장 개별실습 참조사항 및 참조플롯

3-1. 개별실습 예제 (I) — 261
3-2. 개별실습 예제 (II) — 266
3-3. 개별실습 예제 (III) — 277

- Appendix — 297
- 개별 평가항목(SWSS) — 301
- 개별 평가항목(SWFS) — 304

제 1 장

정적구조 해석

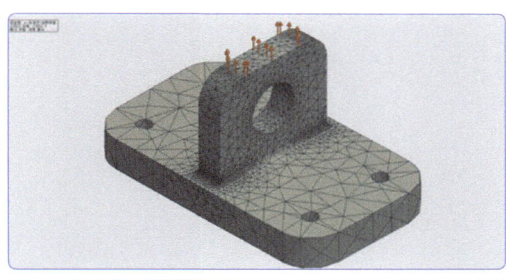

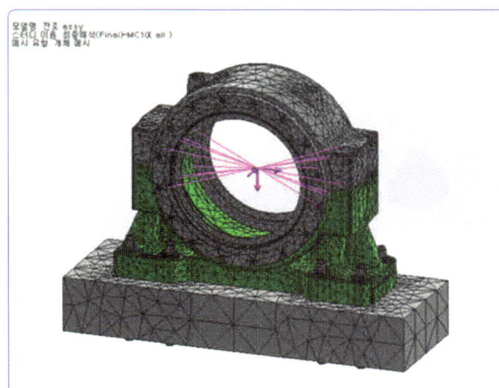

1-1 공학기초 이론

1-1-1 단위계와 기본물리량 및 규격의 표준화

1-1-1-1. 단위계

1. 절대단위계 (絕對單位) – MLT system

단위란 물리량의 정량적 표현방법이다.
단위를 표현하기 위한 기본차원으로는 질량(mass), 길이(length), 시간(time) 등이 있다.
1kg 은 물 $0.001m^3$ 의 질량과 같고, 1m 는 적도에서 극까지 거리의 천만분의 1이며 1sec 는 평균태양일의 1/86,400 로 정의한다.

(1) C ◦ G ◦ S 단위계
기본차원의 단위가 길이(cm), 질량(g), 시간(sec)으로 구성된 단위계이다.
CGS 단위로 힘(force)의 단위를 표현하면
$$F = m \cdot a$$
1 dyne = 1 g × 1 cm/sec²이다.
여기서, F는 힘(dyne), m은 질량(g), a는 가속도(cm/sec²)를 나타낸다.

(2) M ◦ K ◦ S 단위계
기본차원의 단위가 길이(m), 질량(kg), 시간(sec)으로 구성된 단위계이다.
1 N = $1kg_m$ × 1m/sec² = $1kg_m \cdot m/sec^2$
여기서, F는 힘(N), m은 질량(kg), a는 가속도(m/sec²)이다.

2. 국제단위 (國際單位 : SI 단위 : system international units)

절대단위의 M◦K◦S 단위계를 국제적으로 통일된 기본단위로 사용되고 있으며 이것을 SI단위라 하고, 국제적인 학술대회나 기술서적에서 상호 소통할 수 있도록 구성된 단위계이다.

(1) 힘의 SI 단위 표현

$1\ N = 1\ kg_m \times 1\ m/sec^2 = 1\ kg_m \cdot m/sec^2$

(2) 압력(pressure)의 SI 단위 표현

압력이란 단위면적당 작용하는 수직력으로 정의할 수 있으므로, SI단위로 표현하면
$P\ [N/m^2] = F\ [N]\ /\ A\ [m^2]$ 이며 기본단위에 의한 압력은 $1\ N/m^2 = 1\ Pa$이다.
여기서 P는 압력(N/m^2), F는 수직력(N), A는 단위면적(m^2)을 의미한다.

3. 중력단위 (重力單位) – FLT system

물체의 무게는 그 물체에 작용하는 중력의 크기이므로 무게(중량)와 동일한 단위로 힘의 크기를 나타낼 수 있으며 이것을 중력단위라 한다.

(1) 중력단위계

질량 $1\ kg_m$이 중력장에서 중력가속도 $g=9.8\ m/sec^2$이 적용되었을 때 지구중심부로 향하는 힘을 $1\ kg_f$(1 kg중량)으로 정의한 단위계로서 기본단위는 길이(m), 중량(kg_f), 시간(sec)이다.
$1\ kg_f = 1\ kg_m \times 9.8\ m/sec^2 = 9.8\ N$

(2) 스칼라(scalar) 량

크기로만 표시할 수 있는 물리량으로 질량, 시간, 온도 등이 있다.
스칼라량은 방향과는 관계없이 항상 일정하다는 정량적인 의미를 말한다.

(3) 벡터(vector) 량

크기와 방향으로 표시할 수 있는 물리량으로 변위, 속도, 가속도, 힘, 모멘트 등이 있다.

〈 표 1-1. SI 단위계의 기본단위(基本單位)〉

質 (quality)	單位 (SI units)
길이 (length)	m (meter)
질량 (mass)	kg (kilogram)
힘 (force)	N (newton)
시간 (time)	s (second)

⟨ 표 1-2. 10의 지수크기의 척도와 단위에 사용되는 접두어 ⟩

지수	명칭	약자	지수	명칭	약자
10^{-18}	atto	a	10^{-3}	milli	m
10^{-15}	femto	f	10^{3}	kilo	k
10^{-12}	pico	p	10^{6}	mega	M
10^{-9}	nano	n	10^{9}	giga	G
10^{-6}	micro	μ	10^{12}	tera	T

⟨ 비고 ⟩ ① Pa : Pascal - 응력 및 압력의 기본단위
② 10^3 Pa = 1 kPa , 10^6 Pa = 1 MPa , 10^9 Pa = 1 GPa, 10^{-3} Pa = 1 mPa …

1-1-1-2. 기본 물리량

1. 질량 (質量 : mass) : m

물질을 대표하는 거시적인 물리량으로 사용하는 단위는 kg_m (1kg질량) 이다.

2. 힘 (力 : force) : F

뉴턴(Newton)의 운동 제 2법칙은 $F = ma$ 이다.
여기서, m 은 질량(kg_m), a 는 가속도(m/sec^2), F 는 힘이며 단위는 N과 kg_f을 사용한다.
힘(力)과 같은 단위로 표현하고 있는 물리량으로는 하중(load), 중량(무게 : weight) 등이 있다.

3. 밀도 (密度 ; density) : ρ

시스템 또는 물질조직의 치밀한 정도를 대표하는 물리량으로 단위체적당 물체의 질량으로 정의하며 사용하고 있는 단위는 kg_m/m^3 이다.

$$\rho = m / V$$

여기서 m 은 질량 (kg_m)이고 V 는 체적 (m^3)이다.

4. 비중량(specific weight) : γ

비중량은 단위체적당 물체의 중량으로 계산할 수 있는 물리량이다.

사용하고 있는 단위는 N/m^3, kg_f/m^3 이다.

$$\gamma = G/V$$

여기서 G 는 중량 (N, kg_f)이고 V 는 체적 (m^3)이다.
중량은 질량과 표준중력가속도의 곱이다.

$$G = m \cdot g$$
$$\gamma = G/V = mg/V = \rho \cdot g$$

여기서, m 은 질량, g 는 표준 지구중력가속도($9.8 m/sec^2$), 는 밀도(kg_m/m^3)이다.

즉, 비중량은 밀도와 표준중력가속도의 곱으로도 결정될 수 있으며, 또한 단위길이당 하중(W)은 W = γA이고, 여기서 γ와 A 는 각각 비중량과 단면적이다.

5. 응력(stress)과 면압 : σ

(1) 응력
응력이란 물체에 작용하는 외력으로 인하여 물체 내에서 발생하는 단위면적당 저항력(내력)으로 정의되는 물리량이다.

$$\sigma = F/A$$

사용하고 있는 단위로는 N/m^2, Pa(pascal), kg_f/mm^2 등이 있다.
1 Pa = 1 N/m^2 이며 물체에 작용하는 하중(자중하중 포함)을 외력으로 고려한다.

(2) 면압
면압은 상대운동을 하고 있는 두 물체의 접촉면적당 수직(normal)하게 작용하는 힘으로 정의되는 물리량으로 단위는 응력의 단위와 동일하다.

6. 일량, 모멘트, 에너지

(1) 일량 (work) : W

일량은 물체에 작용하는 힘과 그 힘에 의해 발생된 변위와의 곱으로 계산할 수 있는 스칼라 물리량으로, 사용하고 있는 단위는 J이다.

$$1J = 1N \cdot m$$

(2) 모멘트 (moment) : M

모멘트는 힘과 모멘트의 기준점(축)으로부터 힘까지의 수직거리(최단거리)와의 곱으로 계산할 수 있는 벡터 물리량이다.

모멘트에 의하여 물체에 굽힘(휨)이 발생하면 굽힘 모멘트라 하고, 비틀림이 발생하면 비틀림 모멘트(회전토크)라 호칭한다.

단위는 통상 $N \cdot m$, $kg_f \cdot mm$ 등을 사용하며 회전방향 벡터를 표기한다.

(3) 에너지 (energy) : E

에너지는 일을 할 수 있는 능력의 표현으로 기계적 에너지로 변환될 수 있는 물리량이다.
단위는 일 량의 단위와 동일한 J을 사용한다.

7. 속도 (velocity) : V

속도는 시간변화에 대한 변위의 변화로 구할 수 있는 물리량이다.
원형단면을 갖고 있는 물체가 회전운동을 하고 있을 때, 회전속도는 다음과 같다.

$$V = r \cdot \omega = r \cdot 2\pi N/60 = \pi DN/60$$

여기서 r은 원형단면 회전체의 반지름(mm), D는 지름(mm), N은 분당회전수(rpm), ω는 각속도(rad/sec)이고 V는 m/sec 단위의 회전속도이다.

8. 동력, 공률, 일률 (power) : L

동력은 회전체에 작용하는 회전력과 회전속도의 곱 또는 회전토크와 각속도의 곱으로 계산할 수 있는 물리량이다.

$$L = F \cdot V = T \cdot \omega$$

여기서, L은 동력, F는 접선회전력(kg_f, N), V는 회전속도(m/sec) 이며, T는 회전토크(N·m, kg_f·m), ω는 각속도(rad/sec)이다.

사용하고 있는 단위에는 kg_f·m/sec, PS, kW 등이 있다.
1 PS = 75 kg_f·m/sec = 0.735 kW
1 kW = 102 kg_f· m/sec = 1.36 PS

1-1-1-3. 규격의 표준화

1. 표준규격의 목적

제품을 제작할 때 규격화를 시키면 제품의 제작시간이 줄어들고 정밀도가 향상되며 다른 제품과의 호환성이 있게 되고 가격이 저렴하게 되므로, 제조업자나 사용자 상호간에 이득이 되기 때문에 각 요소의 표준화는 절대적으로 필요하다.

한국 통일규격과 표준화는 KS(Korean industrial Standard)에 각 공업부문별로 분류하고 있으며 참고적으로 기계부분은 B로 표시한다.

한편 국제표준화규격은 ISO(International Organization of Standardization)에서 각종규격을 제정하였다.

〈표 1-3. KS에서의 각 부문 분류기호〉

분류기호	부문	분류기호	부문	분류기호	부문
A	기본	E	광산	K	섬유
B	기계	F	토건	L	요업
C	전기	G	일용품	M	화학
D	금속	H	식료품		

〈표 1-4. 기계부문의 분류번호〉

B 0001~ B 0999	기계기본
B 1001~ B 3000	기계요소
B 3001~ B 4000	공 구
B 4001~	공작기계
B 6001~ B 7000	일반기계
B 7001~ B 8000	산업기계
B 8001~	수송기계

〈표 1-5. 각국의 공업규격〉

국 명	제정년도	규격기호	국 명	제정년도	규격기호	국 명	제정년도	규격기호
영 국	1901	BS	미 국	1918	ASA	스웨덴	1922	SIS
독 일	1917	DIN	벨기에	1919	ABS	덴마크	1923	DS
프랑스	1918	NF	헝가리	1920	MOSZ	노르웨이	1923	NS
스위스	1918	VSM	이탈리아	1921	UNI	핀란드	1924	SFS
캐나다	1918	CESA	일 본	1921	JIS	대한민국	1962	KS

2. 표준화의 특징

(1) 품질보증과 교환성이 있다.
(2) 예측생산이 가능하다.
(3) 자동화가 가능하다.
(4) 계획적인 작업이 가능하고 작업의 단순성과 노동자의 기술숙련을 향상시킬 수 있다.
(5) 품질향상이 용이하다.
(6) 재고관리가 용이하다.
(7) 공장의 건설, 건설비, 가공비, 인건비 등이 절약된다.

1-1-2 공학이론 (재료역학)

1-1-2-1. 하중과 응력 및 변형률

1. 작용하중에 의한 분류

(1) 인장하중 (tensile load)   : 재료의 축 방향으로 늘어나게 하는 하중
(2) 압축하중 (compressive load) : 재료의 축 방향으로 줄어들게 하는 하중
(3) 전단하중 (shearing load)   : 재료의 단면과 평행한 하중
(4) 휨(굽힘) 하중 (bending load) : 재료를 휘어지게 구부리는 하중
(5) 비틀림 하중 (twisting load) : 재료를 비틀어지도록 하는 하중

정하중 : ┬ 수직하중 (normal load) ┬ 인장하중 (tensile load)
        │   └ 압축하중 (compressive load)
        └ 전단하중 (shearing load)

2. 하중의 작용속도에 의한 분류

(1) 정하중 (static load) : 하중의 크기와 방향이 시간에 따라 변하지 않고 일정한 하중
(2) 동하중 (dynamic load) : 하중의 크기와 방향이 시간에 따라 변화하는 하중

① 교번하중 (alternate load) : 하중의 크기와 방향이 주기적으로 변화하는 하중
② 반복하중 (repeated load) : 동일한 방향으로 반복하여 작용하는 하중
③ 충격하중 (impulsive load) : 짧은 시간에 순간적으로 작용하는 하중
④ 이동하중 (travelling load) : 물체 상에서 이동하며 작용하는 하중

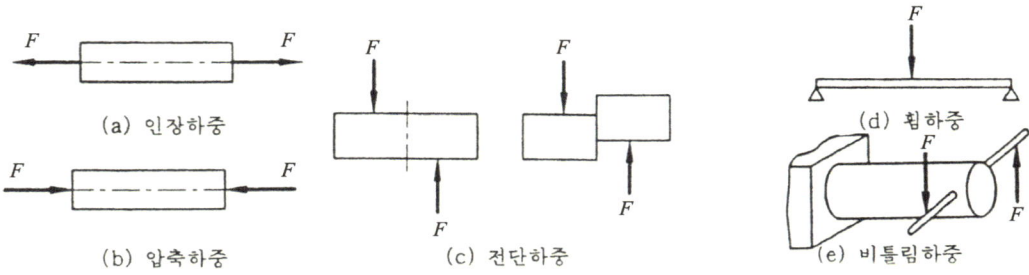

(a) 인장하중
(b) 압축하중
(c) 전단하중
(d) 휨하중
(e) 비틀림하중

3. 응력의 종류

응력 (stress) ┬ 수직응력 (normal stress) ┬ 인장응력 (tensile stress) : σ_t
　　　　　　　│　　　　　　　　　　　　　└ 압축응력 (compressive stress) : σ_c
　　　　　　　└ 전단응력 (shearing stress) : τ

〈 응력의 계산 〉

$$응력\ (\sigma) = \frac{하중}{단면적} = \frac{F}{A}\ (N/m^2)\ (\text{단위면적당 내력의 크기})$$

4. 변형률 (strain)

(1) 세로 변형률 (종 변형률, 축방향 변형률)

재료의 길이가 L 에서 L' 로 변화할 때의 변화량이 λ 라 하면, 세로 변형률(인장)은

$$\epsilon = \frac{\lambda}{L} = \frac{L' - L}{L}$$

으로 정의된다.

(2) 가로 변형률 (횡 변형률)

재료의 굵기가 D 에서 D' 로 변화할 때의 변화량이 δ 라 하면, 가로 변형률(인장)은

$$\epsilon' = \frac{\delta}{D} = \frac{D' - D}{D}$$

으로 정의된다.

(3) 포와송의 비 (Poission's ratio) : ν

가로변형률과 세로변형률의 비를 포와송의 비라 하고

$$\nu = \frac{가로변형률}{세로변형률} = \frac{\epsilon'}{\epsilon} = \frac{1}{m}$$

으로 정의하며, 여기서 m은 포와송의 수이다.

(4) 전단 변형률(각) (shearing strain) : γ

전단 변형률은

$$\tan\theta = \frac{\lambda_s}{L} ≒ \theta\ [rad] = \gamma$$

으로 정의되며, 여기서 λ_s는 전단에 의한 변형량(mm)이고 θ는 전단 변형각(rad)이다.

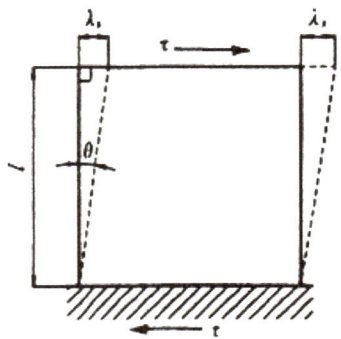

1-1-2-2. 후크의 법칙과 탄성계수

1. 후크의 법칙(Hooke's law)

응력과 재료의 강성 및 변형률 간의 관계를 후크의 법칙이라 하고

$$\sigma = E \cdot \varepsilon$$

으로 정의되며, 여기서 E 는 재료의 강성을 나타내는 세로탄성계수이다.

이 식에 하중, 재료의 단면적, 변형 량 및 재료의 축 방향 길이를 적용하여 변형하면

$$\sigma = E \cdot \varepsilon \Rightarrow F/A = E \cdot \lambda/L \Rightarrow (F \cdot L)/(A \cdot E)$$

와 같이 변형된다.

2. 탄성계수

탄성계수에는 세로탄성계수(E)와 가로 탄성계수(G) 및 체적 탄성계수(K)가 있으며

$$mE = 2G(m+1) = 3K(m-2)$$

의 상호관계가 성립된다.

1-1-2-3. 허용응력과 안전계수

1. 허용응력 (allowable stress) : σ_a

재료에 발생하는 응력을 가능한 탄성한도 이내의 적은 값이 되도록 안전상 허용되는

최대의 사용응력으로 엔지니어의 감각에 따라 결정한다.

2. 안전계수 (factor of safety) : FOS

안전율이라고도 부르며 재료의 허용응력에 대한 파단 또는 극한응력의 비로 정의되는 무차원수이다. 허용응력과 유사한 개념이지만 단위가 없는 숫자의 표현으로 엔지니어의 감각에 따라 결정되며 다음의 식으로 계산되므로 수치가 증가할수록 안전하다.

$$FOS = \frac{\sigma_U(극한응력)}{\sigma_a(허용응력)}$$

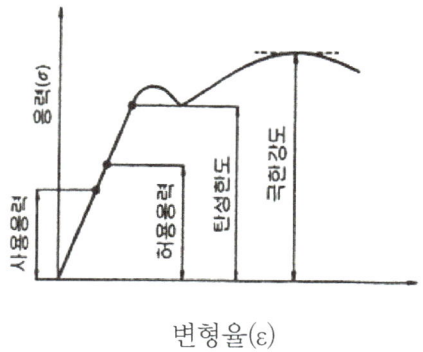

실무적으로는 극한응력 대신에 소성변형의 발생이 시작되는 항복(yield)응력을 활용한다.

$$FOS = \frac{\sigma_Y(항복응력)}{\sigma_a(허용응력)}$$

1-1-2-4. 응력집중과 피로 및 크리프 현상

1. 응력집중 (stress concentration)

하중이 적용되는 재료에 구멍, 홈, 노치 및 단 등이 있는 경우이거나 또는 충격하중이 가해지는 경우에 국부적으로 재료에 과도하게 큰 응력이 발생하는 현상을 말한다.
응력의 집중현상은 안전계수와 유사하게 응력집중 계수라 하는 다음의 식으로 계산 될 수 있으며 이 계수도 역시 무차원수이지만, 안전성의 내용에 대해서는 안전계수와 반대적인 개념이 되므로, 이 계수는 적을수록 안전한 하중적용이 된다.

$$\alpha_k = \frac{\sigma_{max}}{\sigma_n}$$

여기서 α_k는 응력집중 계수이며 σ_{max}는 최대응력이고 σ_n은 평균응력이다.

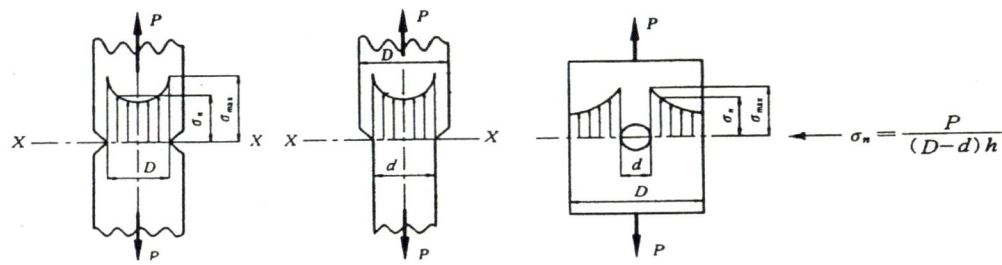

2. 피로 (fatigue)

허용하중 내에서 사용하더라도 오랜 시간동안 재료를 하중 하에서 반복적으로 사용하게 되면 작은 하중임에도 불구하고 재료가 파손되는 경우가 발생한다.

이것을 피로에 의한 재료의 파괴라 하며 피로시험을 통한 S-N 곡선 등을 이용하여 재료의 교체시점을 파악하여 두는 것으로 안전사고를 예방 할 수 있다.

3. 크리프 (creep) 현상

재료에 허용응력 내의 일정한 정하중이 적용된 상태 하에서 시간이 경과하면 재료의 변형이 점차 증가하는 현상을 크리프 현상이라 하며 역시 재료가 파손되는 경우가 발생한다.

주로 고온 하에서의 기계재료 이용에서 발생되기 쉬운 현상이며, 이를 방지하기 위해서는 크리프에 내구성이 강한 티탄 등을 재료에 첨가한다.

1-1-2-5. 보와 하중의 종류 및 반력

1. 보 (beam)의 종류

평형방정식으로 해결이 가능한 정정보(statically determinated beam)와 처짐까지 고려하여야 해결할 수 있는 부정정보(statically un-determinated beam)로 분류된다.

(1) 정정보 (statically determinated beam)
① 단순보(simple beam)
② 외팔보(cantilever beam)

③ 내다지보 또는 돌출보(over hanging beam)

(2) 부정정보 (statically un-determinated beam)

① 양단고정보(fixed beam)
② 일단고정 타단지지 보(one end fixed other end supported beam)
③ 연속보(continuous beam)

2. 보의 지점의 종류

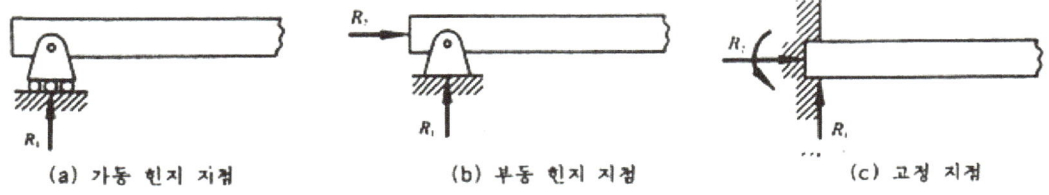

(a) 가동 힌지 지점　　(b) 부동 힌지 지점　　(c) 고정 지점

3. 하중의 종류

(1) 집중하중(concentrated load)
(2) 등 분포하중(uniformly distributed load)
(3) 이동하중(moving load)
(4) 변 분포하중(uniformly varying load)

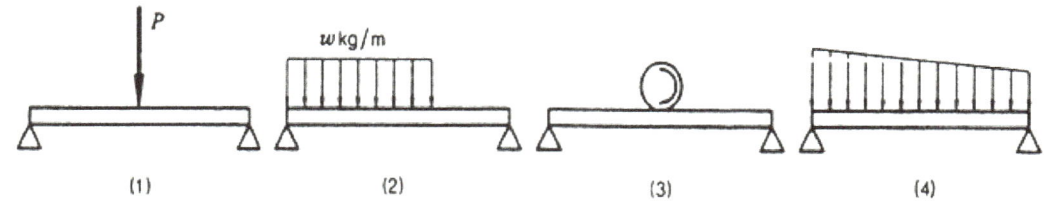

4. 반력 (reaction force)

보에 하중이 작용되는 경우에 평형을 유지하기 위해서는 지점에서 하중에 저항하는 힘이 발생하게 되며 이 저항력을 반력(reaction force)이라 한다.

1-1-3 유한요소 해석이론

1-1-3-1. 유한요소 해석의 단계

1. FEA(Finite Element Analysis) 해석기법 적용의 장점
- ◈ 다양한 적용성과 응용성
- ◈ 높은 수치해석 효율과 정확성
- ◈ 설계실무의 경제성과 자료보관의 용이성

2. 일반적인 3단계 step :

① 전처리 과정
해석유형(구조, 유체유동, 열 유동)을 결정하고 해석에 적합한 FEA 구조를 활성화하며 스터디 또는 프로젝트 생성을 완성한 후에, 각 유형의 해석에 필요한 사항들을 정의하고 모델의 메시 생성 과정을 완성하여 해석모델을 유한요소화 한다.

② 풀이
해석에 적합한 solver를 적용하여 전산처리 한다.

③ 후처리 과정
해석결과들을 도표화하고 분석한다.

3. SolidWork Static Simulation의 스텝
① 해석에 적합한 수학적 모델을 구축한다.
② 수학적 모델에 적합한 유한요소 해석모델을 구축한다.
③ 전처리과정과 메시작성을 완료한 후 해석을 실행한다.
④ 해석결과들을 분석한다.

※ SWSS 해석을 위한 전처리과정은 속성, 재질, 연결, 접촉, 구속, 하중의 순서에 따라 해석에 적합하도록 정의한다.

1-1-3-2. SW Static Simulation 작업을 위한 참조사항

1. 수학적 모델의 구축

부품 또는 assembly의 SolidWorks 3-D 모델의 표현이 SolidWorks Static Simulation(이후 SWSS라고 호칭함)의 시작이며, 이 형상은 정확하고 타당성 있는 작은 유한요소 메시로 나누어질 수 있어야 하고, 여기서 '작다'는 의미는 크기가 작다는 것보다는 요소의 수가 많다 또는 메시의 밀도가 크다는 의미가 된다.

유한요소의 속성(메시능력)은 매우 중요한 함축적인 의미를 가지고 있으므로, CAD 형상을 메시 작성하고 충분히 검토하여 실제 작성된 메시들에 대하여 요구되는 데이터(변형, 응력, 온도 분포 등)의 결과 도출작업이 가능하도록 완성한 후 제공되어야 한다.

★ 메시작업을 위하여 CAD 형상의 수정이 필요로 요구되는 경우

- 제거(De-featuring) : 해석상 중요하지 않은 부분의 제거
  ⇨ 외부필터, 모서리처리(round), 로고 등

- 이상화(Idealization) : 표면을 가지는 얇은 벽면과 같이 해석을 악화시키는 불합리한 CAD 형상인 경우에는 이상화시킨다.

- 단순화(Simplify) : 메시작업보다도 결과들의 해석이 더 중요하며 메시작업이 난해하거나 불가능할 경우에는 신속한 전산시간이 가능하도록 해석구조의 형상을 단순화한다.
  ⇨ Sliver face, multiple entity 등의 단순화

◈ 이상화 된 수학적 모델 생성의 완성 ◈

2. 유한요소 모델의 구축

수학적 모델을 이상화하여 FEA해석이 가능한 유한요소 모델이 완성되면 메시과정이라고 호칭하는 세분화과정을 이용하여 유한요소들로 가시화하여 형상의 메시작성 결과를 확인 할 수 있다.

한편, 하중과 지지반력들도 역시 세분화되며 모델이 메시 된 후에 세분화 된 하중과 지지반력들은 유한요소 메시의 절점(node, 이후 노드라고 호칭함)에 적용된다.

3. 유한요소 모델의 풀이

유한요소 모델이 생성되면 SWSS에서 제공된 solver를 이용하여 유용하게 이용될 수 있는 데이터를 도출한다.

4. 결과분석

결과의 분석은 대부분의 해석과정 중에서 가장 어려운 단계가 되며 해석결과에서 제공되는 상세한 결과 데이터들은 모두 정의된 형식(format)을 동반하며 나타나게 된다.

결과들의 정확한 도출을 위해서는 모델의 단순화 및 앞서 소개된 3 과정, 즉 수학적 모델, 유한요소 모델 및 유한요소 풀이 등에서 발생하는 error가 타당성이 있어야 한다.

➔ 1-1-3-3. SW Static Simulation 해석의 상세사항

1. FEA에서 발생할 수 있는 error 의 종류

수학적 모델의 완성과정에서는   ⇨ 모델링 error 또는 이상화 error
수학적 모델을 유한요소 모델로 변환시키는 전처리과정에서는 ⇨ critical algorithm(논리) error
유한요소 모델의 세분화 과정에서는 ⇨ 세분화 error
해(solution)에서는 ⇨ 수치적 error
등이 발생할 수 있다.

◆ FEA 기법상의 특별한 error의 종류 및 고찰
– 수학적 모델에 영향을 주는 모델링 error 는 적절한 모델링 기술을 이용하여 컨트롤 될 수 있는 것으로 FEA 적용이전에 발생하며, 해석논리의 수립에 매우 중요한 영향을 부여하게 되는 전처리 과정의 algorithm(논리) error 는 해석을 위하여 필수적으로 통과되어야 한다.

- 세분화 error는 FEA 적용기법을 이용하여 컨트롤 될 수 있다.

- 솔루션 error는 solver에 의하여 발생되는 round-off error 로서 컨트롤하기는 어렵지만 통상적으로 매우 작다.

2. 유한요소 기법

세분화 과정은 연속적인 유한요소로 모델을 나누어 가는 것이다.
이 과정에서 요소형태는 메시의 기하학적 형태, 수행되는 해석의 형태 및 목적에 의한 해석자의 선택에 따라 좌우된다.

SWSS는 4면체 솔리드 요소를 고체 형상 메시작업으로 형상화하며 3각형 쉘 요소는 표면 형상 메시작업으로 형상화한다.

SWSS가 4면체와 3각형 요소로 유한요소를 한정하는 이유는 거의 모든 솔리드와 표면형상은 자동메시 작성기가 그 같은 요소들의 이용에서만 신뢰적이기 때문이다.

CAD 분야에서 '솔리드 형상'이라 호칭되는 것은, FEA에서는 '체적'(volume)이라 호칭하며 솔리드 요소들은 이 체적들을 메시 하는데 이용된다.

3. FEA 계산

유한요소 메시에서 각 노드의 자유도는 solver가 계산하는 미지수로 구성되며 구조해석에서의 자유도는 모델의 변형으로 생각되는 노드 위치변화로 간주된다.
변위는 원래 미지의 값으로 항상 우선적으로 계산된다.

솔리드 요소가 사용되면 3 변위성분 또는 노드 당 3 자유도가 계산되어야 하며, 쉘 요소가 사용되면 6 변위성분 또는 노드 당 6 자유도가 계산되어야 한다.

한편, 열 해석(온도, 온도구배 및 열 속을 결정하는)에 있어서 최초의 미지수는 모델의 온도이다.

4. FEA 결과의 해석범주

FEA 결과들은 구조해석에 대해서는 변위, 변형 및 응력의 형태로 제공되며 열 해석에 대해서는 온도, 온도구배 및 열속의 형태로 제공된다.

구조해석에서 '통과'와 '실패'된 설계를 결정하기 위해서는 FEA 결과들을 해석하여 몇 가지 범주를 수립해야 할 필요가 있으며, 그 예로는 최대 허용변형, 최대응력 및 최소허용 고유진동수 등이다.

응력결과들을 평가하여 잠재적으로 실패한 기계구조를 이해해야 할 필요가 있는데 즉, 부품이 파괴된다면 무엇이 그 실패의 원인이 되는 응력성분인지를 구분할 수 있어야 한다.

5. Von Mises 응력

Richard von Mises 학설에 기초한 von Mises 응력에서는 각 기본 요소면의 전단응력을 고려한 Huber 응력과 비교되는 일반적인 3D 정적응력 하에서의 6가지 응력성분들에 대하여 고려하고 있다.

즉, 2개의 전단응력과 1개의 법선응력 성분이 기본격자의 각 면에 작용하는 것으로 가정하면, 평형조건을 만족하기 위하여 일반적인 3D 정적응력은 등가조건 6 개의 응력성분으로 특성화 된다.

또한, von Mises 응력공식은 직교좌표 시스템에서 정의되는 응력성분들에 대하여 다음과 같이 표현 될 수 있다.

$$\tau_{xy} = \tau_{yx}, \quad \tau_{yz} = \tau_{zy}, \quad \tau_{xz} = \tau_{zx}$$

6. 주응력 : P1, P2 및 P3

정적응력의 3가지 주응력 성분들(P1, P2 및 P3)의 방향은 기본요소 큐브 면들에 대한 법선방향 응력(σ_1, σ_2, σ_3)들에 의해서도 기술될 수 있으므로 von Mises 응력은 다음과 같이 표현할 수 있다.

$$\sigma_{eq} = \sqrt{0.5[(\sigma_1-\sigma_2)^2+(\sigma_2-\sigma_3)^2+(\sigma_3-\sigma_1)^2]}$$

Von Mises 응력 값은 탄성특성과 소성특성이 용이하게 기술될 수 있는 대부분의 engineering 재질(특히 철강재료)들의 구조적 안전 때문에 통상적인 공학해석 응력결정에서 활용되고 있다.

한편, SWSS 해석에서는 주응력 들을 P1, P2 및 P3으로 표기하며, 통상적으로 취성재료로 검토되는 부품의 안전성검사는 인장 최대주응력(P1), 압축응력과 접촉압력 검사에 대해서는 최소주응력(P3)을 von Mises 응력보다 관련이 큰 것으로 추정하여 선호하고 있다.

7. 측정 단위계

내부적으로 SWSS에서는 SI 단위계를 사용하여 SWSS 이용자들의 단위계 혼란과 문제점을 감소할 수 있도록 하고 있다.

데이터는 SI 계, 미터 계 및 영국단위계(IPS)의 서로 다른 3가지 단위계로 입력될 수 있으며, 따라서 결과들도 이들 3가지 단위계 모두 표현될 수 있다.

유용되는 각 단위계의 구체적인 활용사항은 실습 및 연습과정에서 확인될 수 있을 것이다.

8. SW Static Simulation의 제한조건

모든 FEA 소프트웨어는 제한조건 내에서의 작업과 함께 강력한 장점이 필요하므로 SWSS 해석은 다음의 가정 하에서 진행된다.

- 선형적인 재질
- 작은 구조적 변형
- 하중은 정적

이들 가정들은 통상의 FEA 소프트웨어에서 전형적으로 이용하는 사항이며 거의 대부분의 FEA 과제는 이들 제한조건 내에서 성공적으로 수행된다.

NOTE : 한편 SWSS는 기하학적 비선형 solver도 수록하고 있으며 적절한 설정과정을 적용하면 비선형의 대변위 문제들도 계산될 수 있다.

9. 선형적 재질

SWSS에서 이용되는 모든 재질들은 응력이 변형률과 선형적이다.

선형적인 재질모델을 이용하면, 최대응력의 크기가 항복되는 제한이 없으며 극한응력이 실제 수명 내에서 제한되지 않는다.

한 예로서 선형 모델응력이 1000N의 하중 하에서 100 M Pa에 도달한다면 10000N의 하중 하에서는 응력이 1000 M Pa이 될 것이다.

한편 재질의 항복은 모델화 되지 않는다.

항복이 되던 안 되던 항복은 오직 응력크기 결과 보고에 근거하여 해석될 수 있을 뿐이다.

발생할 수 있는 항복응력보다 낮은 응력들에 관한 대부분의 구조해석에서 안전계수가 항복응력과 관계되는 경우는 매우 적으므로, 선형재질로 부과되는 해석상의 제한조건은 SWSS 이용자에게 거의 관계가 없다.

10. 작은 구조적 변형

하중 하에서의 모든 구조적 변형을 SWSS에서는 구조물 전체 크기에 대하여 매우 작은 변형으로 가정한다.

만약 변형이 크다면 SWSS 가정들은 SWSS가 몇 가지 큰 변형해석 능력이 있음에도 불구하고 일반적으로는 적용되지 않는다.

작은 변형의 해석은 변형 전체에서 구조의 직선성을 그대로 유지하고 있는 것으로 가정하며, 상대적으로 큰 변형의 해석은 변형에 의하여 발생되는 직선성의 변화로 고려한다.

11. 정하중

정적 구조해석에서는 구속은 물론이고 모든 하중도 시간에 따라 크기와 방향이 변화하지 않는 것으로 가정하며, 이 제한은 하중의 중력효과가 무시될 만큼 충분히 느리게 적용된다는 것을 함축하고 있으므로 동적 하중조건은 SWSS로는 해석 될 수 없다.

사실상 모든 하중들은 시간과 함께 변하지만 설계해석 목적으로는 그것들을 정적하중으로 가정하는 모델링이 거의 대부분 인정된다.

중력하중, 원심력, 압력, 볼트 인가력 등은 정적하중으로 대표 될 수 있으며, 반면에 동적해석은 일반적으로 빠르게 변화하는 하중에 대해서만 요구된다.

낙하시험과 진동해석은 정의적으로 동하중 모델이 요구된다.

12. 메시작업 전략

세분화라 부르는 메시작성 작업은 솔루션을 위한 준비과정의 최종 단계로서 수학적 모델을 유한요소로 변환시켜 주는 것이다.

유한요소 세분화의 메시작성 작업은 2가지 단계로 완성된다.

첫 번째로 세분화 된 하나의 연속적인 모델로 대체시키게 되므로 추정적인 수치적 기술을 이용하여 솔루션을 위한 미지의 적절한 유한한 개수로 3-D 모델과제를 수치적으로 구체화한다.

두 번째로 구체화 된 요소들에 대하여 독립적으로 정의되는 단순한 다차항 기능의 조합으로 솔루션(변위 또는 온도 등)을 표현한다.

사용자를 위한 메시작업은 과제 솔루션으로 향하는 필수적 과정으로, 대부분의 FEA 사용자들은 필요한 입력작업이 적은 완전 자동화에 근접하는 과정이 되기를 기대하게 된다.

상용 FEA 소프트웨어 사용자에게 메시작업을 보이지 않게 하려는 많은 시도가 있었지만 성공적인 접근은 될 수 없었다.

즉, 메시작업 과정을 단순화하고 자동화할 수는 있는 반면에 그것은 여전히 solve 실행을 위한 배경으로 **'손을 뺄 수 있는'** 작업이 될 수 없다는 것으로 결론되었다고 볼 수 있다.

또 다른 측면으로 FEA 사용자들이 메시작업 과정을 통하여 solve 에 관여할 수 있는 수단을 제공받은 셈이 된다.

SW 모델링과 SW 시뮬레이션은 해석유형과 재질, 외부하중과 구속 및 접촉 등을 논리적 error 없이 적용하였을 때, 형상을 메시하고 솔루션을 구할 수 있도록 이상화시킨 기능을 보유하고 있다.

이러한 접근은 단순한 모델에 대해서는 더욱 우수하게 작동되며, 복잡한 형상에 대해서는 메시가 완성되도록 하는 준비작업에 매우 효율적으로 적용되는 것을 가능하도록 한다.

이는 제조를 위하여 필요한 모든 정보를 포함해야 하는 CAD 기하학적 형상과 대비적으로, FEA 기하학적 형상은 제한된 시간 내에 관심 있는 데이터의 신뢰성 있는 도출이 생성될 수 있는 메시의 생성이 완성되어야 하는 것과 매우 의미 있는 연관성이 있다.

즉, 형상준비 단계에서의 제조를 위한 특성화와 FEA 해석을 위한 구조의 특성화가 구분되어야 한다는 것이며, 후자인 경우를 FEA(유한요소) 형상이라 호칭한다.

2종류 형상의 구분을 구체화하는 과정으로는 전반부에서 서술한 바와 같은 피처제거, 이상화 및 단순화 단계를 들 수 있으나, 접선에지로 이루어지는 생성요소들을 피하기 위하여 형상간의 접촉면들은 필수적으로 합병되어야 하며 이 과정이 통과되지 못하면 형상 error 메시지가 발생하게 된다.

13. 메시품질

솔리드요소 메시생성은 4면체 요소체적들을 쌓아가는 과정이며, 쉘 요소 메시생성은 3각형 요소 면들을 쌓아가는 과정으로 나타난다.

대부분의 과제에서 2차원의 High 품질요소의 맵을 형상화하면 곡면적인 메시작업과 해석작업을 더욱 용이하게 할 수 있다.

요소들은 형상을 맵 작업하는 과정에서 대부분 변형되는 반면, 과도한 변형은 요소의 생성저하를 유발하며, 메시생성의 저하는 디폴트 요소크기, 국부메시 및 구성요소 컨트롤을 이용하여 컨트롤 한다.

14. 종횡비 검사

수치적 정밀도는 메시가 균일하고 edge의 길이가 완전히 일치되는 정 4면체 또는 정 3각형 요소에서 가장 우수하게 달성되지만, 일반적인 형상에서 정 4면체 요소메시를 생성하는 것은 불가능하다.

작은 소형의 edge, 곡선적인 형상, 두께가 얇은 피처 및 날카로운 corner 때문에 생성된 소수의 요소들은 다른 edge에 비하여 상대적으로 길이가 긴 edge들을 보유하게 된다.

한 요소 내에서 edge들의 길이가 서로 다를수록 결과의 정밀도는 더욱 악화되며, 이것을 표현하는 FEA 인자를 종횡비라 하고 다음과 같은 다양한 정의로 고려되어 적용할 수 있다.

- **종횡비(Aspect Ratio)** = 외접원 큰 반경 / 내접원 작은 반경
- **종횡비(Aspect Ratio)** = 최대 edge길이 / 최소 edge길이
- **종횡비(Aspect Ratio)** = 최대수선 / 최소수선

완전한 정 4면체 요소의 종횡비는 다른 요소들의 종횡비 계산을 위한 기본으로 이용된다.

요소의 종횡비는 최대로 긴 edge와 꼭지점으로부터 반대쪽 면으로 내린 최소수선의 비로 정의되므로, 정의에 의하여 정 4면체 요소의 종횡비는 1.0 이 된다.

종횡비 검사는 4 개의 코너 노드를 연결한 직선edge로 가정하는 메시품질을 검사하는 프로그램에 의하여 자동적으로 이용된다.

종횡비 검사의 내부과정에서 SWSS는 edge길이 검사, 내접반경과 외접반경 검사 및 수선길이의 검사 등을 수행한다.

단, 종횡비 측정에 있어서 평평한 요소가 나쁘다는 것은 인식 못한다는 것은 유의되어야 할 사항이다.

15. Jacobian 검사

2차원 요소 맵 곡면형상은 동일한 크기의 선형적인 요소보다 당연히 더욱 정확하므로 임의의 한 요소 경계에지의 중앙부 노드는 모델의 실제형상에 더욱 근접하여 위치된다.

한편 날카로운 곡선경계에서 실제형상위의 중앙부 위치노드들은 다른 것들과 겹쳐지는 edge가 있는 변형된 요소들을 생성하는 결과가 될 수 있다.

극한적으로 변형된 요소의 Jacobian 값은 (-)의 값이 될 것이며 이는 해석 프로그램을 정지시키는 원인이 될 수도 있다.

Jacobian 검사는 각 요소 내에 위치한 포인트 수에 기초하며, SWSS는 4, 16 또는 29 가우스 포인트 또는 노드에서 내부적인 Jacobian 검사의 수행을 통한 결과에 기반하여 검토되고 있다.

1.0의 Jacobian 비는 포물선으로 주어지며 직선 edge의 중간부에 정확하게 위치하는 모든 중간부 4면체 요소로 주어진다.

Jacobian 비는 edge증가의 곡면과 더불어 증가하며, 요소 내 포인트에서의 Jacobian 비는 그 위치에서 요소의 변형도 측정을 제공한다.

SWSS는 각 4면체 요소에 대하여 가우스 포인트가 선택된 곳에서 Jacobian 비를 계산하며, 일반적으로 40 이하의 Jacobian 비인 경우에는 인정될 수 있다.

SWSS는 모든 요소들이 Jacobian 검사에 통과되는 것이 보장되도록 자동으로 변형요소의 중간부 노드위치를 조정한다.

실무적으로 너무 깊게 들어간 요소들을 피하는 것이 통상 훌륭한 요령이 되며, 메시컨트롤 또는 전체적인 요소크기를 컨트롤하면 곡면적인 위치에서도 보다 정확한 메시의 생성이 달성될 수 있다.

16. 메시컨트롤

일반적으로 메시컨트롤은 면, edge 꼭지점 및 assembly 구성요소에 모두 적용될 수 있으며 데시컨트롤의 정의는 선택된 도면요소 상에서의 요소크기 또는 경계층 간에서의 요소크기의 비와 같은 특성들로 파트에 구성되도록 정의된다.

구성요소에 적용되는 메시컨트롤의 정의는 구성요소의 중요성으로 특성화되는 구성으로, 메시 생성기에게 슬라이더의 위치에 기초하도록 하며 선택된 구성요소에 대하여 서로 다른 요소를 이용한다.

슬라이더의 좌측 끝은 assembly 전체적인 디폴트 요소크기의 이용과 관련되며 슬라이더의 우측부분은 구성요소가 독립적으로 메시될 경우의 디폴트 요소크기 이용과 관련되어 적용된다.

만약 같은 요소크기의 옵션이 선택되면 모든 선택된 구성요소들은 메시컨트롤 창에서 정의된 동일한 요소크기로 메시 된다.

17. 솔리드에 대한 자동적인 시도

많은 메시작업 문제들은 더 작은 요소크기를 이용하면 해결될 수 는 있겠지만, 반면에 더 작은 요소크기의 이용은 더욱 증가하는 해석시간의 결과가 된다.

메시되는 최소요소 크기를 확보하기 위하여 진보적 메시작업 옵션에서 특성화 된 솔리드에 대한 자동적인 시도를 이용할 수 있다.

자동적인 반복실행은 메시 생성기에게 더 작은 요소크기를 이용하여 자동적으로 모델에서 메시가 적응되도록 지시한다.

한편, 사용자는 허용하는 최대 시도횟수와 전체적인 요소크기 및 매번 감소하는 공차에 의한 비를 컨트롤할 수 있다.

18. 메시작업 단계

메시작업은 형상평가, 경계진행, 메시생성의 3단계로 진행되며 메시생성의 문제는 모든 단계에서 발생할 수 있다.

첫 번째 단계 동안에 형상을 평가하여 SWSS는 SW 모델링으로부터 이전된 형상을 검토한다.

형상이전의 사항은 사용자에게는 전혀 보이지 않으며, 솔리드 구성요소의 실질적 메시작업은 2개의 상(phase)으로 구성 된다

경계를 진행할 때, 메시 생성기는 노드를 경계 상에 위치시키게 되는데 이 상을 표면 메시작업이라고 부르며, 만약 이 상이 성공되면 3번째 상은 메시를 생성하여 4면체 요소들로 체적을 채워 넣기 시작한다.

만약 형상에러가 원인이면 error 메시지 '표면 기하학적 형상을 잘라내는 과정에 실패하였다'가 나타나며, 이 메시지가 나타나면 SW 모델링으로 파트를 보내서 형상문제의 진단을 지원한다.

19. 실패진단

메시작업에 실패할 때 자동메시 반복실행이 활성화되지 않는다면 SWSS error 메시지가 나타난다.

실패진단 도구는 솔리드 메시작업 문제를 설정하고 해결하는데 도움이 되도록 제공된다.

즉, 실패진단 속성매니저는 실패한 구성요소, 면 및 edge를 리스트하며 모델링 창에서 실패한 도면요소들을 확인할 수 있도록 한다.

성공적인 메시작업을 방해하는 도면요소들을 감지하기 위하여 메시를 우측클릭하고 실패진단을 선택하면 위반된 도면요소들은 실패진단 창에서 리스트 되며 그래픽 창에서 하이라이트 된다.

한편, 실패진단 도구는 솔리드요소 메시에 대해서는 이용이 가능하지만 쉘 요소에 대해서는 이용될 수 없다.

20. 파트 메시작업에 대한 작은 고찰

정의된 스케치를 상세하게 검토하고 SW 유틸리티를 이용하여 가늘고 길게 배치된 면들, 날카로운 에지 등을 발견할 수 있어야 한다.

면에서의 메시작업 실패에 대해서는 오직 실패한 면을 선택하여 쉘 스터디를 생성할 수 있으며, 그 후에 면이 메시 될 때까지 다양한 요소크기를 시도한다.

만약 메시실패 진단이 과제의 정확하게 맞는 위치결정의 충분한 정보를 제공하지 않는다면 실패한 지역을 고립시킨 연속적인 단면 지역을 모델에서 삭제하거나 또는 메시 될 때까지 SW 모델을 반복적으로 시도하여 메시작업을 완성시켜야 할 것이다.

21. Assembly 메시작업에 대한 작은 고찰

간섭탐지는 부품들이 간섭하는 위치와 면들이 접촉하는 위치(일치)를 결정하는 것으로, 간섭은 오직 끼워 맞춤접촉조건이 정의될 수 있는 경우에만 허용된다는 것을 기억해 두어야 한다.

Assembly 구성요소간의 선 접촉(실린더와 평면과의 접선접촉) 또는 점 접촉(원추의 정점과 평면과의 접촉)은 모델화될 수 없다.

즉, SWSS가 assembly를 메시 할 때 '흔적(imprint)'이 모든 접촉면에 작성되어야 양쪽 구성요소로부터 노드들이 정렬되도록 허용한다는 것을 유의해야 한다.

만약 본드결합 조건이 정의된다면 동일한 노드가 양 구성요소에 의하여 공유되지만, 노드로부터 면으로의 조건이 정의된다면 2개의 일치되는 노드가 생성되어 사용자에게는 보이지 않는 간격요소들에 의하여 결합되므로 가늘고 길게 배치된 면, 얇은 원주면 또는 얇은 단면에 의하여 연결되는 '둥근 돌출부' 흔적 등은 주의를 요한다.

22. 쉘 요소를 이용하는 것에 대한 작은 고찰

쉘 메시작업은 오직 표면 메시작업 상(phase)을 이용하며 어떤 체적을 채워 넣는 일은 발생하지 않는다.

쉘 요소의 이용은 보다 단순한 모델의 결과로 되어 솔리드요소 모델과 비교하여 더욱 신속하게 solve 하는 반면에 쉘 요소 메시의 전처리 작업은 솔리드요소 메시에 비하여 더욱 시간을 요구하게 된다.

한편, 중간곡면을 이용하는 메시작업은 메시를 일치시키지 않게 되는 결과가 발생할 경우도 있으므로 주의를 요한다.

만약 표면형상이 메시되어야 한다면, 분리된 라인들은 노드의 정렬이 보장되어 표면에서 만날 수 있도록, 즉 메시의 호환성이 되도록 사용되어야 할 것이지만 일치되지 않는 비호환성 메시도 인정된다.

23. 메시작업에서의 하드웨어 고찰

메시작업은 솔루션을 취득하려는 과정 중에서 가장 결정적인 단계가 되며 최대 메시크기, 최소 메시크기의 의미 및 이용될 수 있는 요소크기는 RAM의 크기에 좌우된다.

즉, 단순한 논리인 '많을수록 좋다'가 물론 적용되지만 해석결과가 수렴된 이후의 메시세분화는 의미가 없으며 실무적으로 복잡한 모델까지 적용하기 위하여 적어도 2GB 이상이 추천된다.

24. SWSS의 solver 종류

모델을 성공적으로 메시하였다면 해석을 위해서는 오직 솔루션을 구하는 한 단계에 직면하게 된다.

만약 모델의 메시작업이 통과된다면 일반적으로 solve 될 것이다.

Solve 작업은 메시작업보다는 결정적인 단계는 아니지만 몇 가지 문제들이 발생할 수 있다.

Solver는 모델 정의에서의 문제를 발견할 수도 있는데, 즉 재질 또는 하중 등이 정의되지 않은 것과 같은 사소한 사항들이다.

또한 solver는 불충분한 구속 등이 원인이 되는 강체운동을 감지할 수도 있으며, 이러한 모델의 불안정은 강체운동 모델을 안정화시키기 위한 소프트스프링의 이용 또는 관성완화 이용 등의 solver 옵션들을 이용하면 용이하게 해결할 수 있다.

이용가능한 solver 옵션은 다음과 같이 해석유형에 따라 좌우된다.

정적해석	진동(주파수) 해석	좌굴해석
소프트 스프링	소프트 스프링	소프트 스프링
평면내의 효과	평면내의 효과	
관성완화		

메시된 모델은 거대한 개수의 선형대수 수식의 형태로 제공되며, 수식들은 직접적인 것과 반복수행적인 2가지 고전적인 솔루션으로 solve 될 수 있다.

직접적인 방법은 exact 수치기법을 이용하여 수식을 solve 한다.

반복수행적인 방법은 추산적인 기법을 이용하여 수식을 solve 하며, 각 반복수행에서 솔루션이 가정되고 관련되는 error가 평가된다.

반복수행은 error가 인정될 수 있을 때까지 지속되며, SWSS에서는 다음에서와 같은 2가지 유형의 solver가 제공되고 있다.

* Direct Sparce Solver   * FFEPLUS (Iterative)

25. Solver의 선택

모든 solver는 만약 필요한 solver 옵션들이 해석논리에 적합하도록 지원되면 일반적으로 서로 호환가능한 결과를 산출하여 준다.

한편, 작은과제(25000 자유도 이하)에 대해서는 모든 solver가 효율적인 반면에, 큰 과제를 solve 작업하는데 있어서는 실행상 큰 차이가(프로세서 속도와 메모리 이용) 발생한다.

만약 solver가 컴퓨터에서 이용 가능한 것보다 더 많은 메모리를 필요로 한다면 solver는 디스크 공간에 저장하기에 부족한 임시적인 데이터를 재 탑재하는 방법을 이용하려 할 것이며, 이러한 상황이 발생하면 솔루션이 core에서 이탈되었다는 error 메시지와 함께 솔루션 과정은 매우 느려지게 된다.

즉, 메모리에 탑재해두어야 할 데이터 량이 매우 증가되면, 솔루션 과정은 현저히 느려지게 된다.

다음의 인자들은 적절한 solver를 선택하는데 도움이 된다.

* 과제의 크기
  일반적으로 FFEPlus는 100,000개의 자유도를 초과하는 과제를 solve하는데 상대적으로 신속하므로 과제가 클수록 효율적이다.

* 컴퓨터 자원
  Direct Sparce solver는 상대적으로 거대한 이용가능 메모리를 가진 컴퓨터에서 더욱 신속하다.

- 해석 유형
- 요소 유형
- 재질 속성

한편, 모델이 재질의 탄성모듈 내에서 이용될 때, 반복수행 solver는 직접적인 direct 방식보다 정확성이 낮아지는 경우가 발생할 수 있으므로, 이 같은 경우에는 Direct Sparce solver가 선호적으로 추천되며 solver는 스터디 속성에서 선택할 수 있다.

가장 적절한 solver의 선택은 약간의 경험이 필요하므로 자동선택으로 수단을 동등하게 제공하고 있으며, 해석에 대하여 가장 적합한 solver에 대한 확신이 없다면 자동옵션을 이용하는 것이 무난하다.

1-3-4 SW Static Simulation 해석요소

1. SWSS에서 이용 가능한 요소형태

SWSS에서는 5가지의 요소형태가 이용 가능하다.
즉 1차원 4면체 솔리드 요소, 2차원 4면체 솔리드 요소, 1차원 삼각형 쉘 요소, 2차원 삼각형 쉘 요소 및 2-노드 빔 요소이다.

SWSS 분야에서는 1차원 요소를 Draft Quality(1차원 품질)로, 2차원 요소를 High Quality(2차원 품질)로 호칭하기도 한다.
각 요소에 대한 상세사항은 다음과 같다.

2. 1차원 4면체 솔리드 요소

1차원(Draft quality) 4면체 요소 모델은 표면 또는 에지를 따라서 체적을 유지하면서 1차원적(선형적)인 변위가 발생한다고 가정한다.

선형적 또는 1차원적 변위장은, 이들 요소들에게 그것들의 명칭인 1차원 요소라는 이름을 부여하게 한다.

재료역학의 공식을 회상해보면 변형률은 변위의 일차함수이다.

따라서 변형률(변위를 미분하여 얻어지는)[m/m]과 그 결과인 응력은 1차원 4면체에 있어서 모두 상수이다.

1차원 4면체 요소 각각은 모두 4개의 node를 가지며 구석에 1개씩 존재한다.

각 노드는 3자유도이며 그 의미는 노드의 변위가 3가지 천이서술로(translation, 위치이동) 충분하다는 뜻이다.

1차원 요소의 에지는 직선적이고 면은 평평하다.

이들 에지와 면은 적용된 하중 하에서 요소가 변형된 후에도 직선적이고 평평하여야 한다.

이 같은 상황은 1차원적인 모델이동 메시구조의 능력과 모든 실제구조 응력장에 대한 매우 강력한 제한을 부과하게 된다.

직선적인 edge와 평평한 면은 곡선적인 형상에는 적합한 map이 아니므로 예시적 목적 또는 모델크기에 대하여 비교적 큰 요소인 경우 등에 한정하여 이 같은 메시를 활용한다.

이 메시는 일부 특정한 해석에서는 충분한 변형이라 할 수 없다.

3. 2차원 4면체 솔리드 요소

2차원(high quality) 4면체 요소모델은 2차원적(parabolic) 변위장과 연속적인 1차원적(linear) 응력장(선형함수는 parabolic 함수의 미분인 것을 유의할 것)이다.

2차원적 변위장이 이들 요소들에게 '2차원 요소'라는 명칭을 부여하도록 한다.

2차원 4면체 요소는 각각 10개의 노드(구석의 4개 노드와 6개의 중간부 노드)를 가지며 각 노드는 3자유도이다.

2차원 솔리드 요소들의 에지와 면은 만약 원래의 형상을 곡선적인 형상으로 map 해야 할 경우이거나 하중 하에서 요소의 변형과정이 발생하여 변형하더라도 곡선적인 형상으로의 가정이 가능하다.

즉, 이 요소의 map은 곡선형상으로 표현이 가능하여 elbow 형상도 정밀하게 map 할 수 있다.

한편, 2차원적 요소들은 일차원적인 요소들과 비교해서 현저히 적은 미세요소임에도 불구하고, 이 메시도 해석을 위하여 충분하지 않은 경우도 있다.

한편, 정확한 응력결과들을 위해서는 벽 두께를 가로 지르는 2 layer 이상의 2차원 요소가 추천된다.

상대적으로 우수한 map 작업능력과 2차원 변위장에 대한 노드작업 실행능력 때문에, 2차원 4면체 요소들이, 비록 일차원적 요소보다는 더욱 큰 계산용량을 위한 컴퓨터 성능을 필요로 하더라도, 대부분의 SWSS 해석에서 적용하고 있다.

4. 1차원 3각형 쉘 요소

1차원적 솔리드요소 해석에 있어서 1차원 3각형 쉘 요소모델은 선형적인 변위장이며 그것들의 면과 에지를 따라서 변형률과 응력은 상수이다.

각 1차원 쉘 요소는 총 3개의 노드를 가지며 각 노드는 6 자유도로서 3개의 변위요소와 3개의 회전요소로 그것의 위치이동을 충분히 서술할 수 있다.

그러나 elbow를 1차원 쉘 요소로 중간부분의 면을 표현하려 할 때는 곡선형상의 map 작업이 부정확한 것임에 유의해야 할 것이다.

이 결과는 이미 전술된 바와 같이 곡선적인 면에 대해서는 1차원 요소 map 작업의 부정확성 결과와 동일하다.

즉, 전술된 1차원 솔리드 요소해석과 동일하게 이들 쉘 요소들은 모든 실제적 해석을 위해서는 적절하지 않다.

5. 2차원 3각형 쉘 요소

2차원적(high quality) 3각형 쉘 요소는 2차원적 변위장과 응력장의 모델화에 이용된다.

2차원적 쉘 요소는 총 6개의 노드로 모서리 외에 또 다른 3개의 중심부 노드가 필요하다.

2차원적 쉘 요소의 에지와 면은 하중 하에서 요소가 변형될 때 필요에 따라 곡선적인 형상변화로 요소변형을 나타내고자 할 때에도 메시과정에서 곡선으로 가정 될 수 있다.

즉, 2차원적 쉘 요소 메시는 elbow 모델에서도 곡선적인 형상을 정확하게 생성하게 된다.

2차원 쉘 요소는 1차원 쉘 요소와 비교하여 메시가 더 작은 구조로 구성되며 대부분의 SWSS 쉘 모델 해석에서 적용하고 있다.

6. 빔 요소

1차원 솔리드 요소나 쉘 요소와 상대적으로, 2-노드 빔 요소모델은 cubic 함수화와 같은 평면에서 벗어나는 2가지 처짐으로 선형적인 축방향 변위와 원주방향 회전의 모델이다.

2-노드 빔 요소의 형상은 원래는 직선적이지만 변형이 발생한 후에는 cubic 함수형상으로 된다고 가정할 수 있다.

각 2-노드 빔 요소는 양쪽 노드에 대하여 각각 3개의 변위와 3개의 회전인 6자유도이다.

1차원 솔리드와 세 요소에 관한 고찰이 2-노드 빔 요소에 같은 방법으로 메시 map 과정에 적용될 수 있다.

7. 솔리드와 쉘 요소간의 선택

Elbow와 같은 형상들 대부분의 종류는 솔리드와 쉘 요소 어느 것을 이용하더라도 모델화가 가능하다.

4면체 솔리드 또는 3각형 쉘 요소 형상의 선택은 해석의 목적에 좌우된다고 할 것이나 대부분 형상의 본질이 메시에 이용되는 요소형태를 결정한다.

예로서, 주물생산 부분은 솔리드 요소로 메시되는 것에 반하여 얇은 판금구조는 쉘 요소로 메시 되는 것이 적절할 것이다.

실습과정에서 처음으로 접하게 되는 중공평판은 솔리드 형상의 메시로 생성되는 솔리드 요소나 또는 중간면 메시 등에 의하여 생성되는 쉘 요소로 형상화시키는 메시작업이 모두 가능하다.

8. Draft vs High 솔리드와 쉘 요소

1차원적 요소는 솔리드와 쉘 모두 어떤 특별한 물체에 대한 하중의 방향을 분류하여 구속하거나 또는 반력을 계산하는 것과 같은 초기적 학습을 위해서만 유용하게 될 것이다.

이 같은 학습은 draft 요소를 이용하여 정확한 설정을 완성하기 위한 최종적인 컴퓨터 작업에 도달하는 준비작업이며, 또한 응력분포의 학습은 두께방향을 관통하는 관점 등의 고려에서와 같이 솔리드의 high 품질요소를 이용하는 모델로 구성하는 것이 적절할 것이다.

9. 자유도(Degree of Freedom)

유한요소를 구성하는 각 노드에 대한 자유도는 노드변위와 회전능력에 대하여 정의한다.

노드가 보유하는 자유도 수는 그 요소가 속하는 형식에 좌우된다.

즉, 솔리드 요소의 노드는 3 자유도이고 반면에 쉘 요소의 노드는 6 자유도이다.

솔리드 요소를 초기 상태로부터 변형된 형상까지 기술하기 위하여 오직 각 노드의 노드 당 변위 3 가지 변형성분을 파악하는 것이 필요 할 뿐이지만 쉘 요소의 경우에는 노드 당 변위인 위치이동 외에 회전방향 성분도 필요하다.

결론적으로 정역학적인 고정적 제한조건의 솔리드 요소는 오직 3 자유도만이 제한적이지만, 같은 제한조건을 쉘 요소에서 적용하기에는 6 자유도가 요구되며 회전구속 자유도를 제한하지 못하면 확장된 강체지지인 경우에 있어서 힌지 지지의 결과를 얻게 될 것이다.

1-2 해석기초 및 일반사항

1-2-1 해석결과의 신뢰성 및 기본해석기법

모의해석을 실제 수행하다 보면 설정조건의 변화는 물론이고, 설정조건이 동일하더라도 전산조건의 변화에 따라 일치하지 않는 결과 값을 취득하게 되는 경험을 하게 된다.

허용되는 오차범위 이내에서의 차이점은 무시될 수 있다고 하더라도, 조건의 변화에 따라 결과 값 변화의 차이가 매우 크거나 또는 어떤 경향을 보여주게 된다면 모의해석 실행자는 결과 중에 어느 것이 가장 적합한 것인가에 대한 혼란에 처하게 될 것이다.

즉, 이러한 혼란은 해석결과 신뢰성의 문제점을 유발하는 사항이 될 것이며, 모의해석 경험이 충분하다면 기술적으로 해석결과를 분석하여 적합한 결론을 도출할 수 있게 된다.

본 주제의 과정에서는 비교적 간단한 3-D 부품모델에서 적합한 결론의 도출이 가능하도록 하는 해석결과 신뢰성의 인자로서 메시밀도와 메시유형(해석결과의 수렴성), 수학적 공학모델의 적합성(구조 및 h-A 적합성), 메시 생성기반, 구속의 적합성 및 기본해석기법 등을 적용하여 해석결과를 분석하는 해석기초사항을 검토한다.

실무적으로는 설정조건과 일치하는 실체를 활용한 시험결과와의 비교 및 검토가 필요하게 될 것이다.

1. 메시밀도
2. 수학적 모델의 적합성(구조)
3. 메시유형(균질, 비 균질, MC, h-A 비 균질)
4. 메시 생성기반(표준, 곡률기반)
5. h-A 적합성
6. 구속의 적합성★
7. 설계스터디

구조해석 결과의 신뢰성 주제 3-D 모델

참고사항	균질 메시	Fillet	h-A 메시	완전 구속성	설계 스터디	단품 vs Ass'y
	메시 밀도	구조적 결함	신뢰성 검증법	분석 기법	분석 기법	메시의 호환성
중공평판	★		★		★	
L 브래킷	★	★				
Support 브래킷	★	★	★			
C 브래킷	★	★	★	★		
ㄷ 브래킷	★	★	★		★	
ㅗ 브래킷	★	★	★	★	★	★

〈 Parameter 〉

1. 메시밀도와 유형 ☞ 해석결과의 수렴과 발산
2. 해석모델의 구조 ☞ 수학적 모델링 에러 (fillet) – 구조적 결함
3. 메시 생성기반 ☞ 표준 또는 곡률기반
4. 구속의 적합성 ☞ 완전구속 또는 불완전 구속

➜ 학습과정 진행단계의 기본구성 항목 ⬅

◈ 수학적 모델의 구축

◈ 전처리 과정

◈ 유한요소 모델의 구축

◈ 후처리 과정

◈ 논의

◈ 기타

※ 해석과정 (전처리 과정 ~ 후처리 과정)

◈ 기타

SWSS General-option의 설정과 확인

◆ SW 정적구조해석의 가동을 위한 설정 (add-in)

◆ 시스템 및 기본옵션 창 열기

◆ SWSS를 위한 기본단위계 정의

◆ SI 단위계 및 기본단위의 정의
　　길이(mm), 온도(섭씨) 및 응력단위(MPa)의 설정확인

◆ Mesh작성 기본option 정의
　　메시품질(고), 곡률기반 및 고급접촉 설정확인

◆ 기본 solver 및 결과저장 option 정의

◆ 기본플롯 세부사항 정의
　　주석(최대), 화면표현 option(불연속, 모델) 설정확인

◆ Monitor 색상 chart option 정의
　　Chart 너비(가늘게), 숫자 표기형식(과학기호법), 유효숫자(2자리)의 설정확인

◆ 정적해석 결과의 기본플롯 검토
　　Von Mises 응력, 총변위 및 요소변형률

◆ 설정사항의 확인

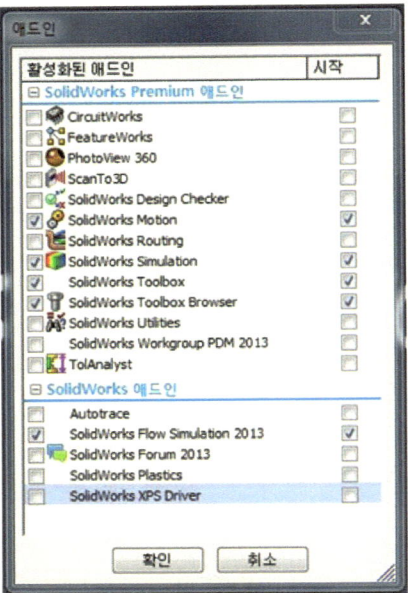

01 Add-in

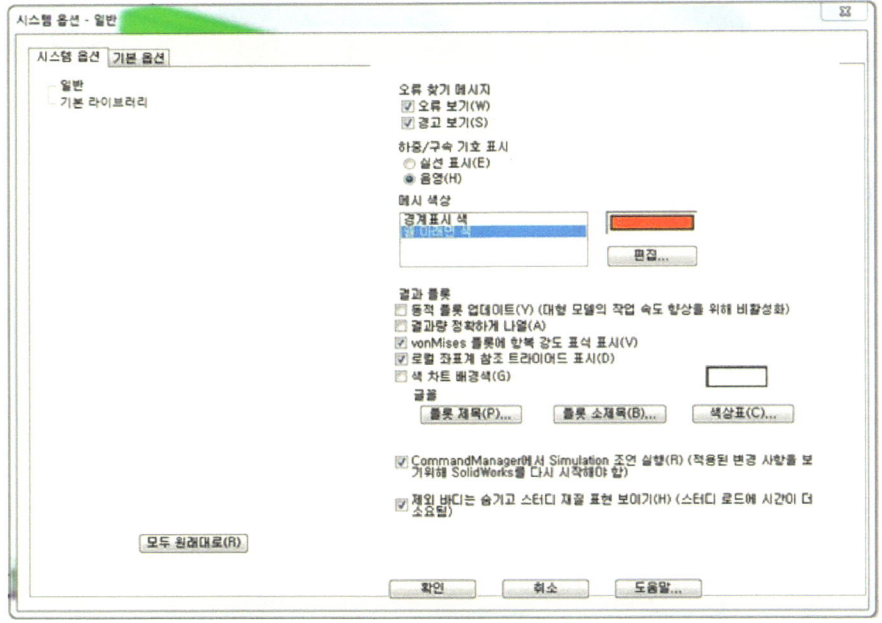

02 System Option

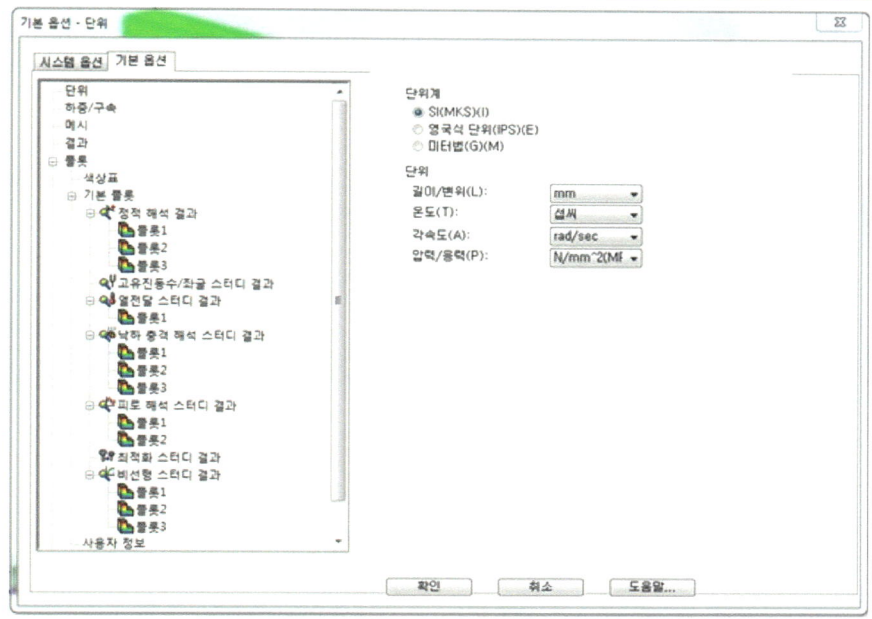

03 SI 단위계 및 기본단위의 설정변경 정의

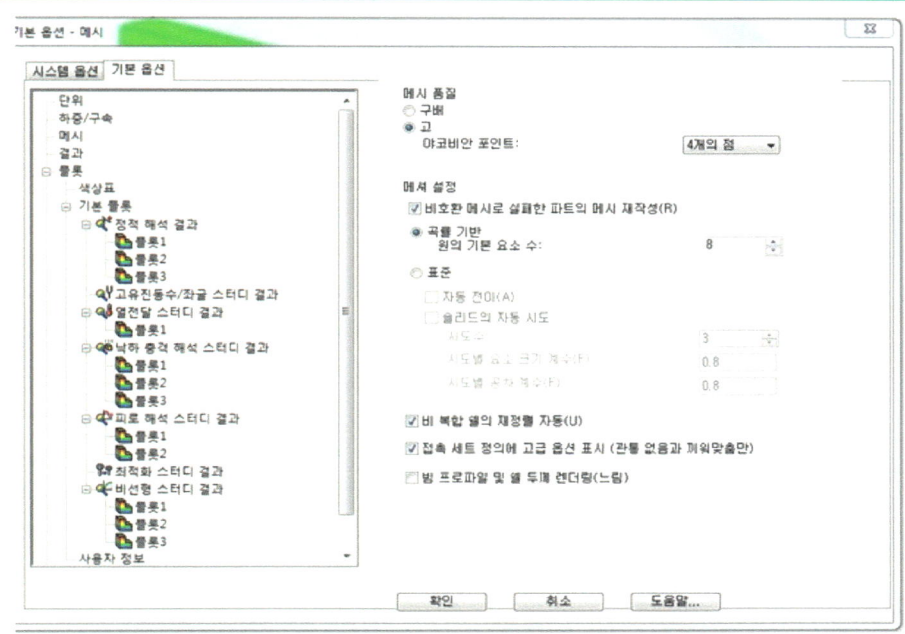

04 Mesh작성 기본 option 정의

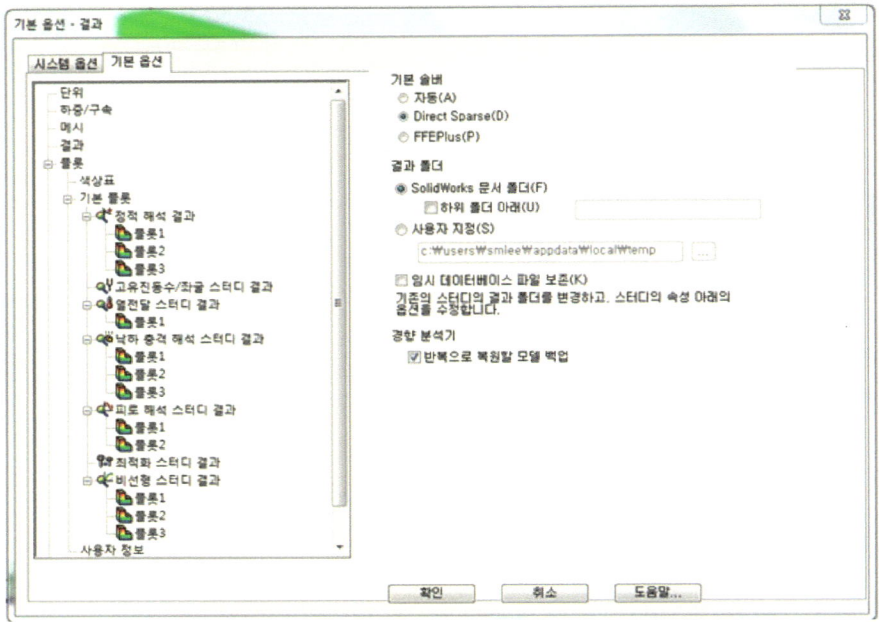

05 기본 solver 및 결과저장 option 정의

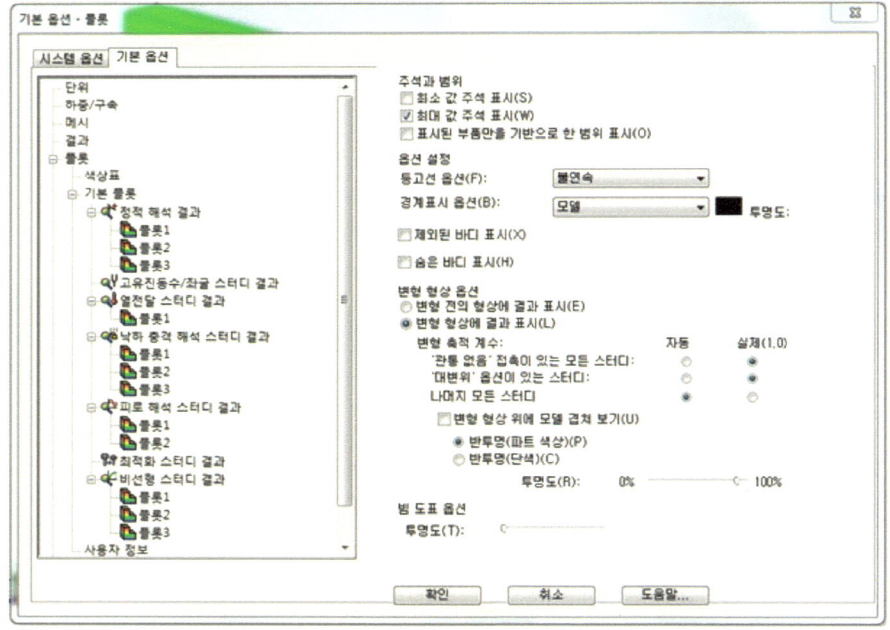

06 기본플롯 세부사항 정의

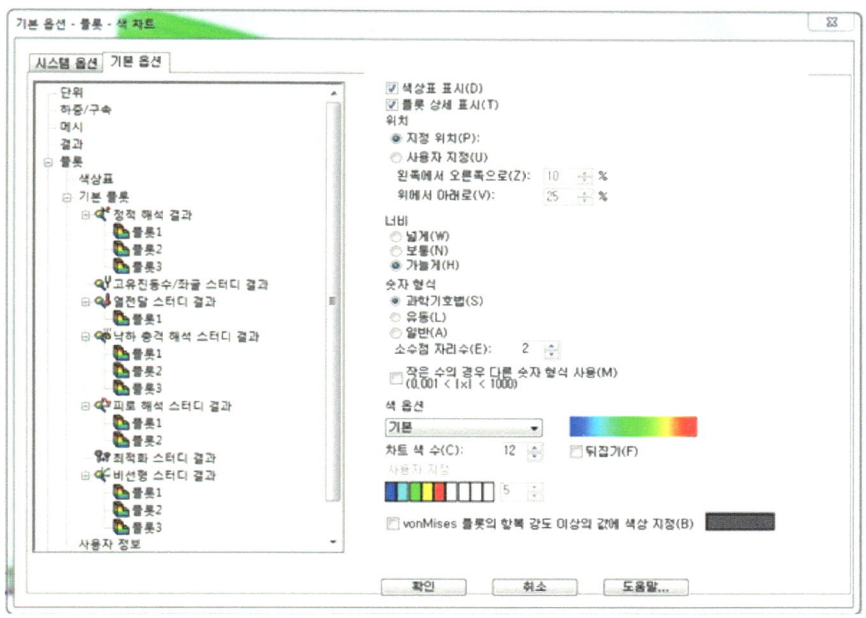

07 Monitor 색상 chart option 정의

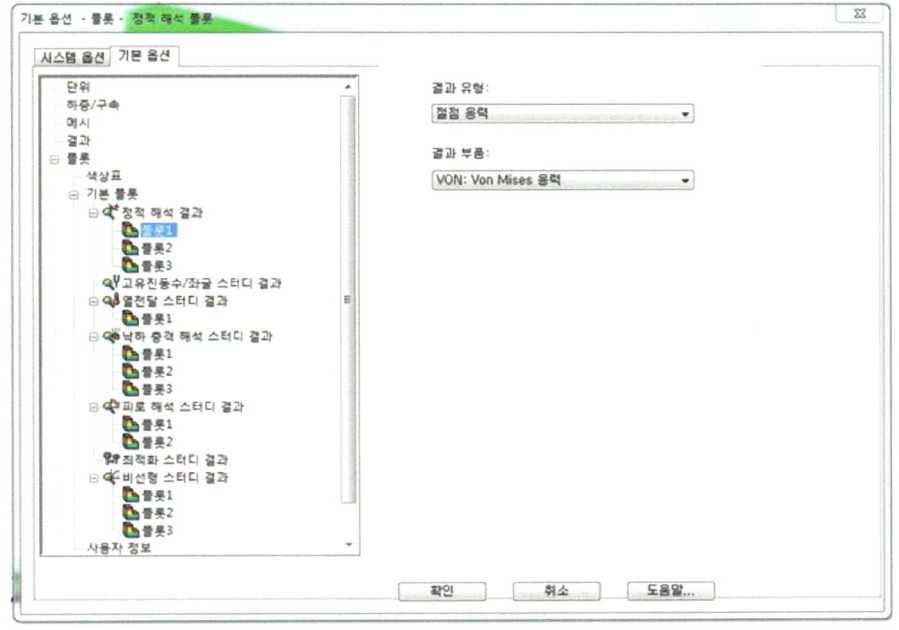

08 정적해석 결과의 기본플롯 검토

1-2-1-1. 메시밀도

중공평판
주요학습 내용

* SWSS 인터페이스의 정의 (일반정의)
* 솔리드 요소를 이용한 선형적인 정적해석 과정의 실습
* 메시밀도가 응력해석 결과에 미치는 영향에 대한 이해
* FEA 결과를 표현하는 다양한 후처리 방법의 실습
* SWSS 해석결과 파일의 추가적인 처리의 실습
* 결과플롯의 format 설정 및 스터디 복사의 실습
* 메시컨트롤(MC)과 메시인자(hA) 활용 등의 개별실습
* FEA 해석결과 수렴성 및 신뢰성 접근기법에 대한 고찰

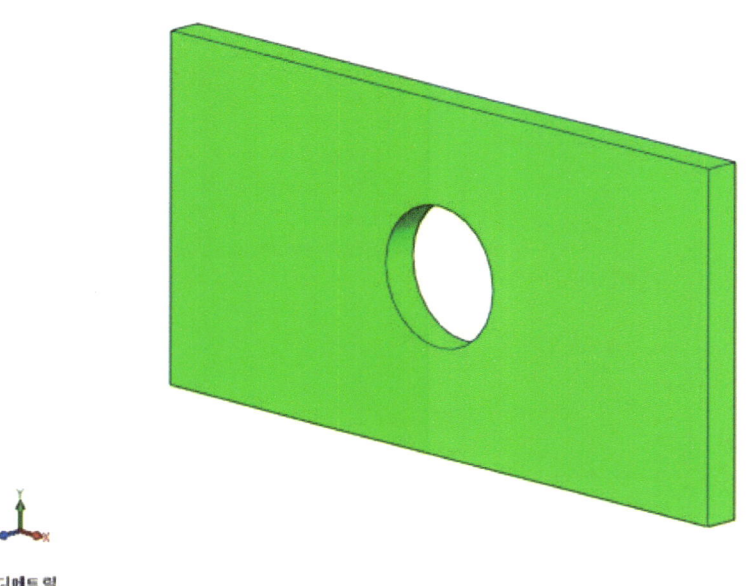

*디메트릭

☞ **해석작업 과정의 요약**
1. 단위 2. 재질 3. 구속 4. 하중 5. 메시 6. 해석실행 7. 후처리

수학적 모델의 구축
모델명 : 중공평판

구멍이 있는 사각형 평판에서 작은 길이의 한 쪽 측면이 고정되었으며 100,000N의 인장 하중이 반대쪽 면에 수직으로 작용하고 있다.

◆ 스터디의 생성
◆ 스터디 명칭('거친메시')의 변경
◆ √ 클릭 의미의 고찰
◆ 저장 없이 나오기 및 생성파일 검토

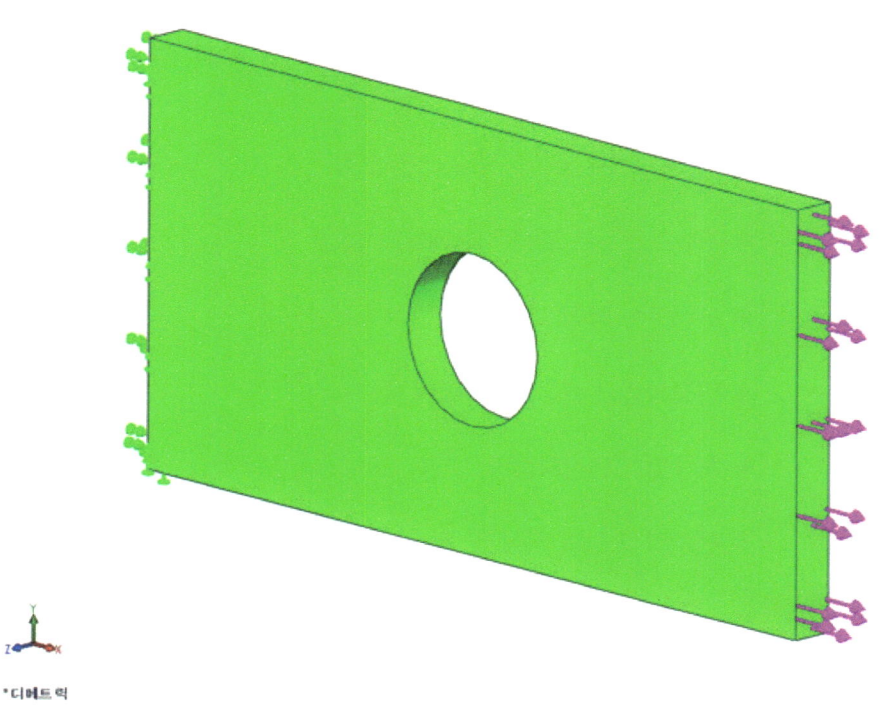

*디메트릭

전처리 과정

◈ 해석모델 파일열기

    1-2-1. 해석결과의 신뢰성 및 기본해석기법

     / 1-2-1-1. 메시밀도

     / S1-2-1-1 중공평판 (메시밀도) – 주제의 제시

◈ 스터디의 생성 및 명칭(거친메시)의 결정

◈ 재질(AISI 1020)의 설정

◈ 적용(√) 및 닫기

◈ 고정구속 조건의 설정에 대한 고찰

◈ 구속조건으로 고정 지오메트리 설정

◈ 고정구속 명칭(고정면)의 변경

◈ 인장하중의 설정(100,000N ⇨)

◈ 하중명칭(인장하중)의 변경

◈ 전처리 과정의 저장 및 저장사항의 확인

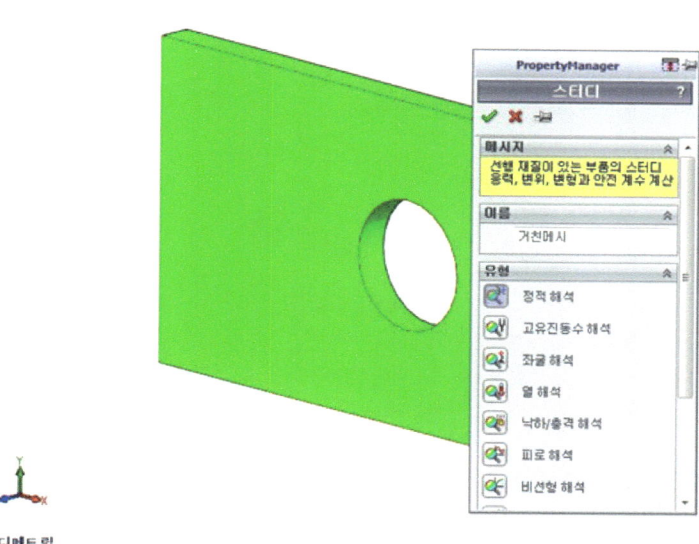

1 스터디 명칭의 설정

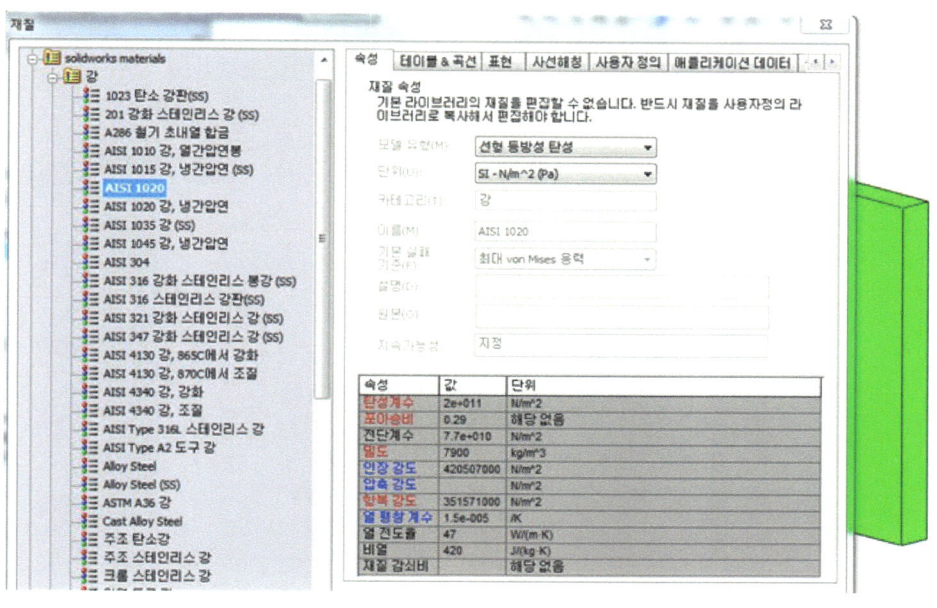

2 재질설정

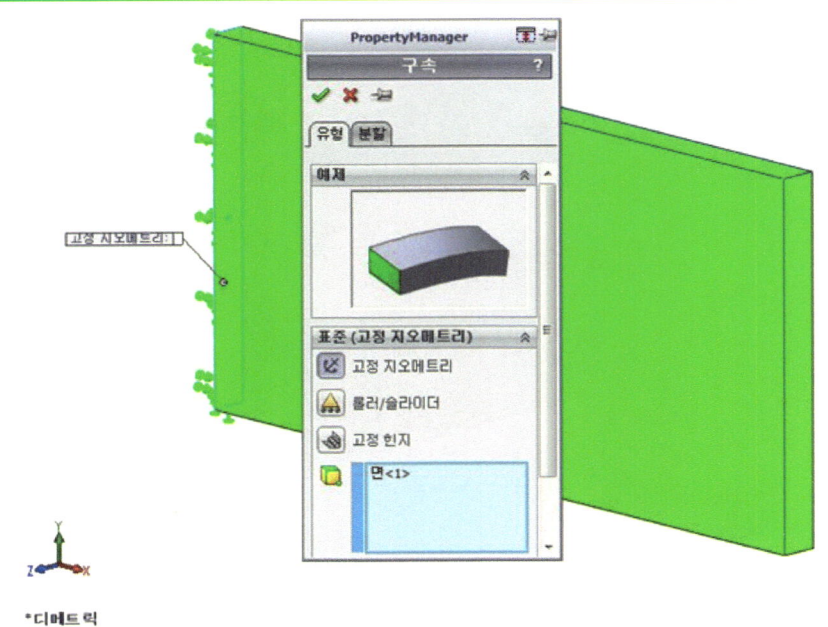

3 고정구속 설정

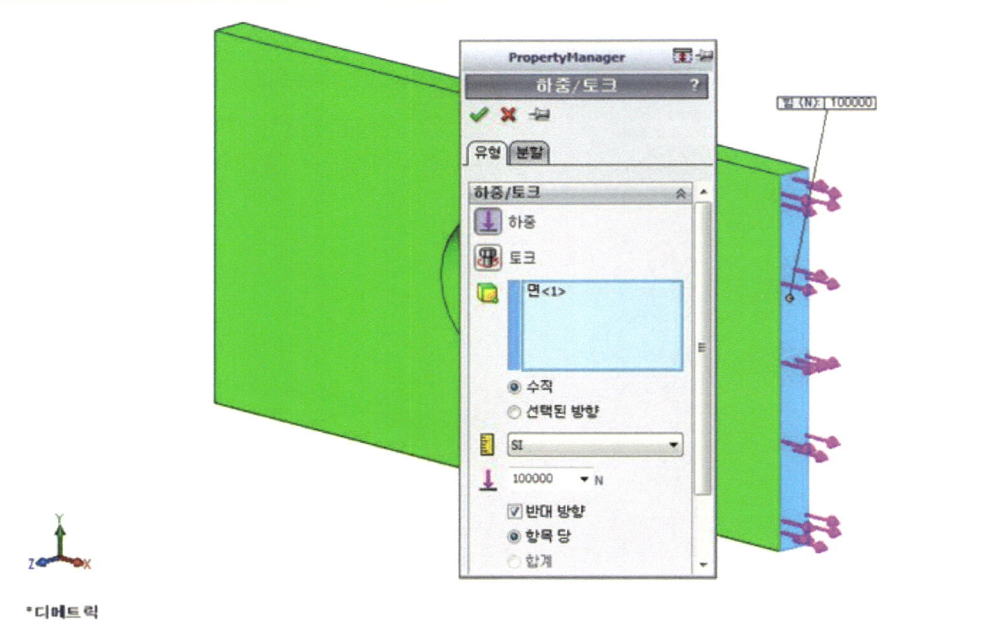

4 인장하중 설정

유한요소 모델의 구축

◆ 메시생성의 준비

◆ 시뮬레이션 트리에서 메시를 우측클릭

◆ 메시작성 선택 후 대화상자의 내용확인

◆ 메시작성의 설정(거침, 표준, high)과 메시작성

◆ 메시설정 상세사항의 확인

◆ 메시품질의 검토 및 고찰

◆ 해석실행

◆ Solver 창에 대한 검토 및 고찰

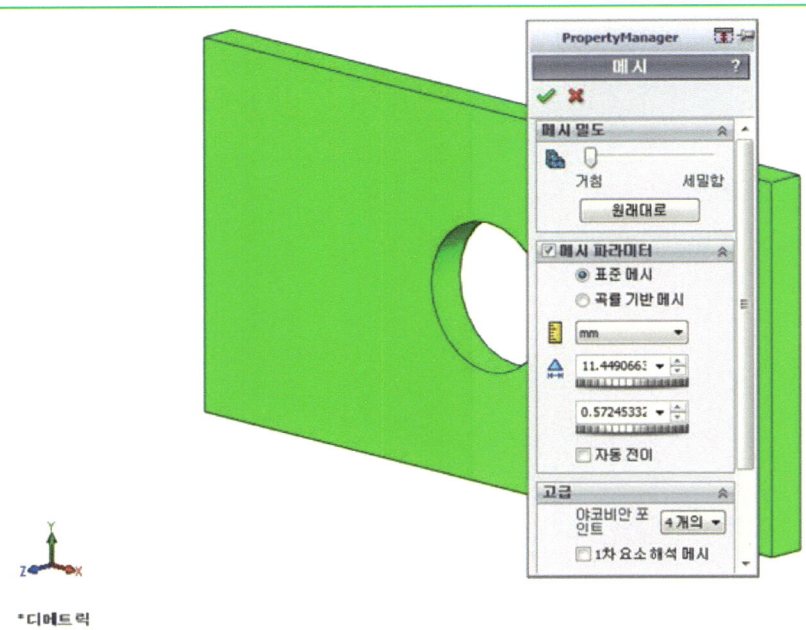

5 거친메시 작성

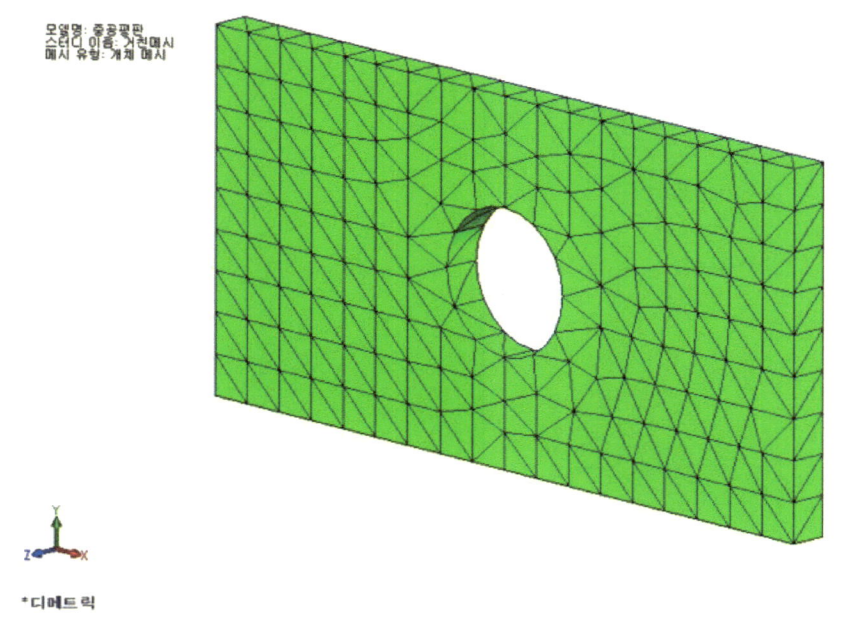

6 생성된 거친메시 플롯

후처리 과정(Ⅰ)

- ◆ 트리에서 응력 1 을 더블클릭(DC) 또는 표시
- ◆ 플롯의 수정 및 확인
- ◆ 최대 및 최소 주석표시 설정과 확인
- ◆ 응력플롯 설정(최대, 자동, 불연속, with 메시)
- ◆ 응력결과 probe
- ◆ 새로운 응력플롯 등의 생성연습
- ◆ 플롯배율의 변경(실제배율 vs 자동배율)
- ◆ 변형형상 위에 모델 겹쳐보기
- ◆ 플롯의 애니메이션
- ◆ 트리에서 변위 1을 표시한 후 플롯의 수정

  (최대, 실제, 연속, no 메시)

- ◆ 변형률 결과플롯을 DC한 후 개별실습
- ◆ 메시를 결과플롯 상에 함께 나타내기 고찰
- ◆ 모든 생성플롯을 함께 저장한 후 나가기
- ◆ 다시 모델파일을 열고 저장상태 확인하기

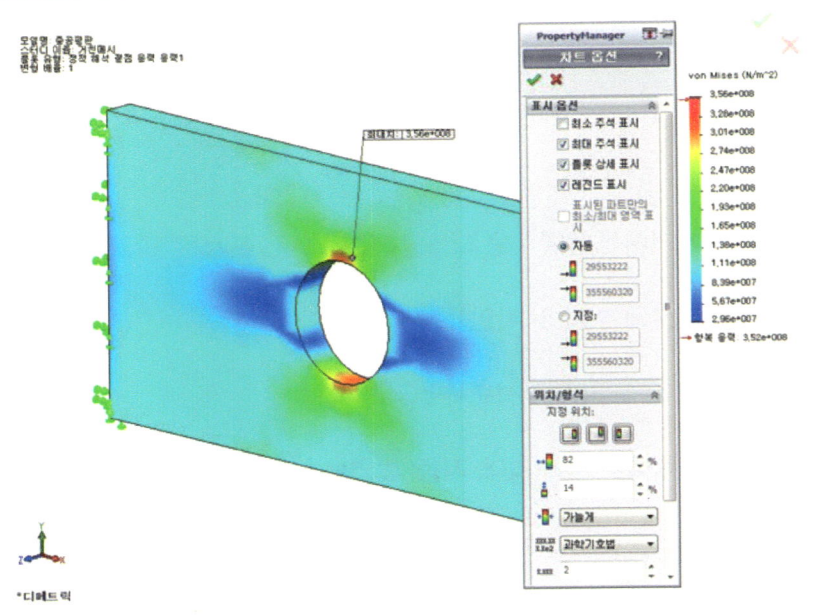

7 응력플롯 후처리

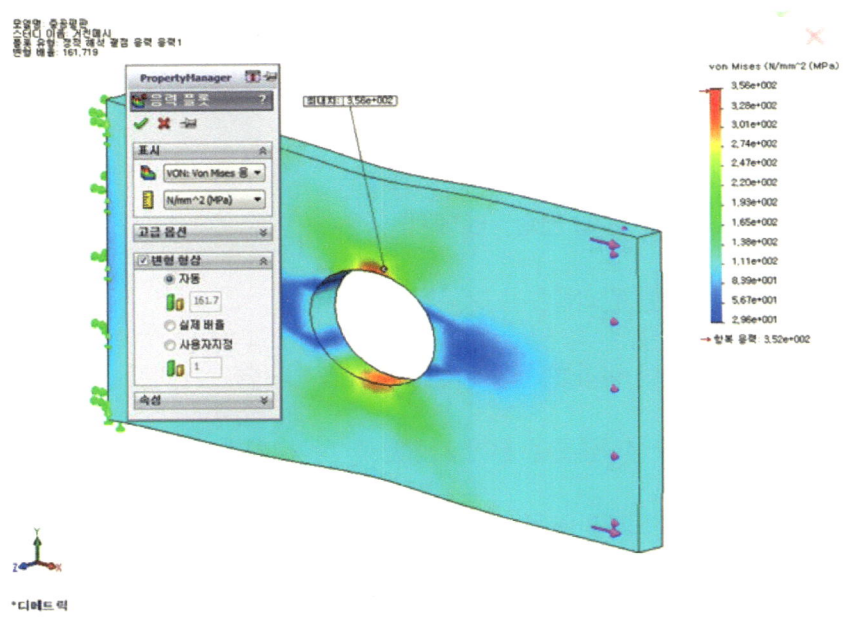

7-1 응력플롯 후처리

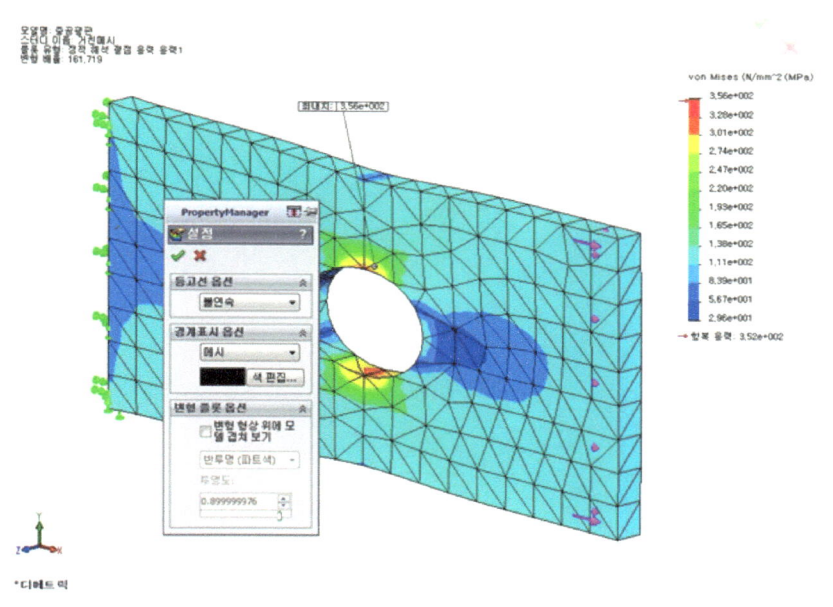

7-2 응력플롯 후처리

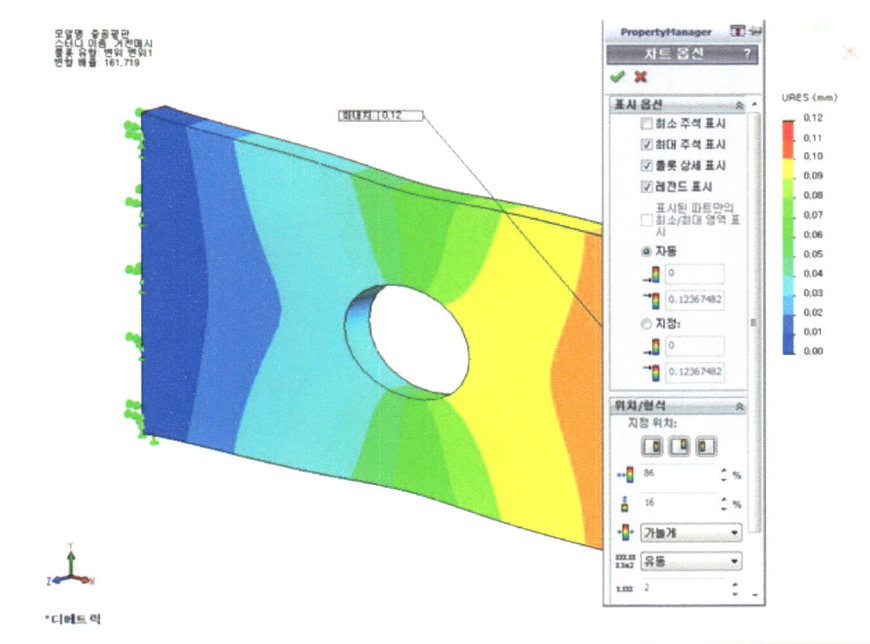

8 총변위 플롯 후처리

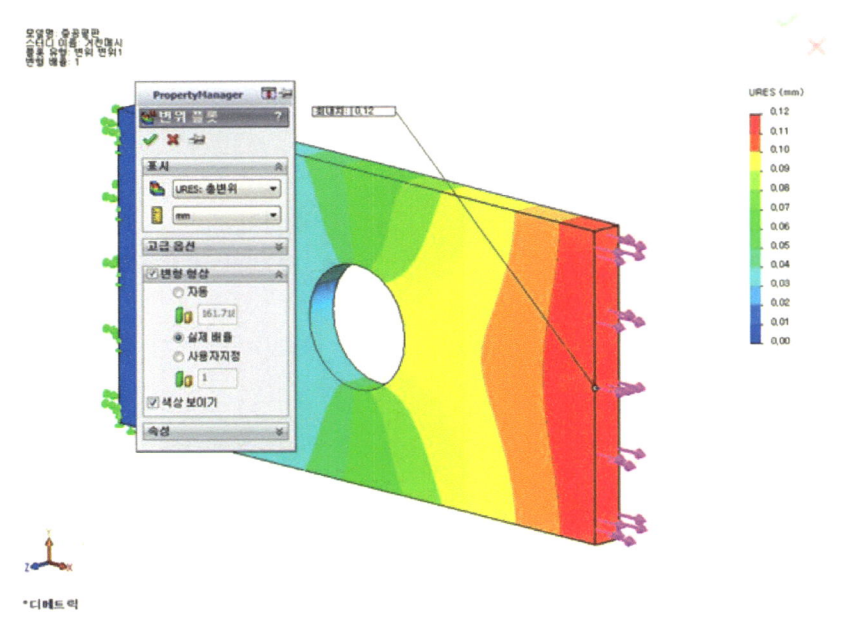

8-1 총변위 플롯 후처리

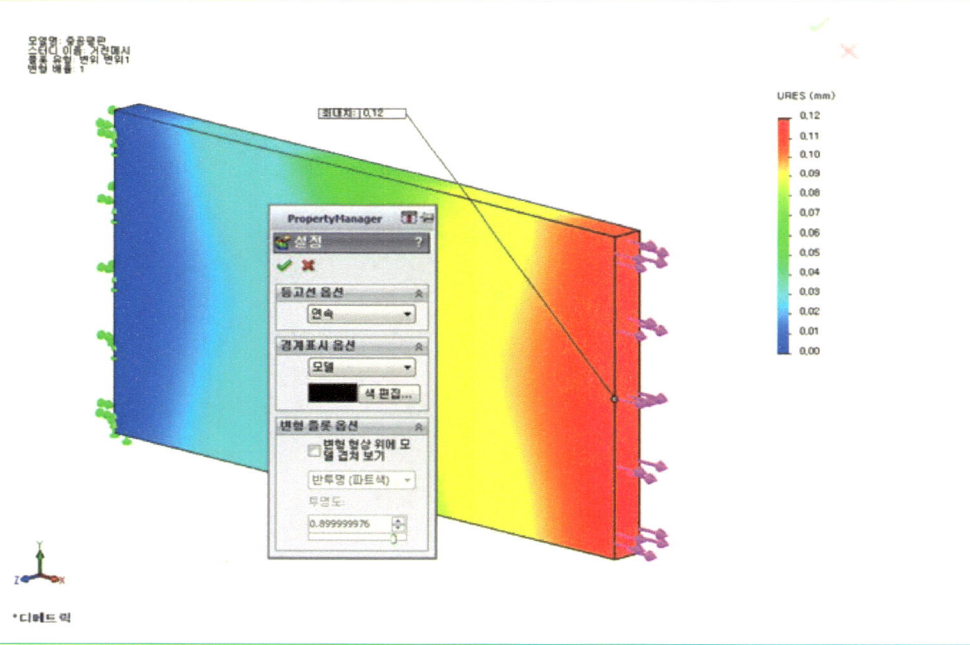

8-2 총변위 플롯 후처리

후처리 과정(Ⅱ)

◈ 스터디의 복사

◈ 전처리설정의 변경과 확인

◈ 정의편집의 활용

◈ 거친메시(10.0/0.5)의 생성과 실행

◈ 거친메시(8.0/0.4)의 생성과 실행

◈ 기본메시(디폴트)의 생성과 실행

◈ 미세메시(디폴트)의 생성과 실행

◈ 모든 생성파일을 함께 저장한 후 나가기

◈ 다시 모델파일을 열고 저장상태의 확인

◈ 후처리 플롯 format 복사사항의 확인

◈ 서로 다른 메시구조의 메시정보 비교

◈ 서로 다른 메시구조의 선택적 결과비교

◈ 결과비교 플롯생성 및 응력변화 경향의 고찰

◈ Solver 메시지의 검토(필요시)

◈ JPG 플롯, 애니메이션 파일의 생성과 저장

9 총변위 플롯 후처리

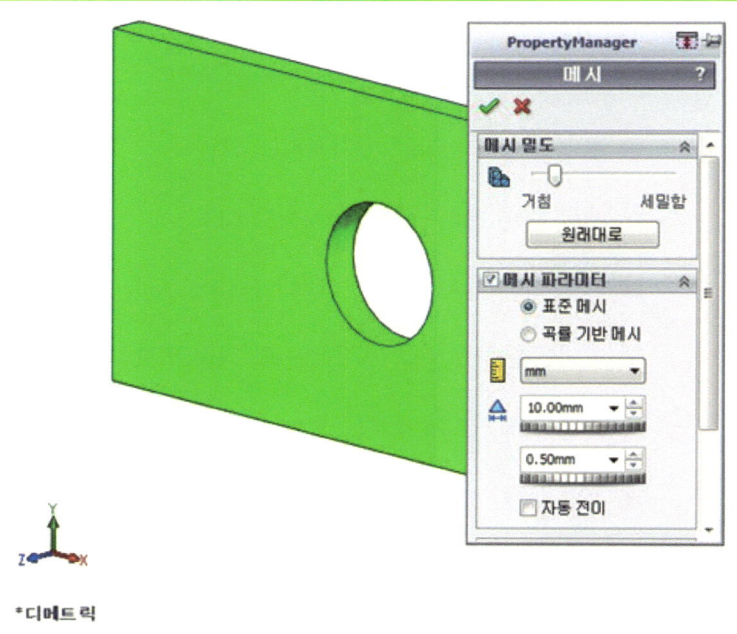

10 총변위 플롯 후처리

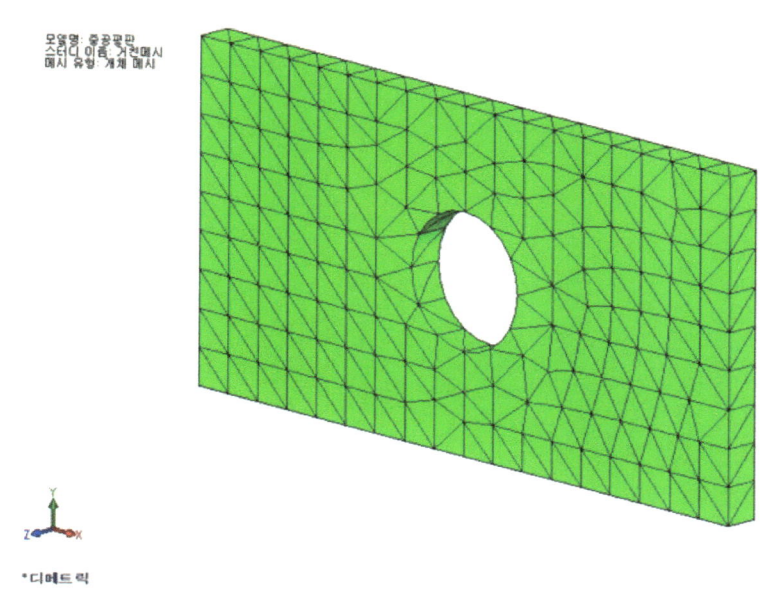

11 생성된 거친메시(10) 플롯

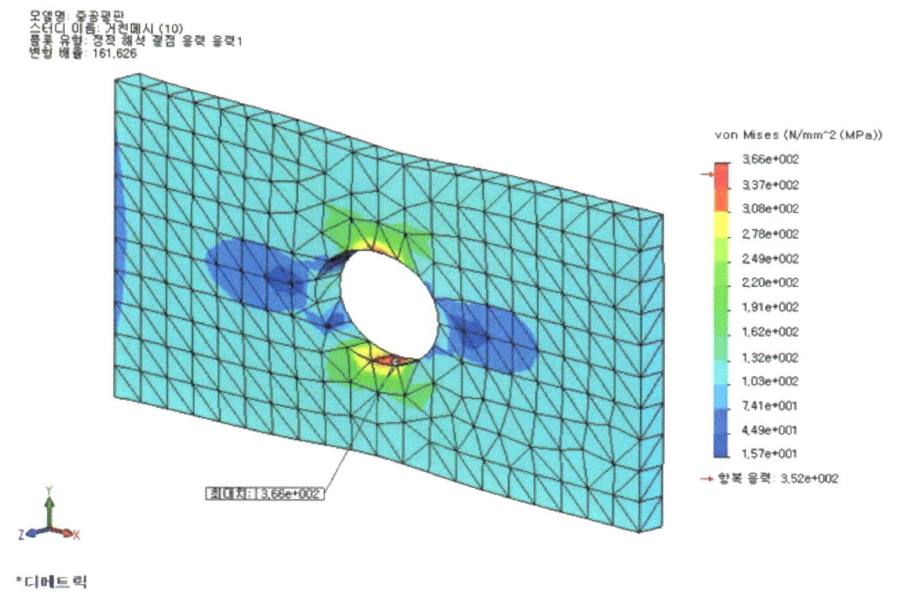

12 응력플롯 - 거친메시(10)

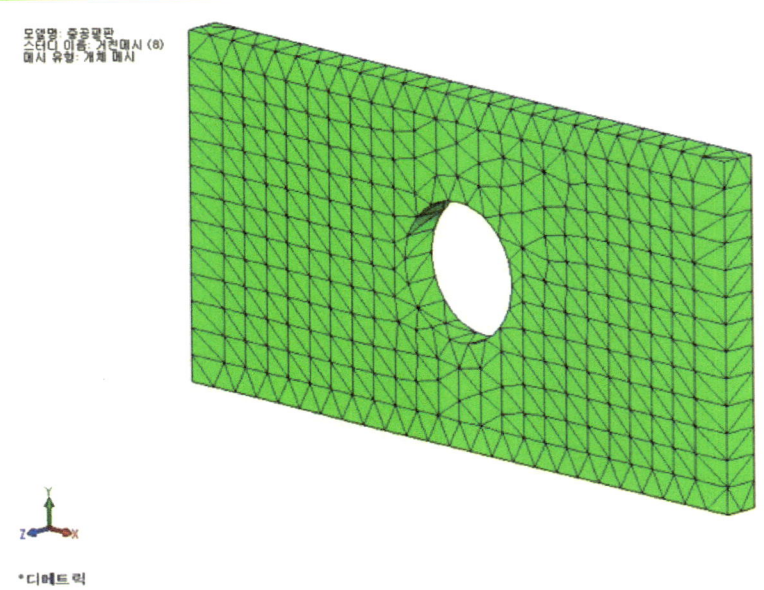

14 생성된 거친메시(8) 플롯

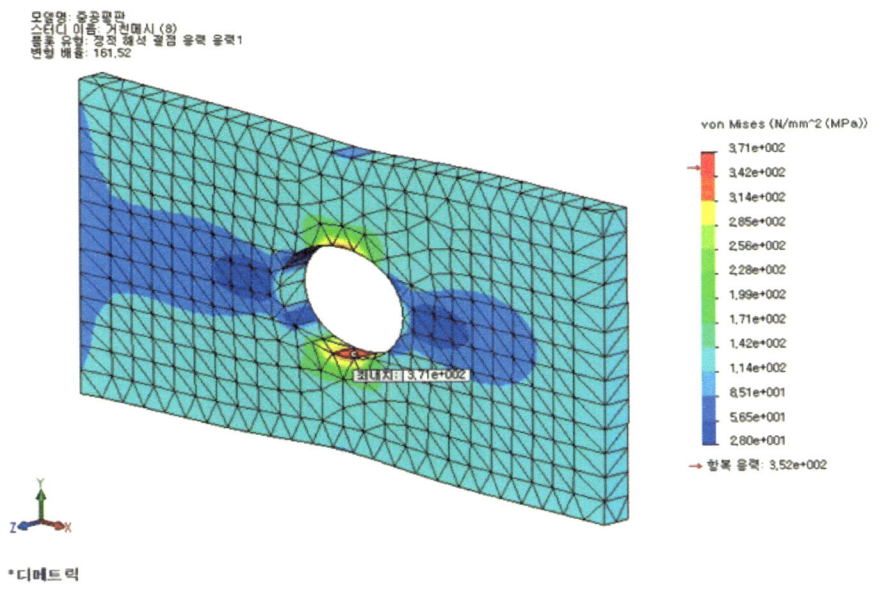

15 응력플롯 - 거친메시(8)

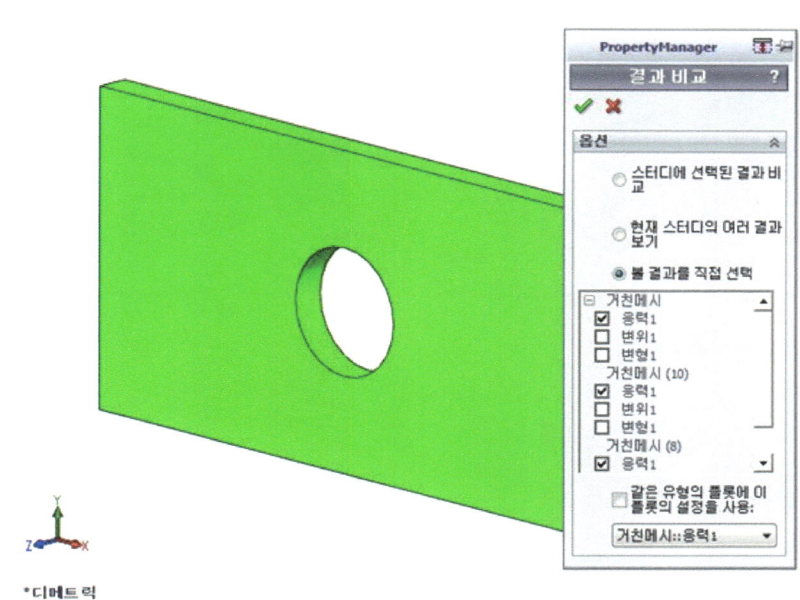

16 결과비교의 설정 상세사항

결과분석

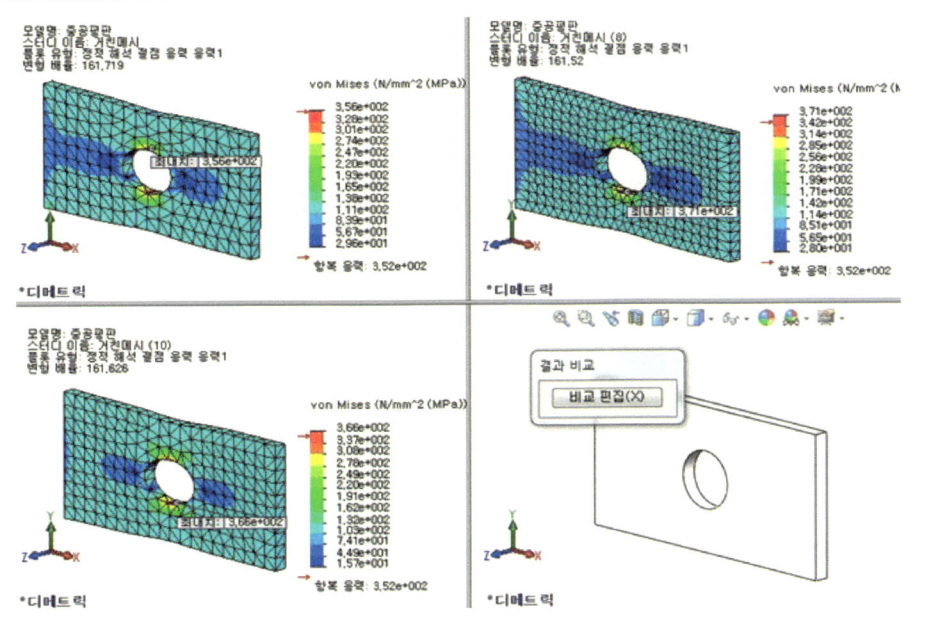

18 거친메시 응력결과 비교분석

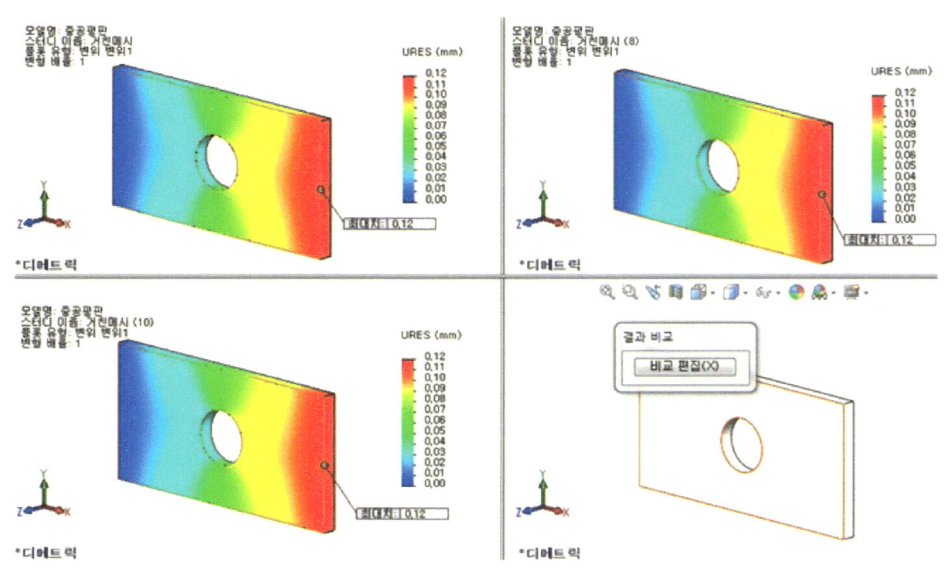

19 거친메시 총변위 결과 비교분석

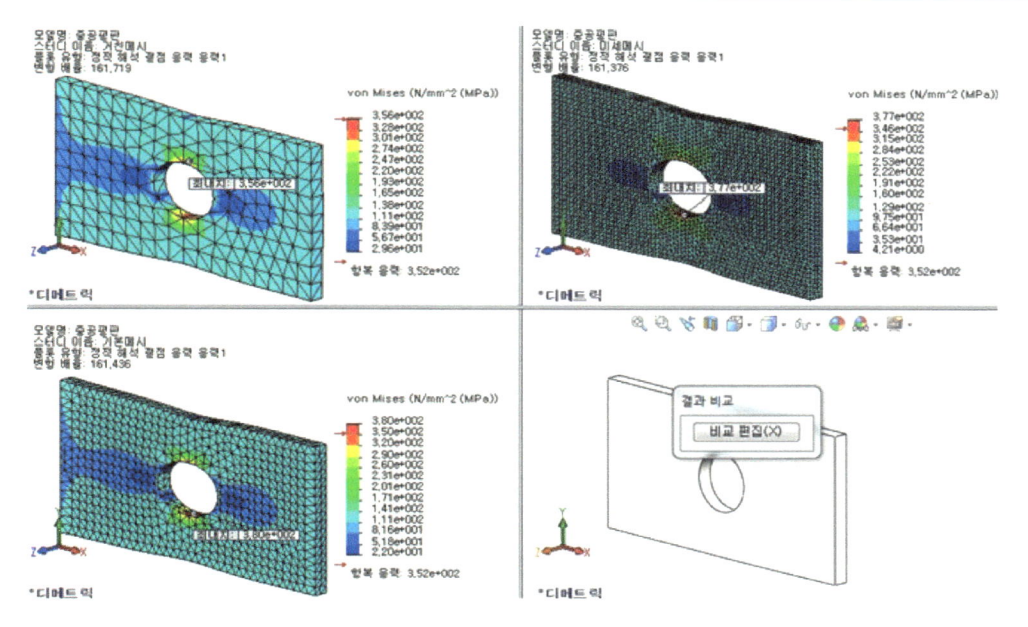

27 거친메시, 기본메시, 미세메시 응력결과 비교분석

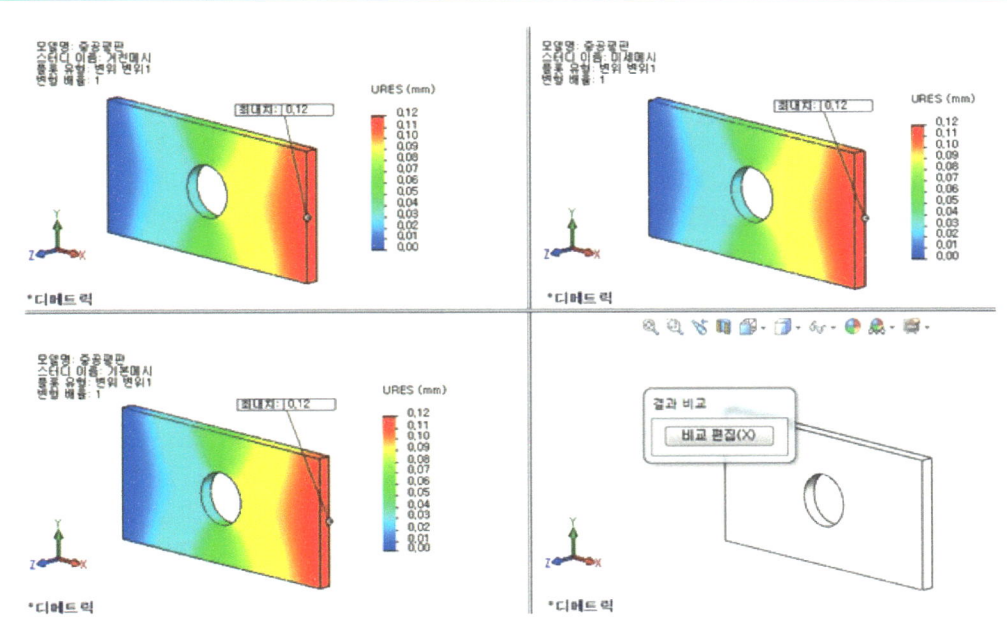

28 거친메시, 기본메시, 미세메시 총변위 결과 비교분석

논의

◈ 해석결과의 신뢰성에 대하여

◈ 정적해석의 개념(반력표시)에 대하여

◈ FEA 메시구조 변경에 대하여

◈ 결과플롯의 활용에 대하여

◈ SWSS 운용에 대하여

◈ 실무와의 연계 및 활용성에 대하여

◈ 이론 또는 실험결과와의 비교검토

◈ 개인적인 능력개발

◈ 고급과정에 대한 예비 Demonstration

⇨ 메시 컨트롤(MC)

⇨ 자동적응 메시(h-Adaptive Mesh)

⇨ 선택치수 변경을 이용하는 설계스터디(DS)

1-2-1-2. 구조적결함 및 메시컨트롤(MC)

L 브래킷

주요학습 내용

* 구조적결함 및 구조의 활성화
* 메시컨트롤의 적용
   ⇨ 수학적 모델링 error 판단기준 (발산) 의 수립
* FEA 해석결과의 발산현상이 발생할 때의 대응기법
* 응력집중의 이해
* Fillet 3-D 모델구조 해석결과와의 차이점 검토
* 반력표시 및 검사

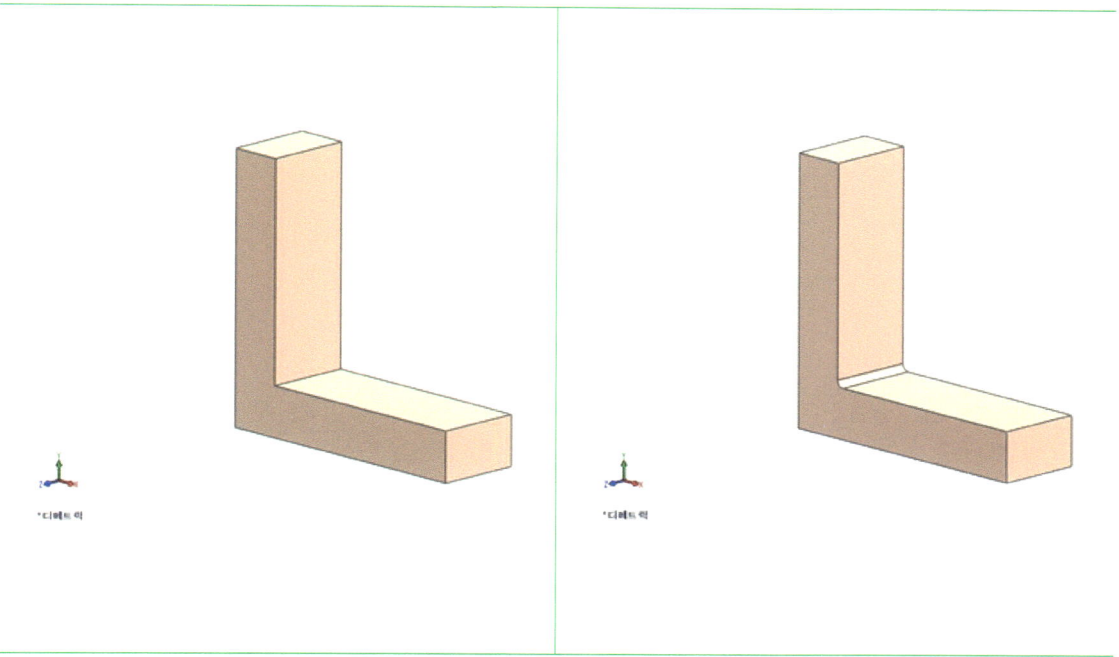

☞ 해석작업 과정의 요약
• 구조의 활성화 및 스터디 생성
1. 단위 2. 재질(이전) 3. 구속 4. 하중 5. 메시 6. 해석실행 7. 후처리

수학적 모델의 구축

모델명 : L 브래킷

L-형 철강 브래킷이 상부가 고정되고 하부의 끝 면에 900N의 전단하중이 적용될 경우의 변위와 응력을 검토한다.

- ◆ 구조의 활성화
- ◆ 전단하중의 설정
- ◆ 재질이전 및 응력집중 지역의 메시컨트롤
- ◆ 발산과 수렴 및 fillet의 필요성

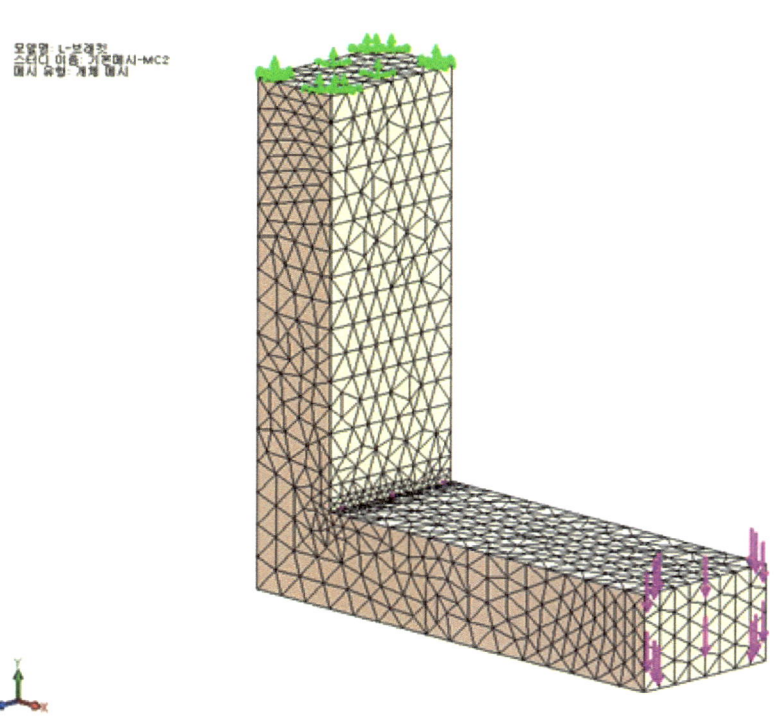

전처리 과정

◆ 해석모델 파일열기

    1-2-1. 해석결과의 신뢰성 및 기본해석기법

        / 1-2-1-2. 구조적결함 및 메시컨트롤(MC)

        / S1-2-1(2) L 브래킷(FM구조적결함) – fillet

◆ 기본단위의 설정상태 확인

◆ 구조의 활성화(no fillet)

◆ 스터디의 생성 및 명칭(기본메시)의 결정

◆ 재질(AISI 304)이전의 확인

◆ 고정구속(상면)의 설정

◆ 적용면에 대한 전단하중(900N⇩)의 설정

◆ 전처리 과정의 저장

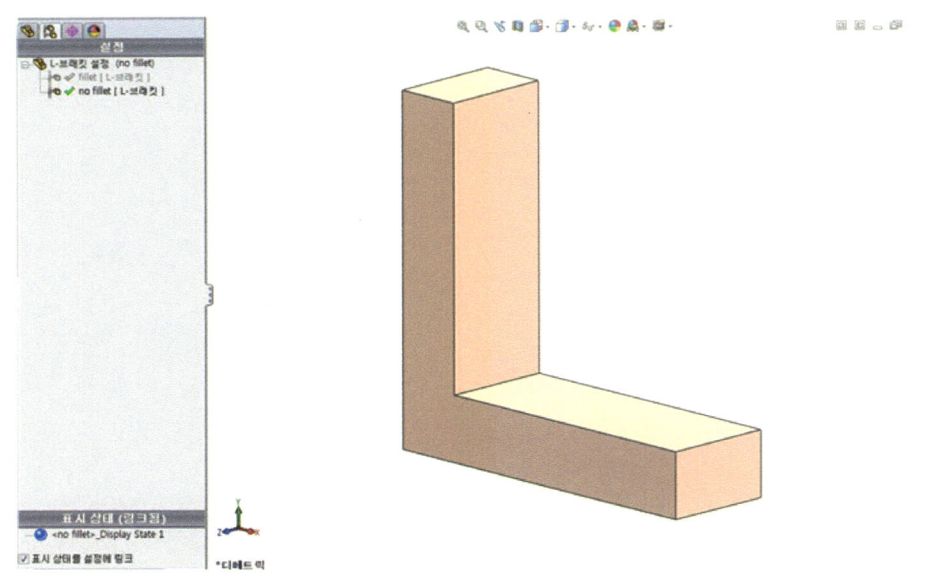

0-3 no-fillet 구조의 활성화

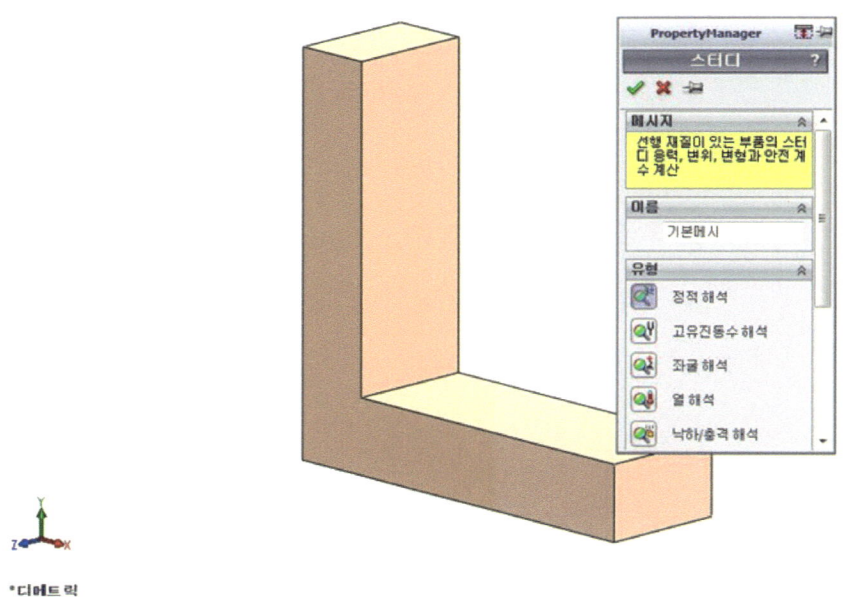

1 스터디 명칭의 설정

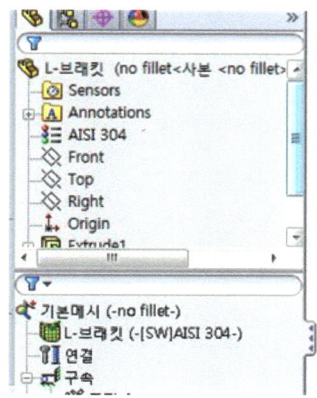 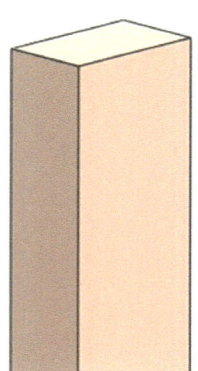

2 재질이전

*디메트릭

3 고정구속 설정

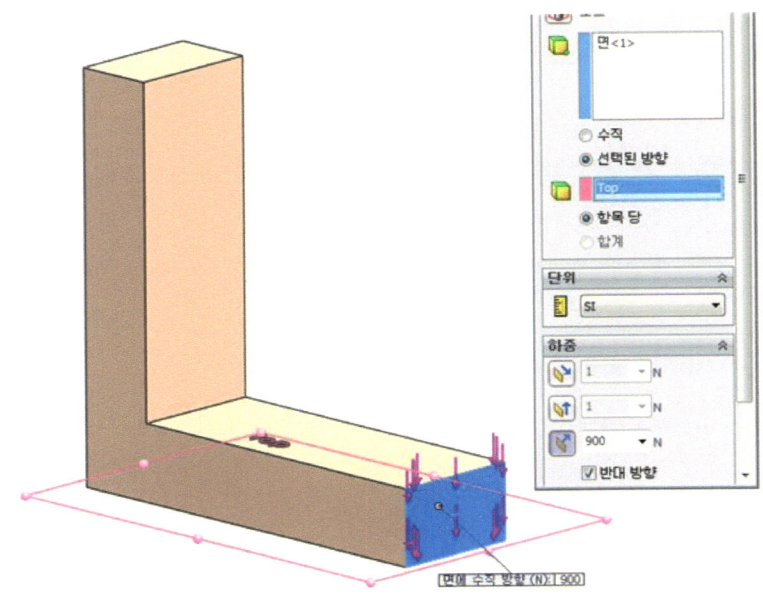

4 전단하중 설정

유한요소 모델의 구축

◆ 메시작성(기본, 곡률기반, high)

◆ 메시설정 상세사항 확인

◆ 메시표시와 확인

◆ 메시품질의 확인

◆ 해석의 실행

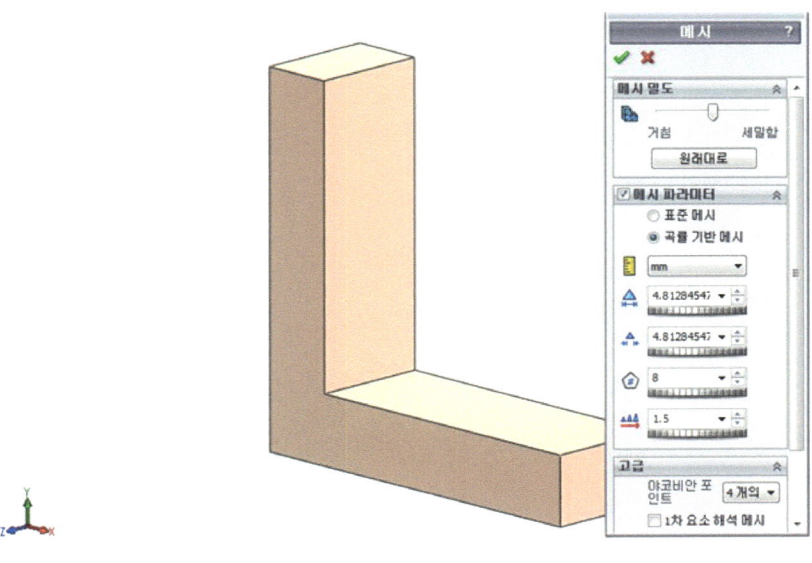

5 기본메시(곡률기반) 작성

후처리 과정

- ◆ 트리에서 응력 1을 표시(DC)
- ◆ 응력분포의 검토
- ◆ 최대 및 최소 주석표시 및 검토
- ◆ 복사 스터디의 생성(기본메시-MC1)
- ◆ 국부적 메시컨트롤(디폴트MC)의 적용
- ◆ 메시검사
- ◆ 스터디 실행
- ◆ 국부적 2차 메시컨트롤(MC1.5/1.5)의 적용
- ◆ 메시검사
- ◆ 스터디 실행
- ◆ 메시와 응력결과를 동시에 플롯
- ◆ 결과비교의 활용과 응력발산 현상의 확인
- ◆ 구조(fillet)의 변경과 스터디의 활성화 검토
- ◆ 변경된 구조(fillet)에서의 스터디 복사 및 실행
- ◆ Fillet 면에 메시컨트롤 적용
- ◆ 결과비교를 활용한 응력플롯의 비교검토
- ◆ 결과비교의 활용과 응력수렴 현상의 확인
- ◆ 반력검사 및 표시와 힘의 평형검토

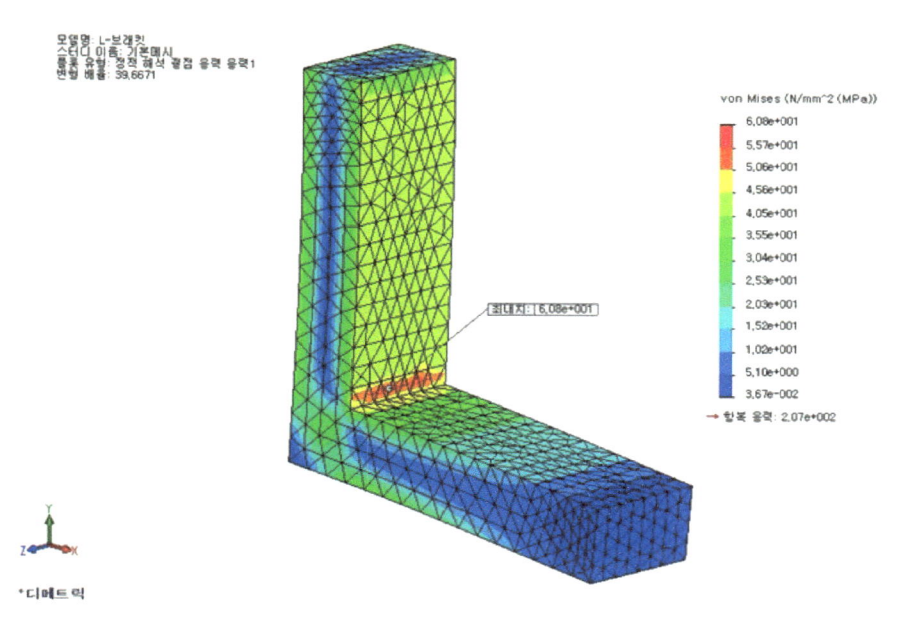

7 응력플롯 후처리

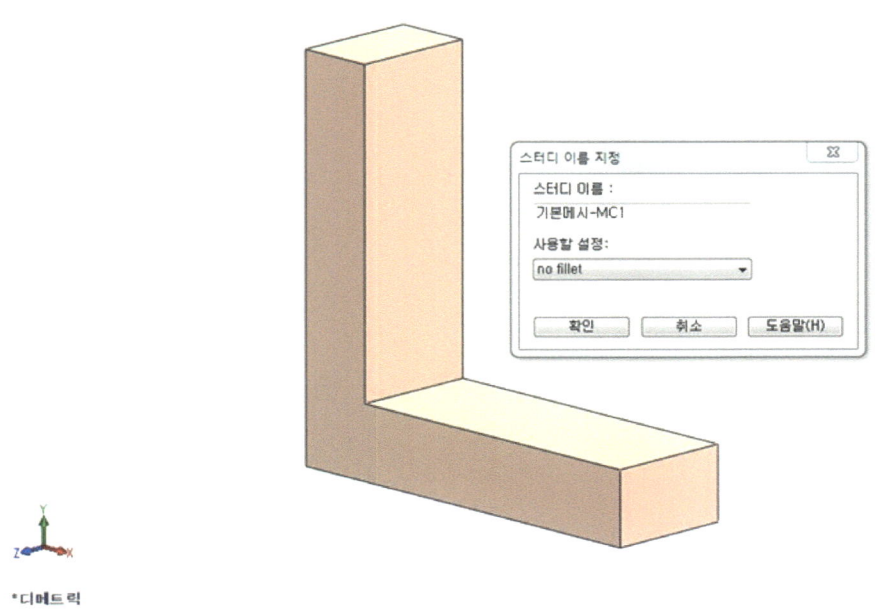

8 스터디복사 (기본메시 – MC1)

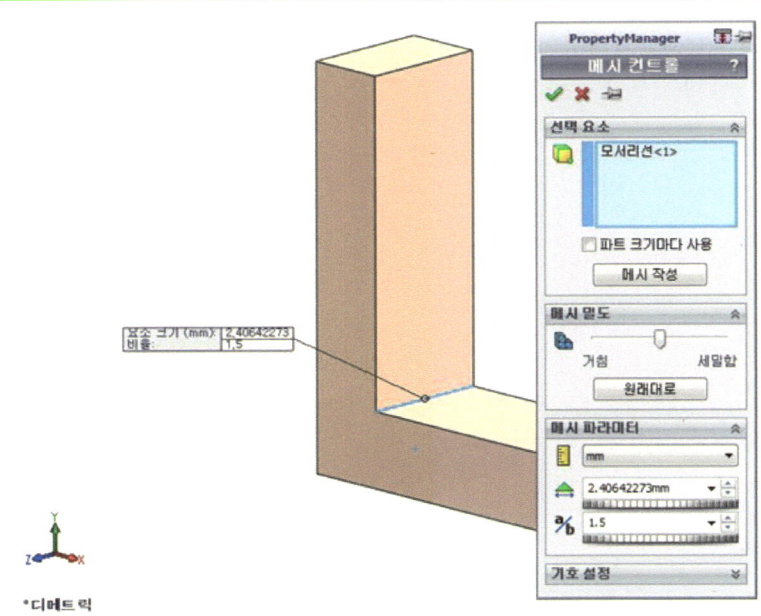

9 MC1(메시컨트롤) 설정

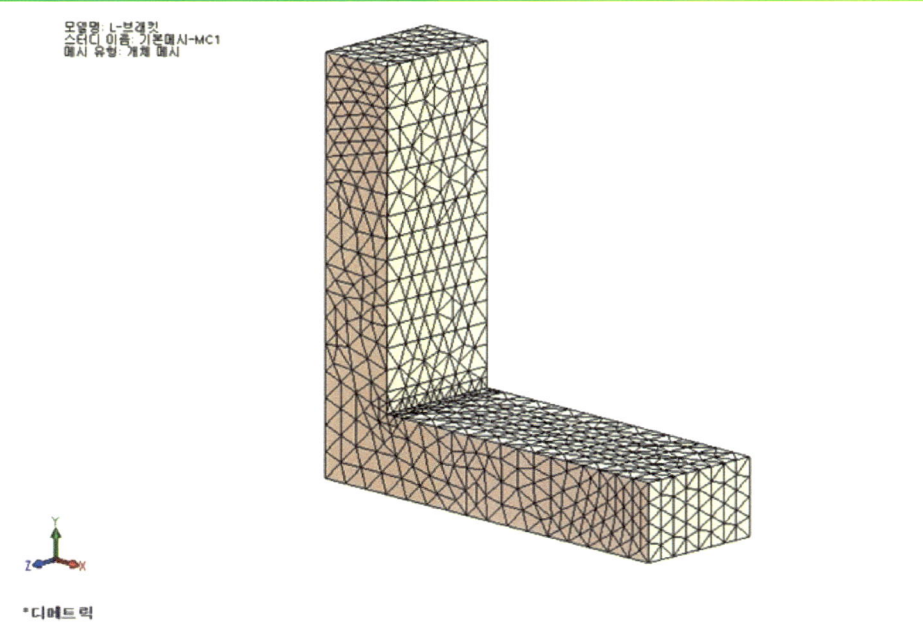

10 생성된 기본메시-MC1 플롯

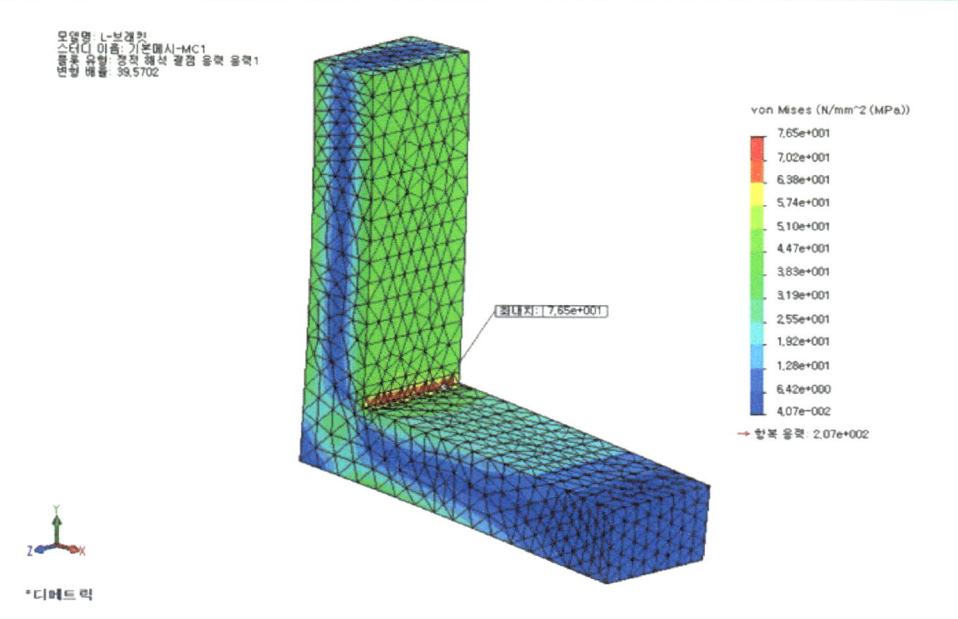

11 응력플롯(기본메시-MC1)

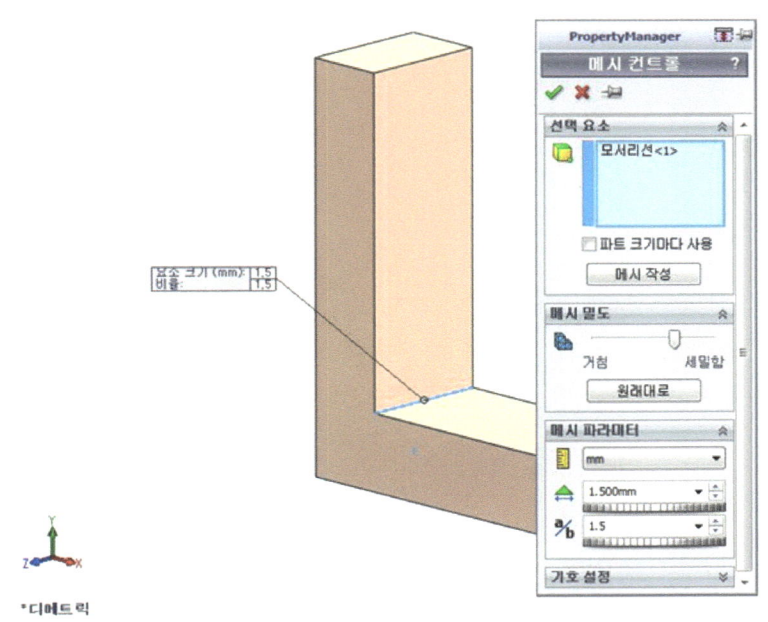

12 MC2(메시컨트롤) 설정

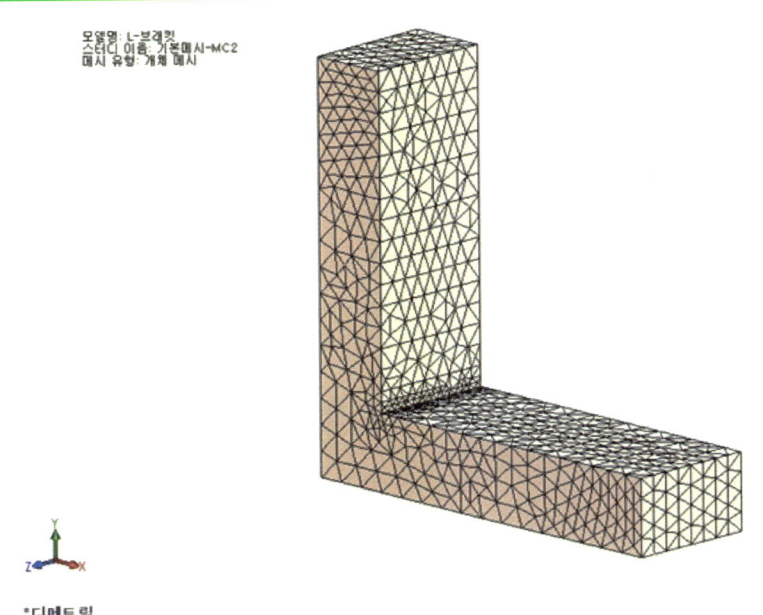

13 생성된 기본메시-MC2 플롯

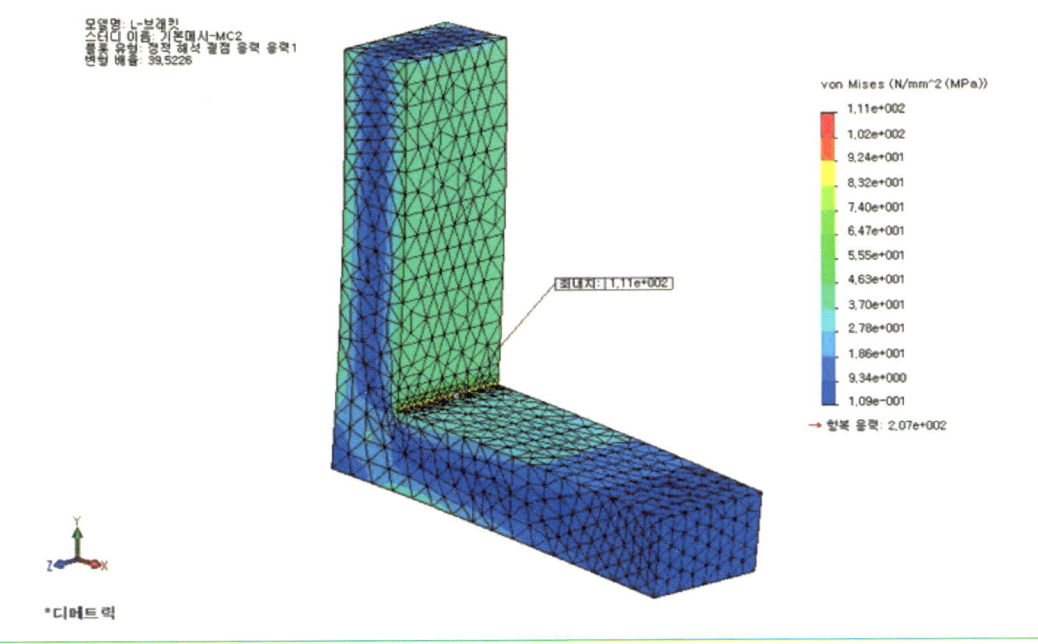

14 응력플롯 - 기본메시MC2

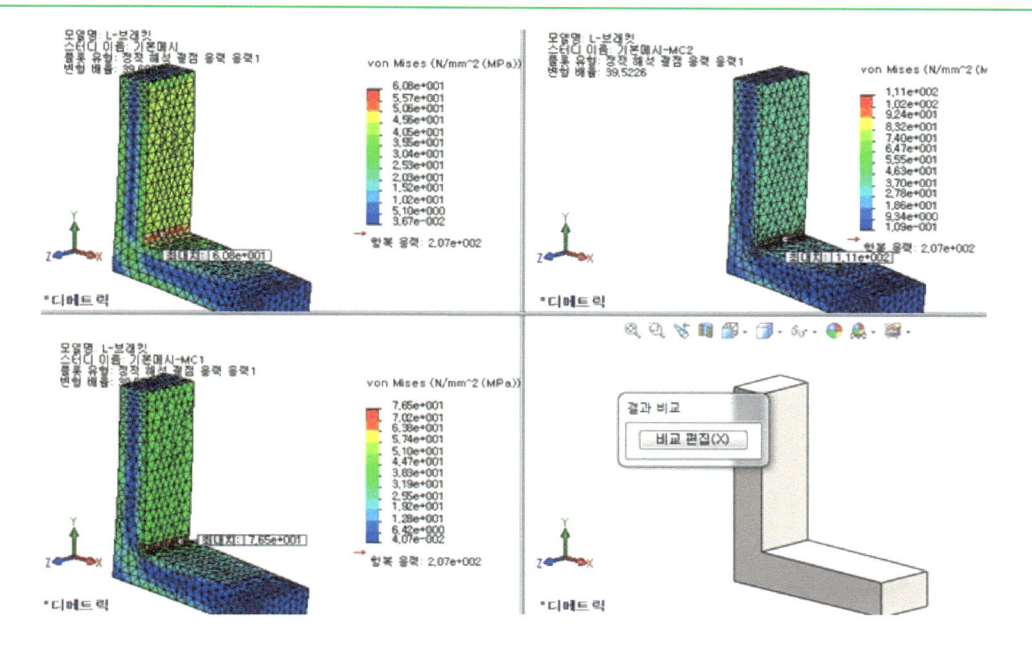

15 응력결과 비교분석

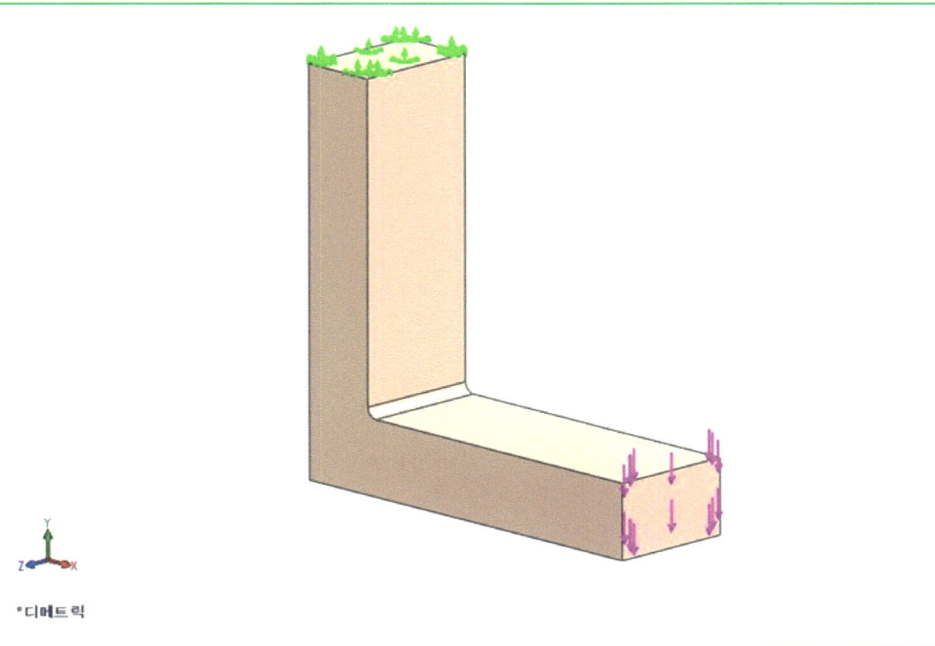

16 Fillet 구조의 전처리 설정 (구속과 하중)

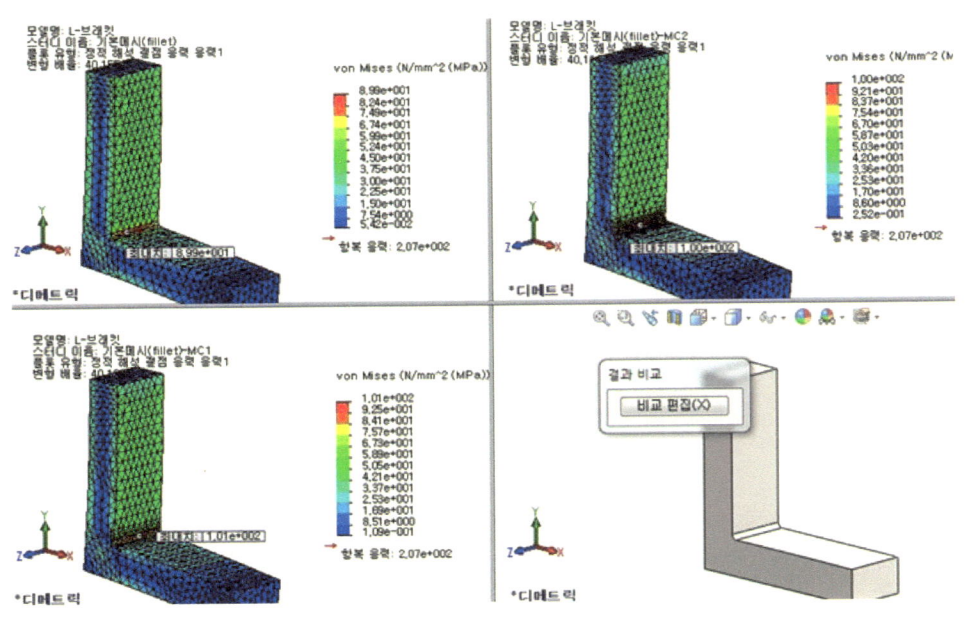

23 Fillet구조 응력결과 비교분석

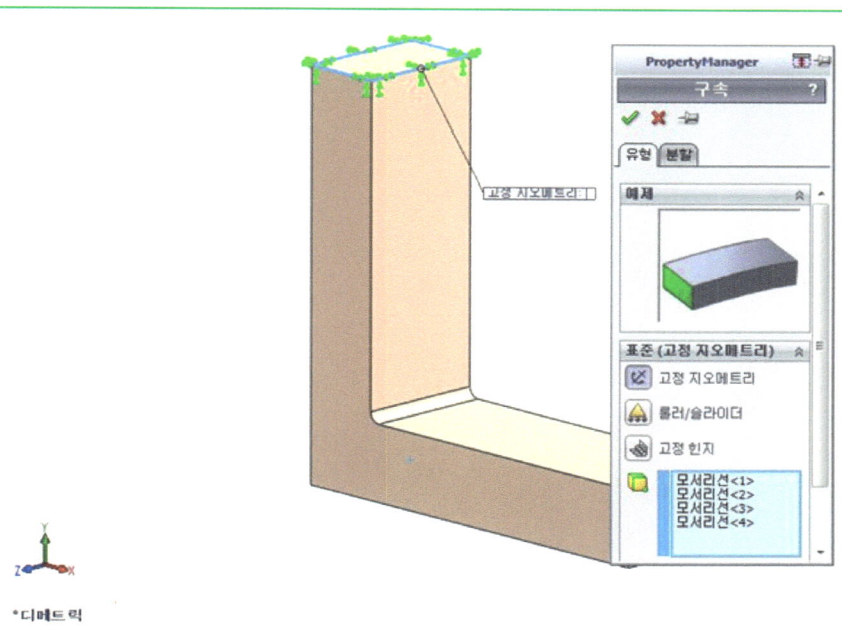

24 고정구속(edge) 설정

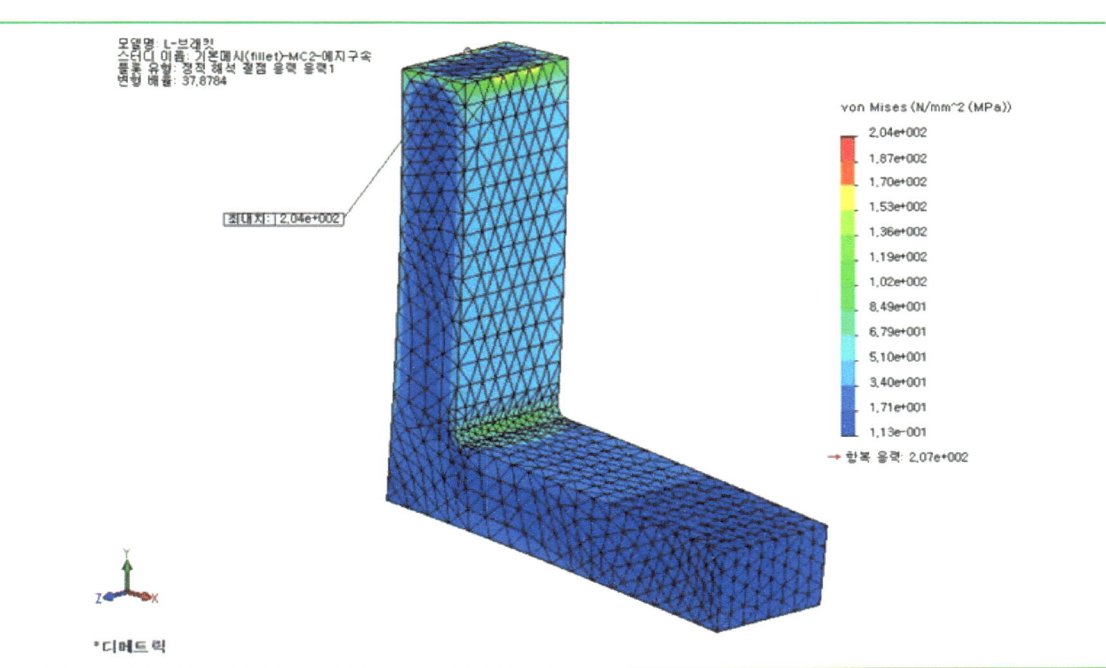

25 응력플롯 - 기본메시(fillet) - MC1 - edge 고정구속

논의

◈ 해석결과의 신뢰성에 대하여

◈ 구조의 활성화

◈ 수학적 모델링 error(구조적 결함)

◈ 구조적 결함에 의한 응력의 발산과 수렴

◈ Fillet의 필요성과 응력집중 및 메시컨트롤

◆ 고급과정에 대한 예비 Demonstration

　⇨ 메시컨트롤(MC) 활용방안

　⇨ 자동적응 메시(h-Adaptive Mesh)의 활용

◆ 상부에지 용접구조(실무구조)에 대한 해석 및 최대응력 위치의 확인

1-2-1-3. 자동세분화(h-A) 해석기법

고 찰

다양한 3-D 모델에서의 과정을 통하여 일반적으로 수학적 모델의 error가 없는 경우에는 메시밀도가 증가할수록 최대응력 해석결과 값도 증가하는 경향이 있으며 신뢰성 있는 값에 수렴되고 있다는 사실을 확인할 수 있었다.

또한 응력집중이 발생할 수 있는 국부적인 단면변화 지역에는 필수적으로 fillet이 설정되어야 하며, 국부적인 메시컨트롤을 적용하는 기법을 이용하면 전산자원을 효율적으로 활용하는 관점에서 매우 유용하다는 사실도 확인할 수 있었다.

그러나 중요한 사실중의 하나는 모델의 크기가 거대하거나 복잡한 형상의 조합이 될 경우, 균질구조의 메시를 이용하는 것은 전산자원을 효율적으로 활용하는 관점에서 한계가 발생할 가능성이 높다는 것이다.

다음의 과정에서는 효율적인 메시 생성기법으로 알려진 자동 adaptive 메시 기법을 활용하는 방법을 적용하여, 정확성의 손실 없이 전산자원을 최대의 효율로 신뢰성 있게 활용할 수 있는 비 균질구조 메시 자동세분화 생성기법에 대하여 검토한다.

또한, 선행된 모델에 대한 적용과 더불어 실무적인 적용에 있어서 유의해야 할 사항도 검토한다.

Support 브래킷

주요학습 내용

* 해석유형에 대한 속성도구의 활용
* 자동 adaptive 메시 생성방법의 도입
* h-Adaptive solution 방법의 활용
* p-Adaptive solution 방법의 활용
* h-Adaptive 와 p-Adaptive solution 결과의 비교
* 수속 graph 도구의 활용

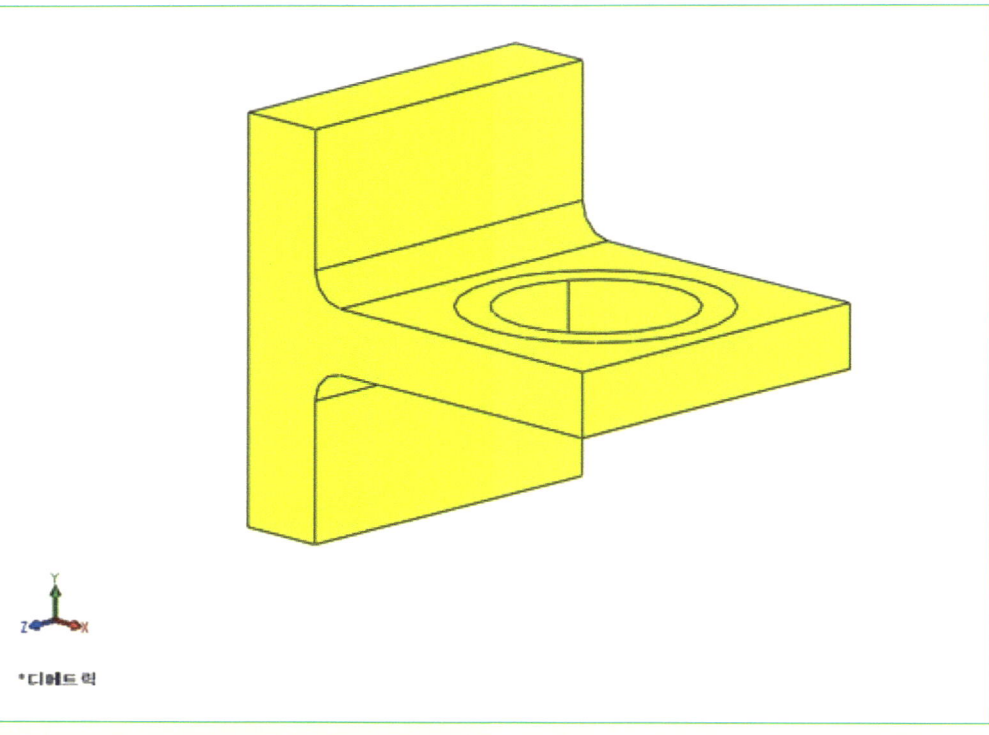

*디허트릭

☞ 해석작업 과정의 요약
- 구조의 활성화, 스터디 생성 및 속성의 활용
1. 단위 2. 재질(이전) 3. 구속 4. 하중 5. 메시 6. 해석실행 7. 후처리

수학적 모델의 구축

모델명 : Support 브래킷

중공 외팔브래킷이 후방의 면에서 고정구속 되어 있다.

22,000N의 하중이 원통구멍을 둘러싸고 있는 분리된 동심원주면상에 수직 하방향으로 균등하게 분포되어 작용할 때, von Mises 응력의 최대크기와 위치를 검토하라.

- ◈ Default 구조의 적용
- ◈ h-Adaptive 메시

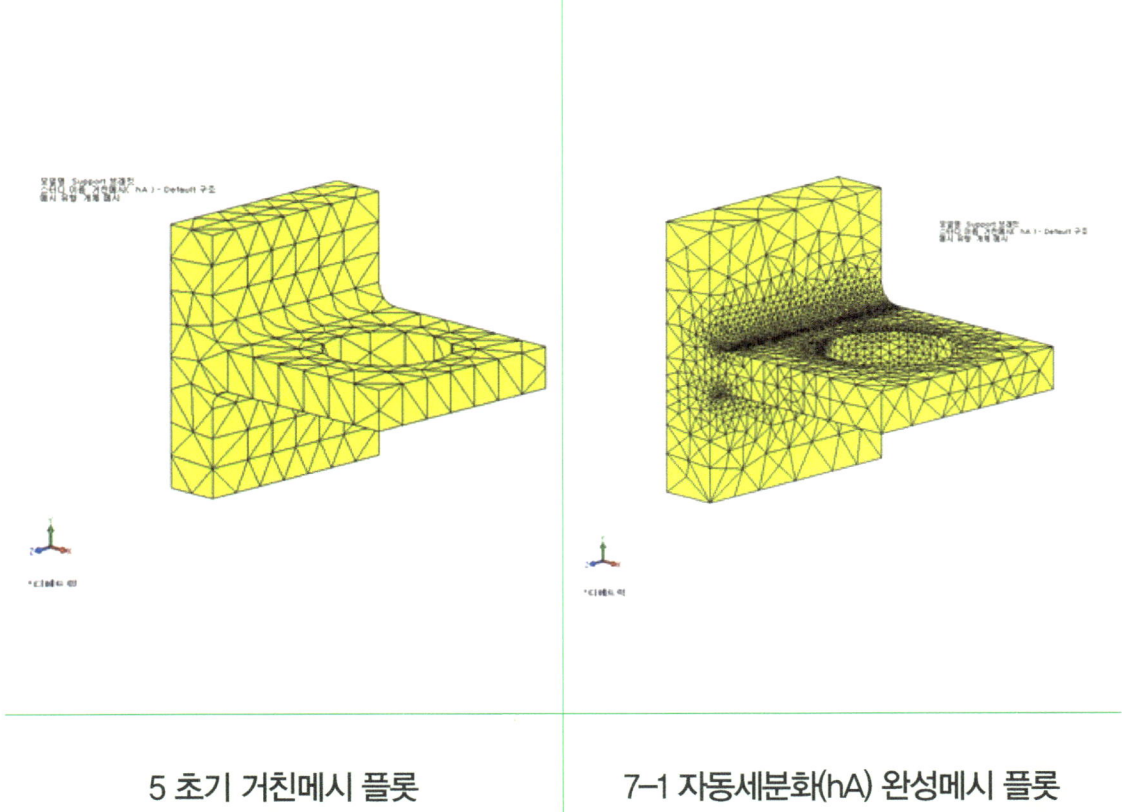

| 5 초기 거친메시 플롯 | 7-1 자동세분화(hA) 완성메시 플롯 |

전처리 과정

◈ 해석모델 파일열기
    1-2-1. 해석결과의 신뢰성 및 기본해석기법
    / 1-2-1-3. 자동세분화(h-A) 해석기법
    / S1-2-1-3(1) 비균질 h-A 메시 - default

◈ Default 구조의 활성화
◈ 스터디의 생성 및 명칭의 결정(표준스터디)
◈ 재질(AISI 304)이전 확인
◈ 고정구속 설정
◈ 하중 설정(22,000N⇩)
◈ 표준스터디 메시와 실행 및 애니메이션
◈ 표준스터디 과정의 저장

◈ 표준스터디의 복사
◈ 스터디의 생성 및 명칭의 결정(h-A 거친메시)
◈ h-Adaptive 솔루션 인자의 설정
◈ h-Adaptive 스터디를 위한 거친메시의 생성
◈ h-Adaptive 스터디 실행
◈ 수속메시지가 나타날 때까지 해석실행 계속
◈ 항복지역에 대한 구분되는 색상의 설정
◈ 수속 graph의 종류 검토
◈ 최대 von Mises 응력 수속 graph의 생성

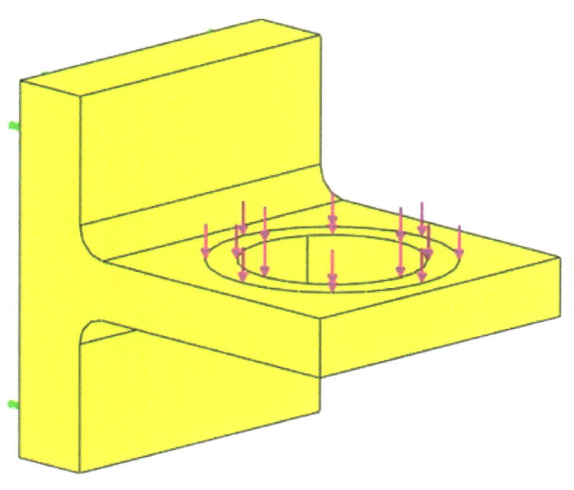

*디메트릭

3 전처리 설정 (구속과 하중)

4 h-Adaptive 논리설정

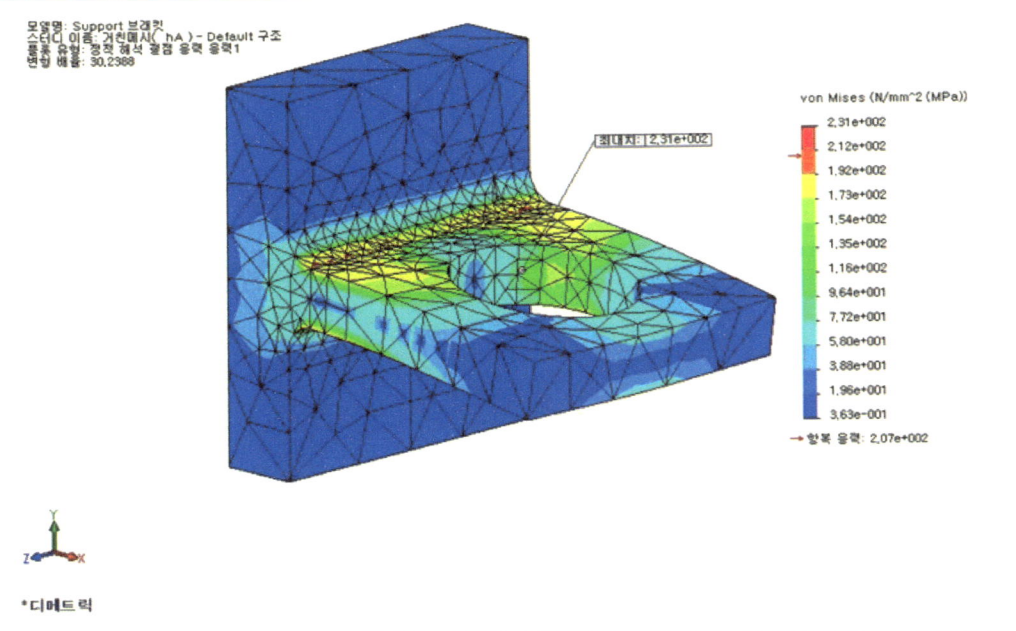

6 최초 사이클 실행 후 후처리를 완성한 응력플롯

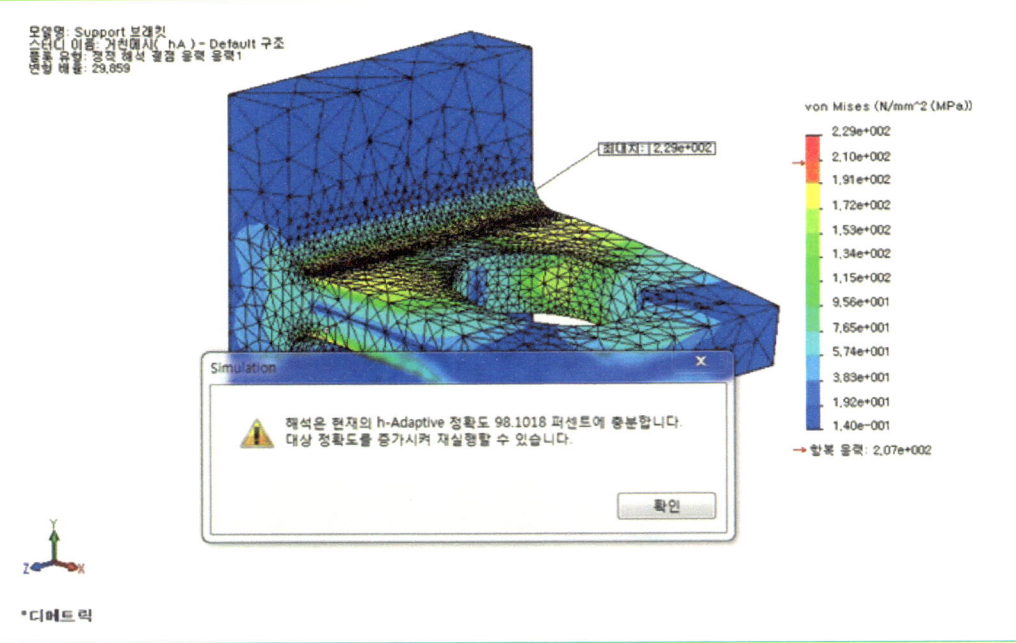

7 수렴메시지가 도출되어 자동세분화가 종료된 응력플롯

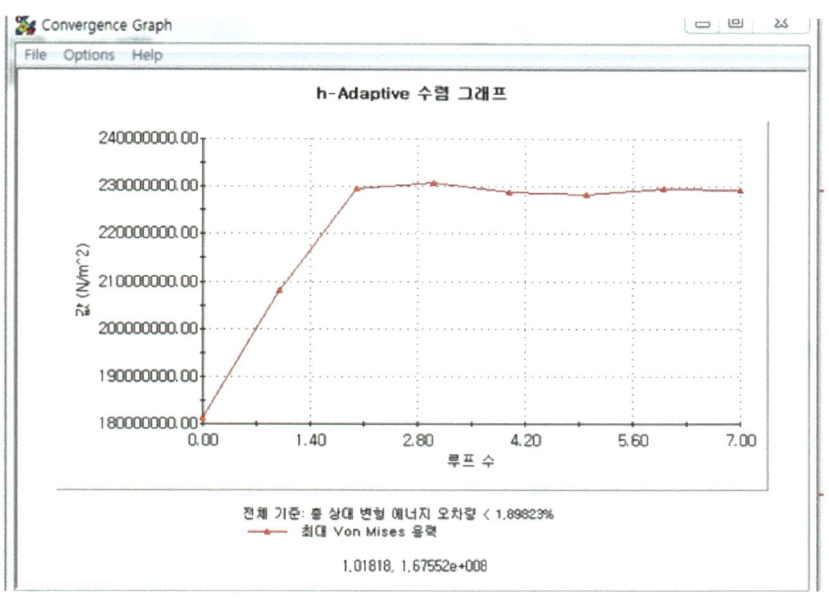

8 h-Adaptive 수렴그래프

```
X 제목: 루프 수
Y 제목: 값 (N/m^2)

점        X        Y1 (최대 Von Mises 응력)
1         0        1.81E+08
2         1        2.08E+08
3         2        2.30E+08
4         3        2.31E+08
5         4        2.29E+08
6         5        2.28E+08
7         6        2.30E+08
8         7        2.29E+08
```

8-1 h-Adaptive 수렴 data

논의

일반적으로 2차(high quality) 요소를 적용한 표준 솔루션에서 적절한 시간 내에 타당성 있는 정확한 해가 취득되었다.

경험상 2차 요소를 적용한 표준 솔루션을 이용하는 것이 정확도와 전산 자원의 효율적 이용의 조합에 있어서 가장 적합한 것으로 제안되고 있으며, 이러한 이유로 SWSS에서의 auto-mesher는 표준 솔루션 방식에 대한 h-Adaptive 메시의 필수조건에 적합하도록 튜닝 되어 있다.

또한, h-Adaptive와 p-Adaptive 방법은 모두 반복실행 솔루션을 포함하고 있으며, 정밀도 요구조건에 만족되거나 또는 최대의 허용된 횟수의 반복계산에 도달하면 정지한다.

h-Adaptive 수렴 graph 및 data로부터 다음을 확인할 수 있다.

⇨ h-Adaptive 솔루션 : 8회의 반복실행

1-2-1-4. 설계스터디(DS-1) 해석기법

고 찰

공학해석의 최종목표는 사용하려는 의도에 적합한 3-D 모델을 개발하기 위한 설계검증 과정의 완성이라 할 수 있다.

그러나 공학해석은 창조적인 새로운 모델개발을 목적으로 하는 경우 이외에도 이미 개발된 모델의 사용상 발생하는 문제점의 보완, 편의성을 고려한 추가적인 응용 및 수정작업을 위해서도 유용하게 활용될 수 있다.

특히, 개발된 모델의 형상과 수치적 변경 및 필수적인 가공 등의 적용을 위해서 신개념으로 설계해야 하는 실형모델 원형(prototype model)을 추가적으로 제작해야 하는 번거로움을 생략하거나 완화시키는 목적을 현실화하기 위해서는 기존의 설계모델을 활용한 해석과정이 필수적이라 할 수 있다.

다음의 과정에서는 기존의 3-D 설계모델을 활용하여 형상 및 설계치수의 수정을 적용하는 방법을 활용하는 설계변경효과의 분석과정에 대한 기본적인 설계스터디를 수행한다.

차후에 설계요소 인자 및 외부하중의 변화 등을 해석변수로 링크시키는 알고리듬을 적용하는 DS-2는 고급과정에서 상세하게 검토될 것이다.

설계스터디는 설계검증에 대한 매우 효과적인 해석도구이다.

수학적 모델의 구축

모델명 : ㄷ 브래킷

ㄷ형 브래킷의 하부측면에 10,000N의 전단하중이 작용하고 있다.

다음의 전처리조건을 설정하고 default 균질 표준메시 하에서의 최대응력 크기와 발생위치를 검토한 후, 폭 길이 변화에 따른 최소안전계수 변동경향을 확인하는 설계스터디를 수행한다.

- ◈ Alloy steel 재질과 상부면의 고정구속
- ◈ 메시 작성조건(기본, 표준, high)
- ◈ DS-1의 적용(30~70mm, 10mm), 10,000N

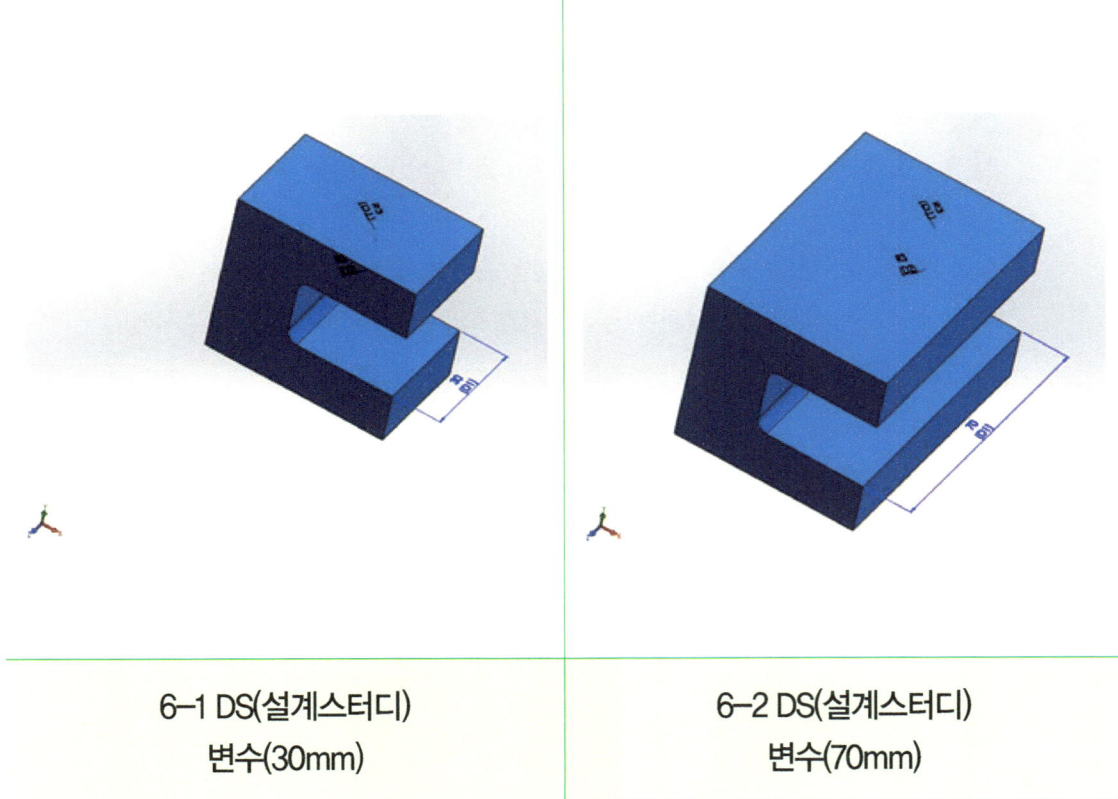

6-1 DS(설계스터디) 변수(30mm)

6-2 DS(설계스터디) 변수(70mm)

해석과정

◈ 해석모델 파일열기

    1-2-1. 해석결과의 신뢰성 및 기본해석기법

    / 1-2-1-4. 설계스터디(DS-1) 해석기법

    / S1-2-1-4(1) ㄷ 브래킷(DS-1)

◈ 스터디 명칭의 설정(기본해석)
◈ 재질(Alloy steel)설정
◈ 고정구속 설정
◈ 전단하중 설정(10,000N⇩)
◈ 메시와 해석실행 및 결과검토
◈ FOS(안전계수) 플롯의 작성 및 설정완성
◈ 기본해석 스터디의 저장

◈ 기본해석 스터디의 복사(기본해석 for DS-1)
◈ DS-1 설계변수인자 정의완성
◈ 설계스터디 작성
◈ 설계변수인자 및 구속조건(FOS) 설정의 완성
◈ 설계스터디 해석실행
◈ 해석결과의 설계기록 graph 작성 및 검토

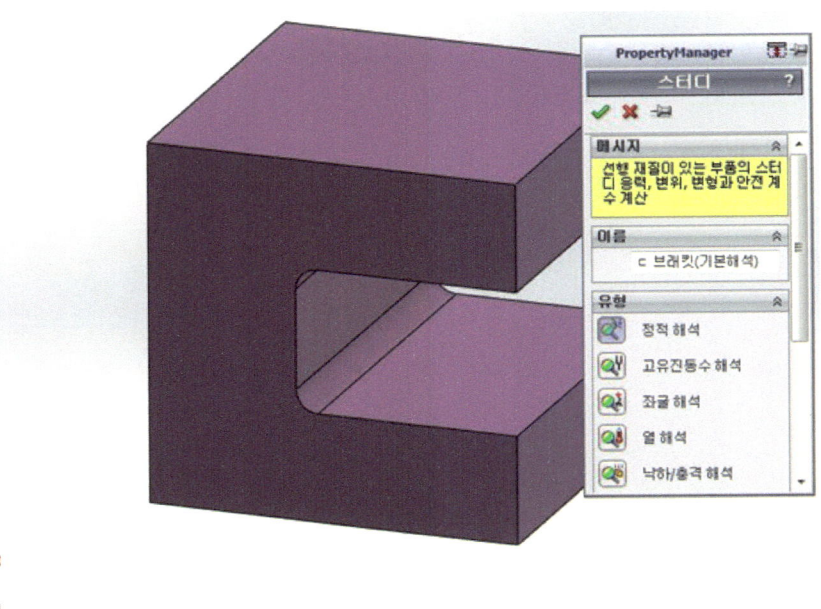

*디메트릭

1 스터디 명칭의 설정

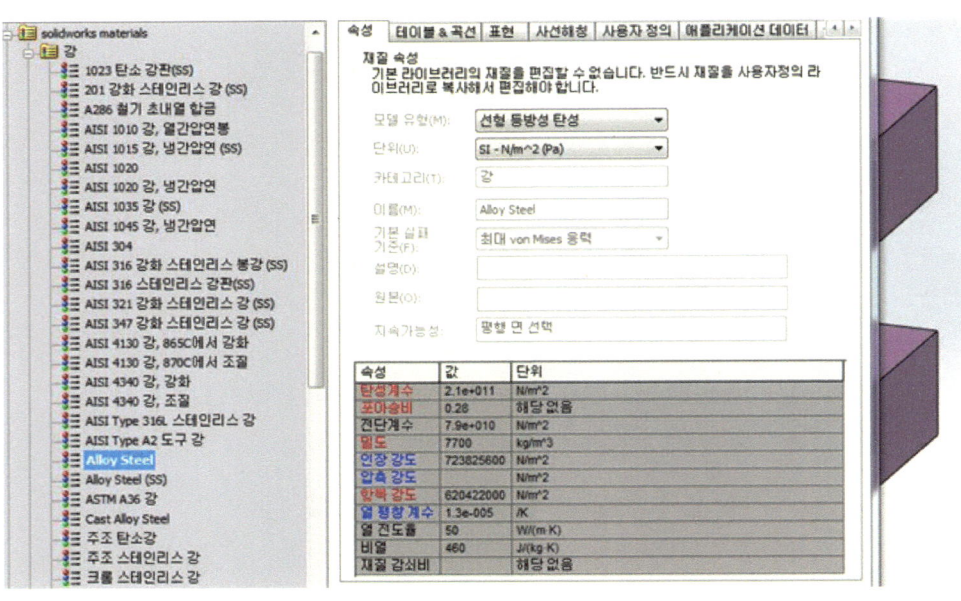

2 재질설정

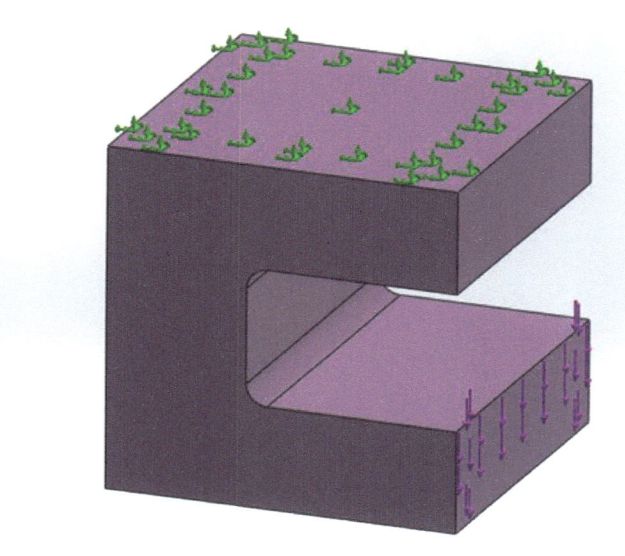

3 전처리 설정 (구속과 하중)

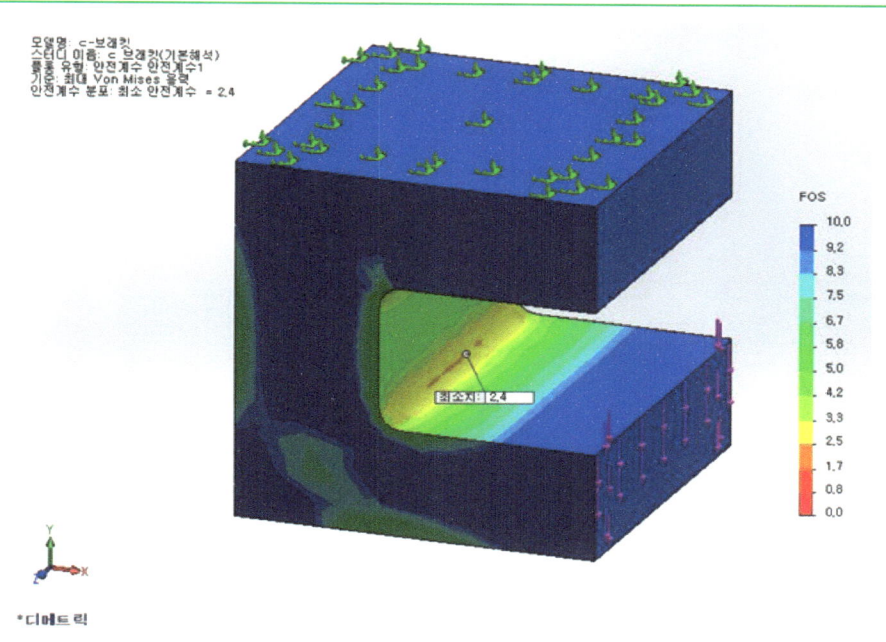

4 FOS 플롯(항복강도기준)

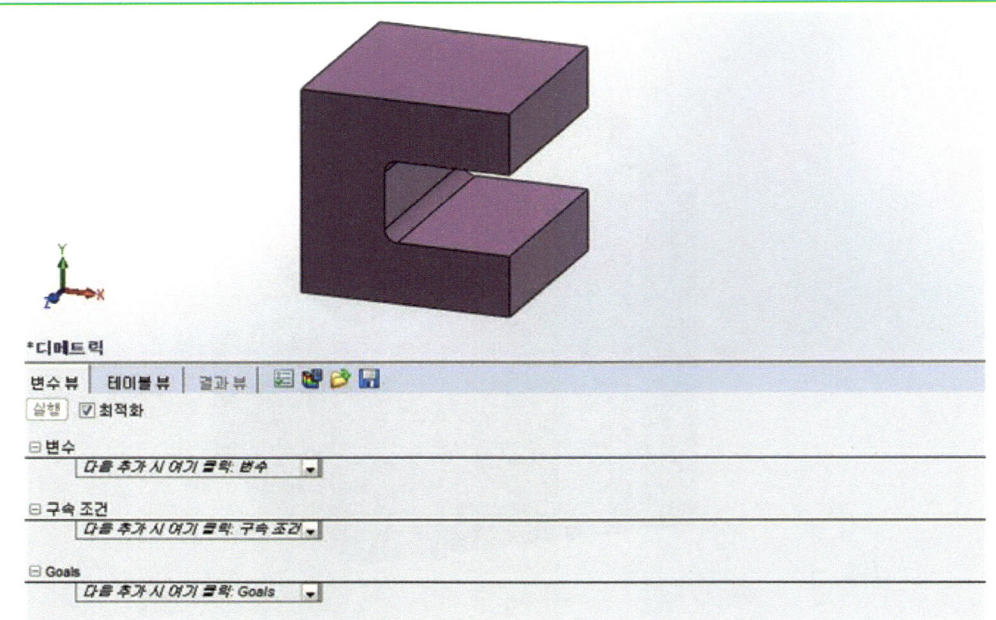

5 DS(설계스터디) 초기화면

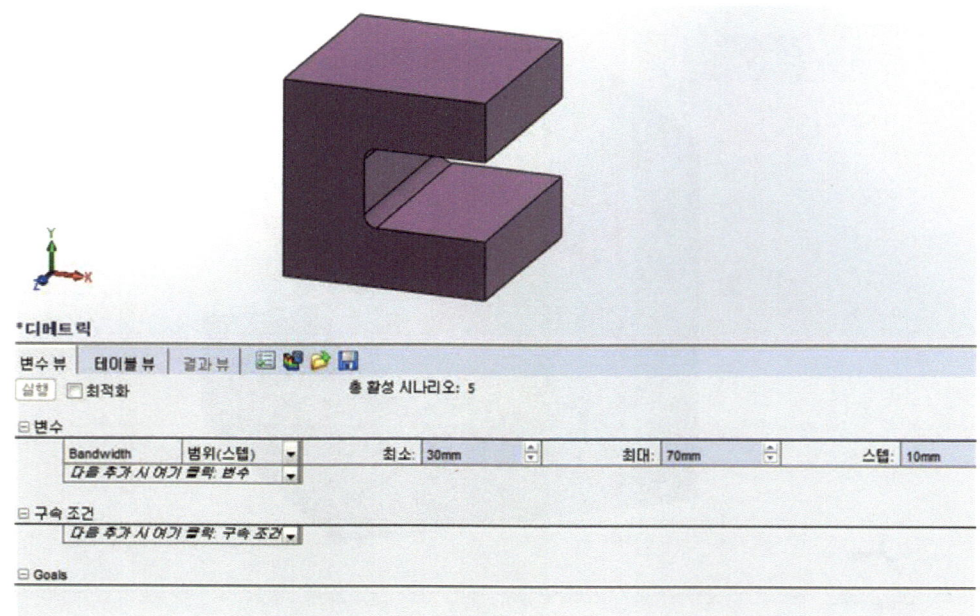

6 DS(설계스터디) 변수설정이 완성된 화면

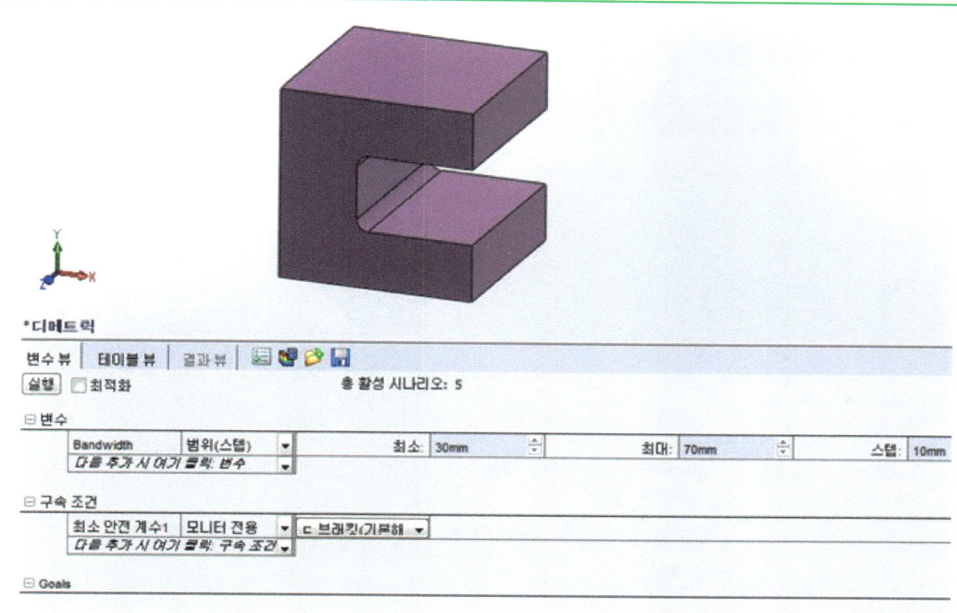

7 DS(설계스터디) 구속조건 설정이 완성된 화면

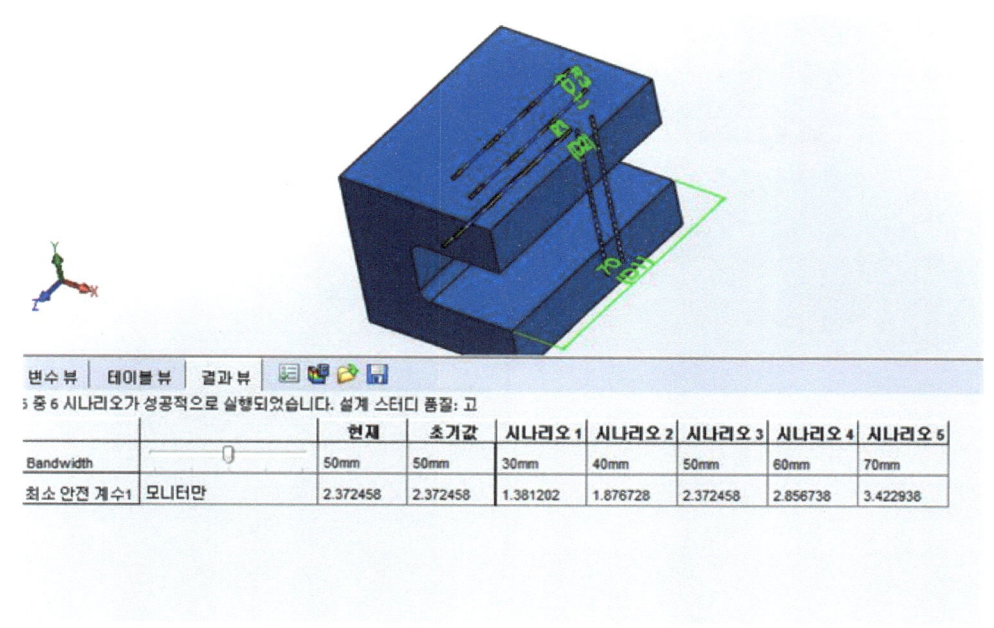

8 DS(설계스터디) 해석실행이 완료된 화면

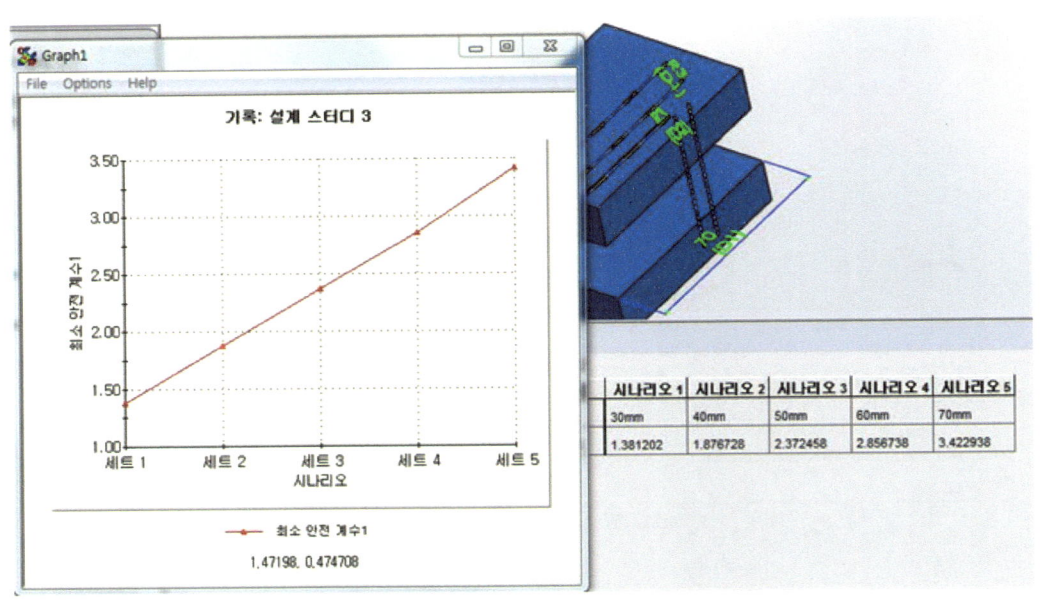

9 해석결과의 설계기록 graph

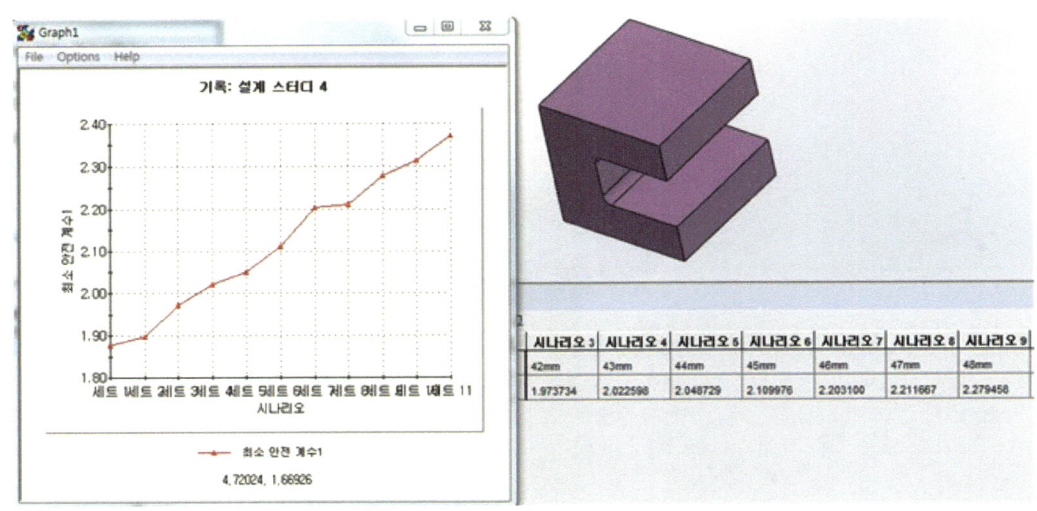

10 설계치수 완성을 위한 추가 DS

1-2-1-5. 개별실습 예제 (Ⅰ)

개별실습 guide (Ⅰ)

A

실습모델 적용 (개별실습 폴더활용)

❶ 중공평판 모델 중공원통 면에 default MC를 적용한 거친메시의 응력결과를 적용하지 않은 경우와 비교검토

❷ 중공평판 모델에 h-A 해석논리를 거친메시에서 적용한 응력결과를 default 메시를 적용한 경우와 비교검토

❸ 중공평판 모델 중공치수변경 (20, 60, 10mm) 적용결과 검토

❹ L-브래킷 모델의 구조적결함 (fillet의 有無)이 h-A 해석논리 적용에 영향을 주는 수렴 또는 발산 graph 결과의 검토

❺ ㄷ-브래킷 모델의 FOS = 2를 만족하는 최소폭 길이 정수 값의 도출방법 고찰과 실행

B

응용모델 적용 (개별실습 폴더활용)

❶ ㄴ-브래킷 모델의 구조적결함 (3 fillet 폴더)이 h-A 해석논리 적용에 영향을 주는 발산 graph 결과의 검토

❷ ㄴ-브래킷 모델의 결함없음 (4 fillet 폴더)이 h-A 해석논리 적용에 영향을 주는 수렴 graph 결과의 검토

❸ C-브래킷 모델에 h-A 해석논리를 적용하는 검증에 대한 구속적합성 결과의 검토

1-2-2 Assembly 해석

단일부품과 assembly는 3-D 모델링 작업에서 생성과정과 명령어의 적용 algorithm에 있어서 구분되는 차이가 있지만, 구조해석에서도 해석트리의 구성부터 서로 다른 차이점이 발생한다.

즉, assembly 해석인 경우에는 해석 tool 이 구성된 3-D 모델의 각 부품들을 서로 구분하여 독립적으로 판단할 수 있도록, 구성부품들 간의 접촉과 연동 결합조건 논리를 완벽하게 설정해야 부품간의 연동이 고려되는 메시작성과 해석 실행작업이 가능하게 될 것이다.

본 주제의 과정에서는 우선 assembly를 구성하는 부품간의 결합력으로부터 발생할 수 있는 수치 error에 대한 고찰을 수행하는 중에 해석용 tool 이 감지하는 결합에 대한 인식여부를 자동으로 확인하는 기법(간섭탐지)과 전처리 과정에서의 설정사항을 각 부품단위에서 확인하는 절차를 검토한다.

또한, 해석상 필요하지 않은 부품의 생략과 상당설정, 전처리 과정의 실행을 위한 assembly의 분해 및 조립, 부품의 거동에 대한 추가구속설정 및 해석결과의 확인기법 등을 비교적 단순한 모델들을 활용하여 실행한다.

이후에 발생하는 추가적용에 관한 논리의 구체적인 적용사항은 해당주제에 적합한 응용과 실무과정 도서의 모델에서 case by case로 진행하여 단계적으로 완성하는 것으로 한다.

1. 단일부품과 assembly 해석트리 구성의 비교검토
2. Assembly 해석을 위한 필수사항(간섭탐지 및 분해와 조립)
3. 부품간의 결합력으로부터 발생할 수 있는 수치 error에 대한 고찰
4. 전처리설정 인식여부의 확인
5. 부품생략과 존재효과의 상당설정 기법의 적용
6. Default 전체부품 접촉검토 및 상위접촉세트의 수동 설정기법의 적용
7. Assembly 구성부품의 거동에 대한 추가구속 설정기법 적용에 대한 고찰
8. 핀, 스프링, 볼트 등의 부품연결용 기계요소 설정기법의 적용
9. 해석결과 확인기법(독립적 표시)에 대한 고찰

단일부품 해석과정의 요약

1. 해석을 위한 모델구조의 준비
2. 스터디 명칭의 설정 (특징적인 해석명칭으로 생성)
3. 단위계의 설정 및 조절
4. 재질의 설정 및 조절
5. 구속 (다중구속 포함)의 설정 및 조절
6. 하중 (다중하중 포함)의 설정

7. 메시의 설정 및 최적화

8. 스터디 해석실행

9. 해석결과의 후처리
   ⇨ 메시 상세사항의 검토 및 활용
   ⇨ 해석결과 플롯의 추가, 조절과 검토 (최대응력 위치 등) 및 활용
   ⇨ 해석결과 거동의 검토 및 활용 (애니메이션 등)
   ⇨ 반력검사 및 검토
   ⇨ 해석결과 참조플롯(JPG)과 동영상(AVI)의 편집
   ⇨ 결과 데이터의 검토 및 추가 스터디 실행여부의 고찰

10. 기타 응용 및 실무사항
    ⇨ 해석결과 신뢰성 검토 및 조절기법의 적용
    ⇨ 자동적응 메시 생성기법의 적용 (h-Adaptive)
    ⇨ 해석모델 구속의 불완전성 조절기법의 적용
    ⇨ 대칭구조 활용기법의 적용
    ⇨ 설계스터디 (설계인자의 링크, sensor의 설정) 활용기법의 적용
    ⇨ 해석결과 수렴플롯 및 안전계수플롯 활용기법의 적용
    ⇨ 선형과 비선형 (대변위) 해석기법의 적용
    ⇨ 쉘 메시 활용기법의 적용
    ⇨ 사용자 정의 데이터 설정기법의 적용
    ⇨ 연성해석 활용기법의 적용
    ⇨ 해석결과에 대한 고찰기법의 적용

Assembly 해석과정의 요약

1. 해석을 위한 모델구조의 준비
2. 스터디 명칭의 설정 (특징적인 해석명칭으로 생성)
3. 단위계의 설정 및 조절
4. 재질의 설정 및 조절
4.5. 간섭탐지, 분해와 조립, 상당설정, 접촉구분 및 설정, 연결부품의 설정
5. 구속 (다중구속 포함)의 설정 및 조절 (부품의 거동구속 추가설정)
6. 하중 (다중하중 포함)의 설정

7. 메시의 설정 및 최적화 (접촉 메시의 호환성 추가검토 및 설정)

8. 스터디 해석실행

9. 해석결과의 후처리
   ⇨ 메시 상세사항의 검토 및 활용
   ⇨ 해석결과 플롯의 추가, 조절과 검토 (최대응력 위치 등) 및 활용
   ⇨ 해석결과 거동의 검토 및 활용 (애니메이션 등)
   ⇨ 반력검사 및 검토
   ⇨ 해석결과 참조플롯(JPG)과 동영상(AVI)의 편집
   ⇨ 결과 데이터의 검토 및 추가 스터디 실행여부의 고찰

10. 기타 응용 및 실무사항
    ⇨ 해석결과 신뢰성 검토 및 조절기법의 적용
    ⇨ 자동적응 메시 생성기법의 적용 (h-Adaptive)
    ⇨ 해석모델 구속의 불완전성 조절기법의 적용
    ⇨ 해석모델 거동의 불완전성 조절기법의 적용 (소프트스프링 구속 등)
    ⇨ 대칭구조 활용기법의 적용
    ⇨ 구속과 접촉조건의 구분 및 설정기법의 적용
    ⇨ 설계스터디 (설계인자의 링크, 센서의 설정) 활용기법의 적용
    ⇨ 해석결과 수렴플롯 및 안전계수플롯 활용기법의 적용
    ⇨ 선형과 비선형 (대변위) 해석기법의 적용
    ⇨ 쉘 메시 활용기법의 적용 (솔리드-쉘 혼합 메시 추가설정)
    ⇨ 사용자 정의 데이터 설정기법의 적용
    ⇨ 연성해석 활용기법의 적용
    ⇨ 해석결과에 대한 고찰기법의 적용

1-2-2-1. 단일부품 vs assembly

⊥ 브래킷(단일부품)

주요학습 내용

* 구성되어 있는 기본해석 스터디의 실행
* 스터디복사 및 h-Adaptive 논리적용 스터디의 실행
* Assembly 해석 실행결과와의 비교분석
* 수치 error에 대한 고찰

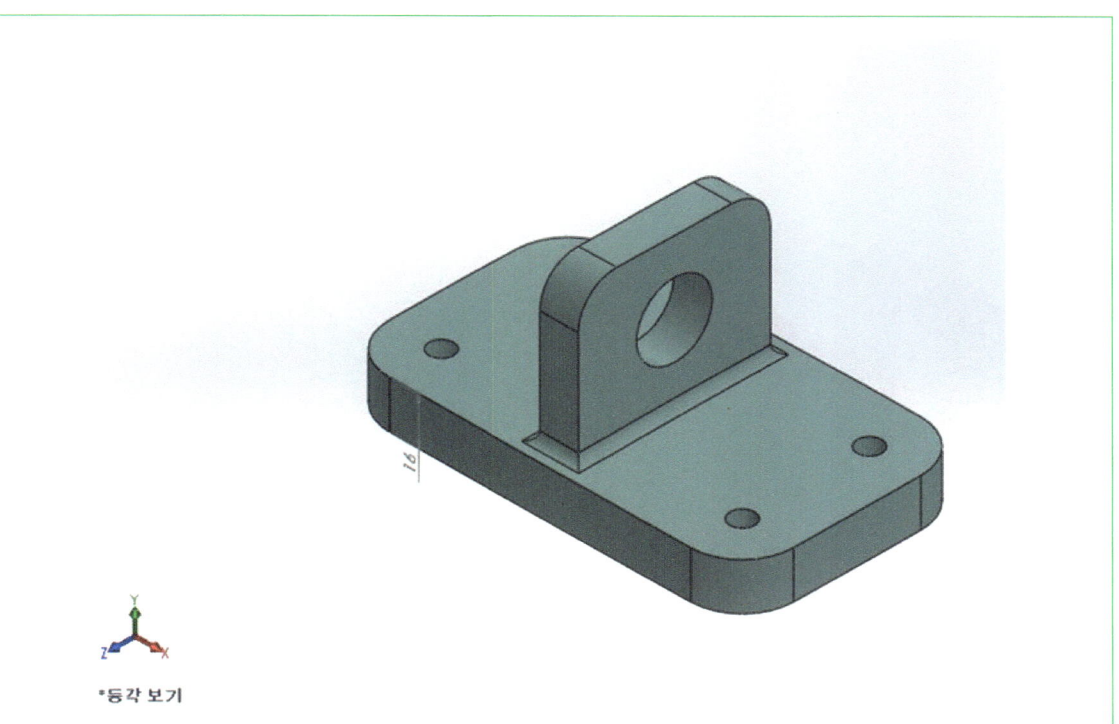

*등각 보기

☞ **해석작업 과정의 요약**
- 구조의 활성화, 스터디 생성 및 속성의 활용

1. 단위 2. 재질 3. 접촉 4. 구속 5. 하중 6. 메시 7. 실행 8. 후처리

ㅗ 브래킷(Assembly)

주요학습 내용

* Assembly 스터디 구성의 개요
* 접촉의 적용과 정의
* 간섭의 탐지
* 분해도의 생성 및 저장
* 분해와 조립의 활용
* 결합 메시구조의 검토 및 처리기법에 대한 고찰
* 단일부품해석 vs Assembly 해석 실행결과의 비교분석

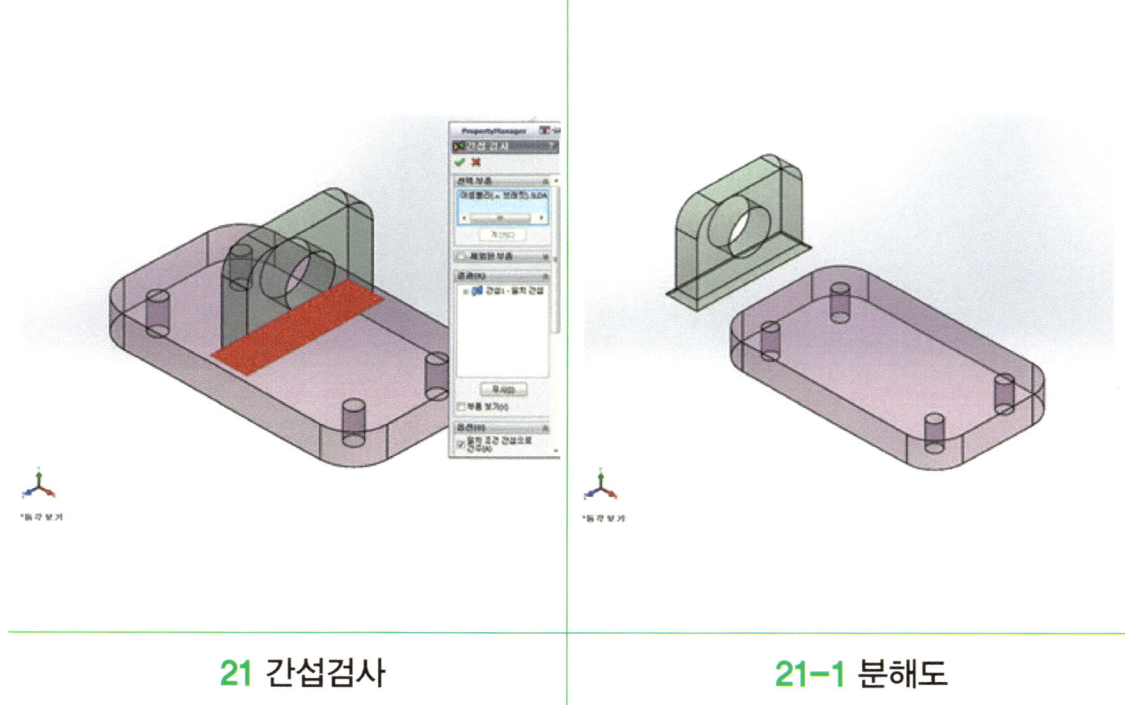

| 21 간섭검사 | 21-1 분해도 |

☞ 해석작업 과정의 요약

• 구조의 활성화, 스터디 생성 및 속성의 활용

1. 단위 2. 재질 3. 접촉 4. 구속 5. 하중 6. 메시 7. 실행 8. 후처리

수학적 모델의 구축

모델명 : ㅗ 브래킷(Assembly)

ㅗ형 브래킷의 하부 면이 완전구속된 상태에서 상부 면에 10,000N 수직 인장하중을 작용하고 있다.

본 3-D 모델은 단일부품과 assembly로 각각 생성될 수 있는 가장 기초적인 모델로서 이미 단품에 대한 선행학습이 수행되었다.

그러나 assembly를 구성하는 부품간의 결합에서 발생할 수 있는 결합력에 대한 접촉 error의 고찰을 위해서 다시 한번 검토한다.

폴더 내에는 동일 형상이지만 명칭은 서로 다른 ㅗ형 브래킷 구조를 확인할 수 있으며, 2 구조간의 근본적인 차이점을 스터디 트리의 구성에서 구분하여 이해될 수 있어야 한다.

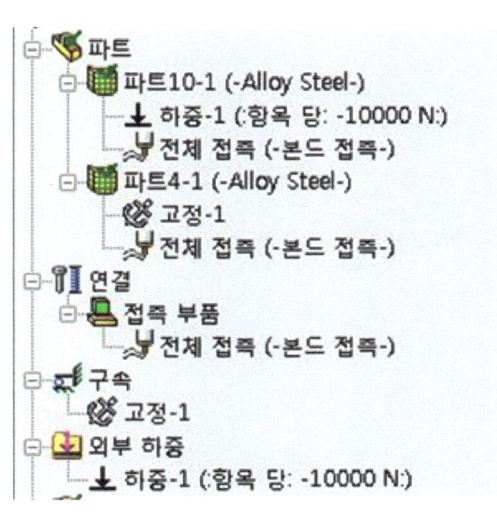	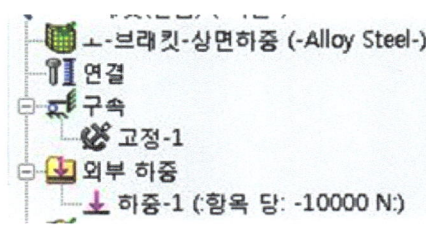
21-2 Assembly 해석트리구성	3-1 단일부품 해석트리구성

해석과정

◆ 해석모델 파일열기

　　1-2-2. Assembly 해석

　　　／ 1-2-2-1. 단일부품 vs assembly

　　　／ S1-2-2-1(2) ㄴ브래킷-상면하중(assembly)

◆ 해석모델의 준비 : 분해도 작성 및 작동실습

◆ 스터디 명칭 : 해석내용을 고려한 명칭의 부여

◆ 재질설정 : Alloy steel

◆ 연결요소 설정 : 없음

◆ 접촉조건 설정 : 본드 접촉(Default)

◆ 구속조건 설정 : 고정 지오메트리(하부면)

◆ 하중조건 설정 : 인장하중 10,000N(상부면)⇧

◆ 보조설정 : 없음

◆ 메시작성 조건 : Default, 표준, high

◆ 해석실행 및 해석결과의 접촉 error 검토

◆ 기본해석 스터디의 저장

◆ 기본해석 스터디의 복사(기본해석-hA)

◆ h-Adaptive 해석논리 적용

◆ 해석실행 및 해석결과의 허용오차 error 검토

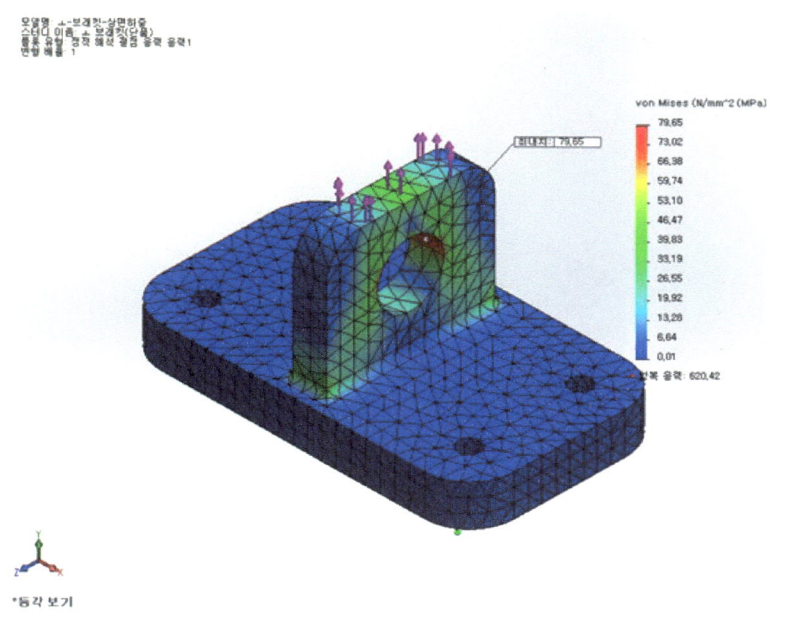

3-2 단일부품 응력플롯(기본해석) - 79.65MPa

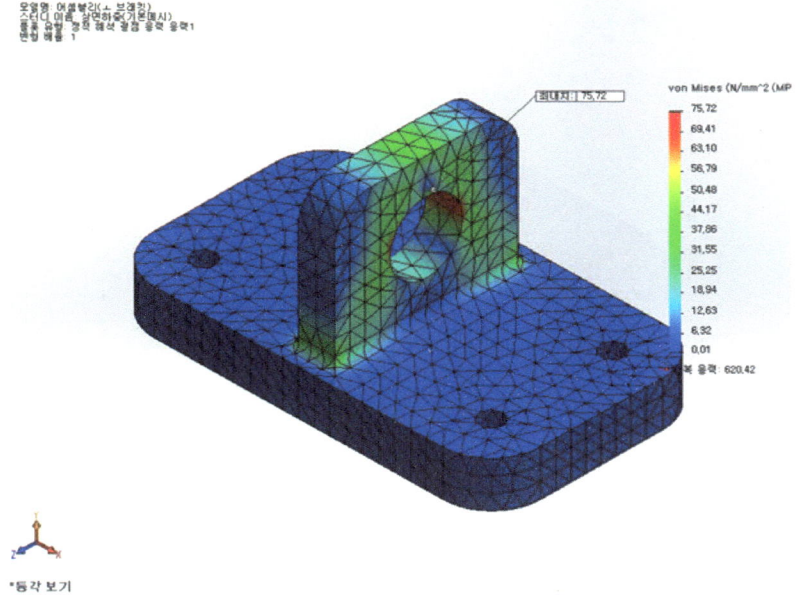

22 Assembly 응력플롯(기본해석) - 75.72MPa

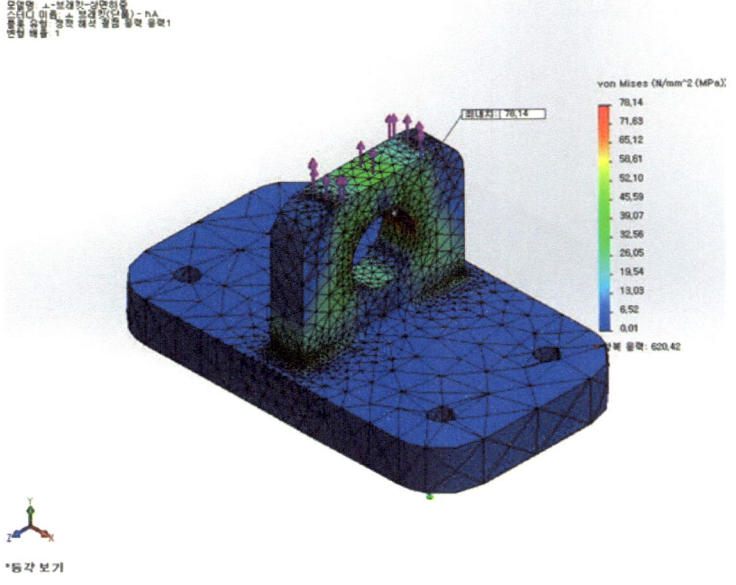

7-1 단일부품 응력플롯(h-A해석) - 78.14MPa

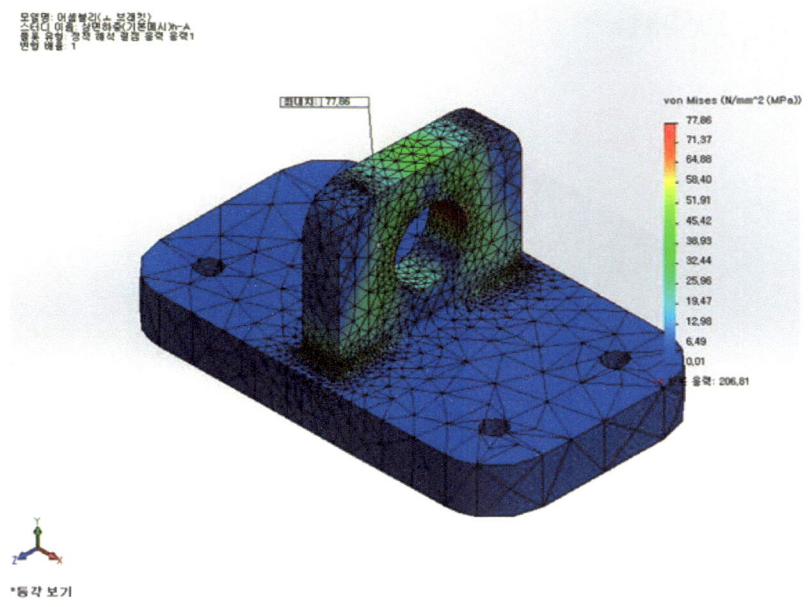

22-1 Assembly 응력플롯(h-A해석) - 77.86MPa

1-2-2-2. 접촉유형과 상당설정

3-D assembly 모델의 모의해석을 위하여 스터디를 생성하면 연결용도의 기계요소를 이용하여 정의될 수 없는 부품간의 접촉부분이 발생하게 된다.

즉, 독립적인 부품에서는 고려할 필요가 없었지만 assembly로 결합하면서 발생하는 부품간의 간섭현상으로서, 필요시에는 분해가 가능하도록 해야 한다는 것을 solver에게 정확하게 인식하도록 정의해 주어야 하는 과정이 정적구조 모의해석에서는 필수적으로 필요하다.

간섭현상은 관통 없이 서로 닿아 있게 되는 경우가 대부분이지만, 특별히 일정한 간격을 유지하거나 또는 서로 관통될 경우도 발생할 수 있으며 실무에서는 솔리드간의 마찰마모 등에 대한 고려가 추가되어야 할 경우도 있다.

본 주제의 과정에서는 해석트리 구조에서 3-D 모델 전체에 대하여 default로 구성되는 모든 본드접촉을 확인하고, 이것들을 판단하여 조립으로부터 형성되는 부품간의 접촉을 실제의 조건과 일치하도록 정의해야 한다.

해석주제 중에서 구속과 더불어 가장 난해한 과정 중 하나이며, 이 과정이 완전하게 구성되지 않으면 원하는 모의해석 완성이 불가능하거나 또는 해석결과가 도출되더라도 신뢰될 수 없다.

한편, 해석에 적용할 필요가 없는 부품인 경우에는 이전에 학습된 바와 같이 FEA 모델에서 생략할 수는 있으나, 존재효과에 해당하는 상당설정을 구성하지 않는다면 생략이전의 공학모델과 일치하지 못한 결과를 도출하게 된다.

정적구조 해석실무에서 적용하는 다양한 접촉유형들은 하단과 같이 요약될 수 있으며, 기초과정에서는 가장 일반적으로 활용 될 수 있는 1~3번 항의 본드접촉, 관통없음 및 관통허용 접촉의 예를 검토한다.

이외의 특성화된 응용설정 기법과 개념을 적용하는 끼워맞춤 접촉, 가상면 접촉 및 간격을 무시하는 접촉은 중급~고급과정에서 검토한다.

1. 본드접촉
2. 관통없음 접촉
3. 관통허용 접촉
4. 끼워맞춤 접촉
5. 가상면 접촉

Plier

주요학습 내용

* 단순 assembly 구조해석의 수행
* 접촉조건의 적용과 정의
* 물림조각의 생략과 존재효과의 상당설정
* 간섭탐지 및 분해와 조립의 활용
* 비례 선형해석 및 비례 대변위 응용계산의 적용

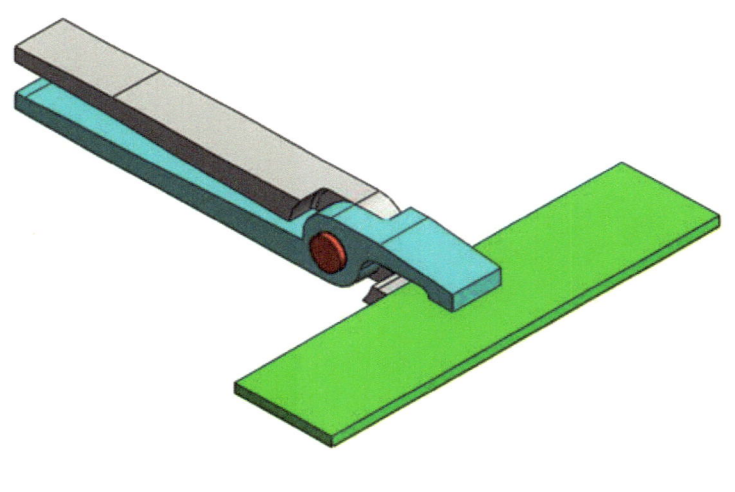

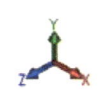
*등각 보기

☞ 해석작업 과정의 요약
- 구조의 활성화, 스터디 생성 및 속성의 활용

1. 단위 2. 재질 3. 접촉 4. 구속 5. 하중 6. 메시 7. 실행 8. 후처리

수학적 모델의 구축

모델명 : Plier

각 팔의 끝부분에 적용되는 압축하중이 225N 일 때 모델 전체에서 발생하는 응력 및 최대응력의 발생위치를 검토한다.

설계 강도는 138 MPa로 설정된 것으로 가정한다.

- ◆ 부품의 생략과 상당설정 ⇨ FEA 모델의 완성
- ◆ Assembly 구조의 이해, 분해와 조립
- ◆ 상호간섭 검사, 부품접촉 조건의 변경
- ◆ 선형해석의 실행 및 고찰

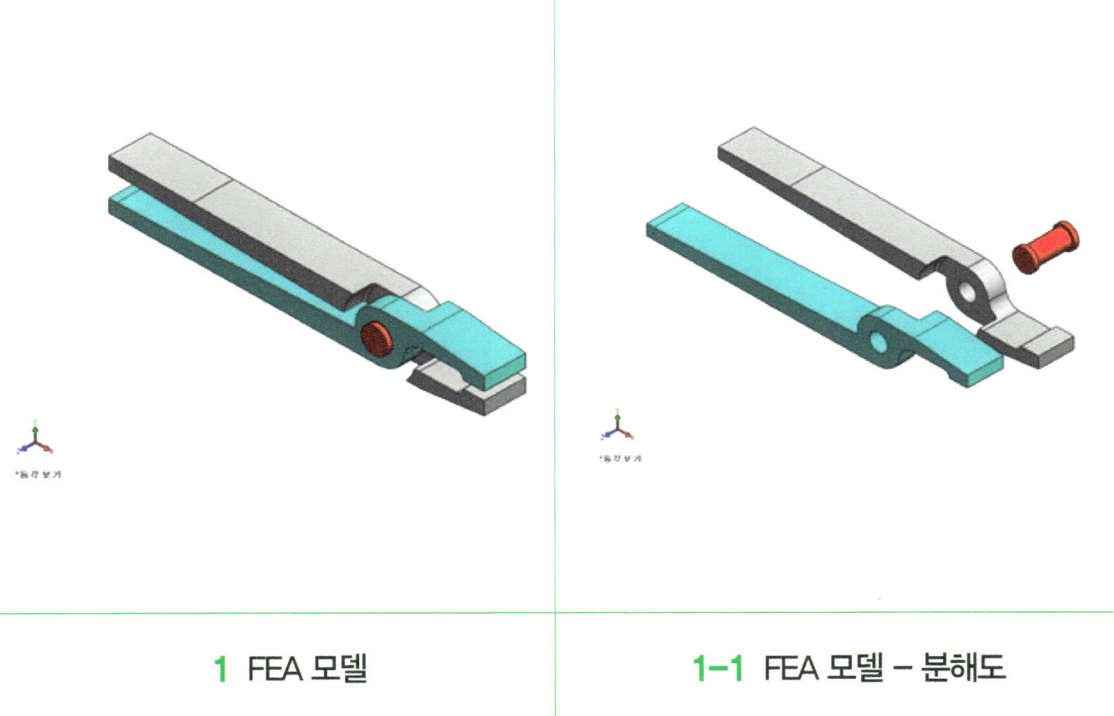

1 FEA 모델

1-1 FEA 모델 – 분해도

전처리 과정

◆ 해석모델 파일열기
   1-2-2. Assembly 해석
     / 1-2-2-2 접촉유형과 상당설정
     / S1-2-2(3) Plier

◆ 물림조각 생략(기능억제, 삭제) cf. 해석에서 제외
◆ 간섭검사 및 간섭위치 검토
◆ 분해와 조립
◆ 스터디 명칭 : 플라이어
◆ 스터디 트리의 검토
◆ 재질설정 : 브러시탄소강
◆ 연결요소 설정 : 없음
◆ 부품 간의 접촉(본드 접촉 ⇨ 관통 없음) 설정변경
◆ 상위레벨 접촉옵션 수동설정(필요시)
◆ 물림조각 생략의 상당설정 ⇨ 고정구속
◆ 하중조건 설정 ⇨ 압축하중 225N⇩⇧, 항목 당
◆ 보조설정 : 없음
◆ 전처리 과정의 저장

* Assembly의 메시작성은 항상 접촉설정의 완료 및 조립이후에 수행하는 것이 바람직하다.

제**1**장 • 정적구조 해석

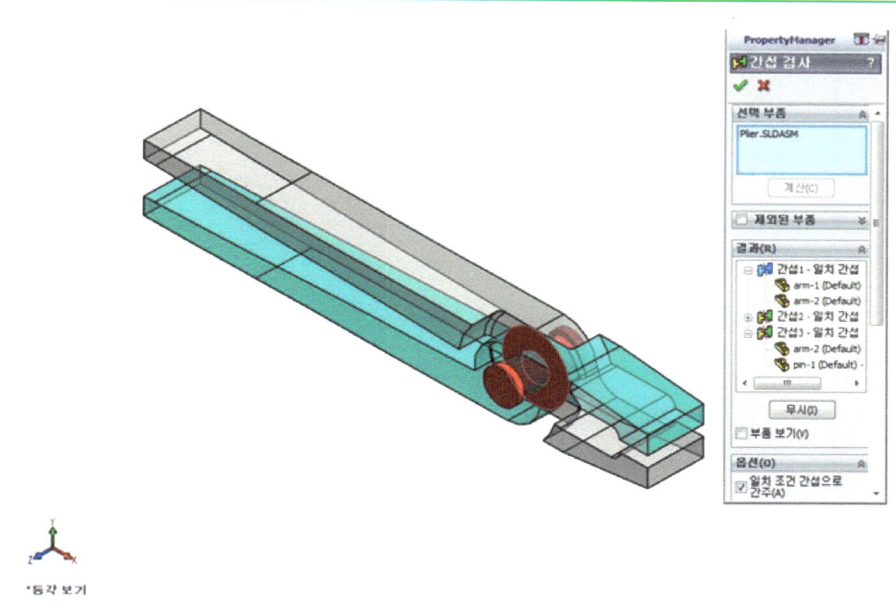

1-1 간섭검사

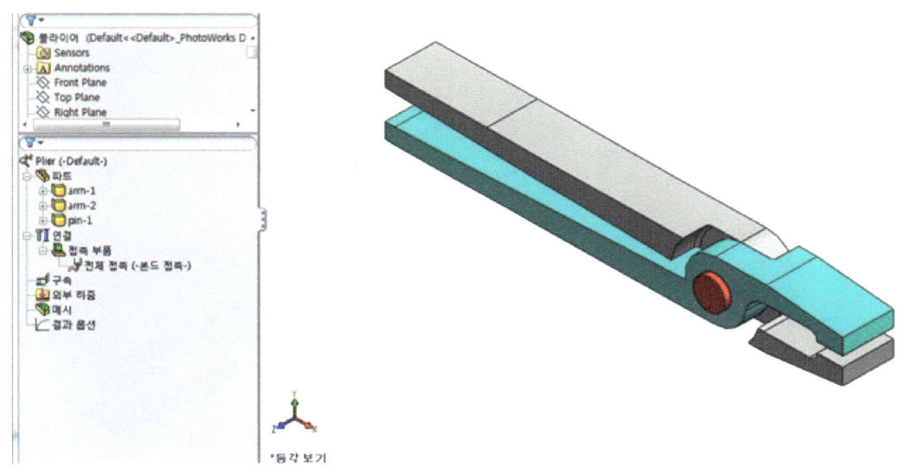

2-1 스터디 트리의 검토

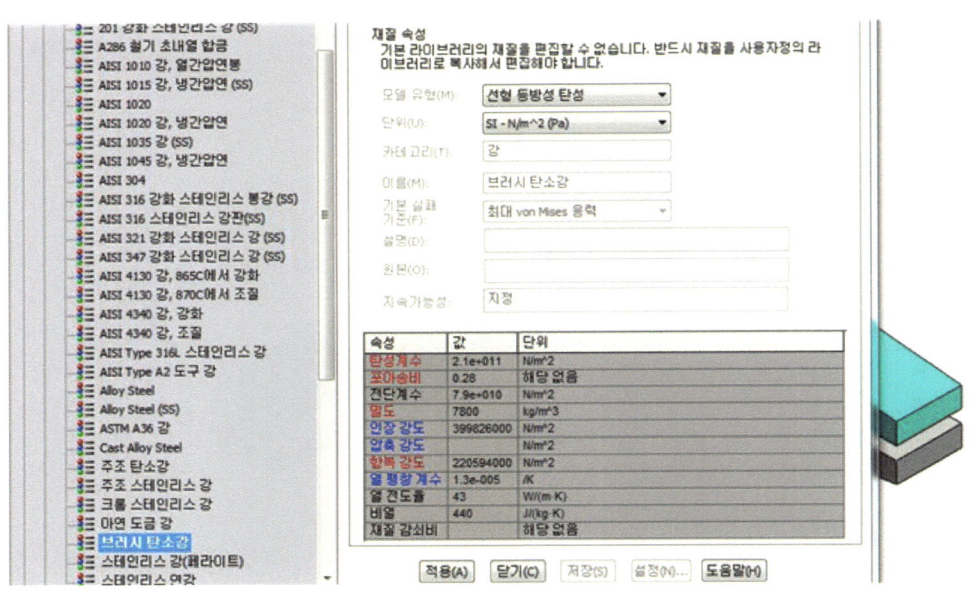

3 재질설정 : 브러시탄소강

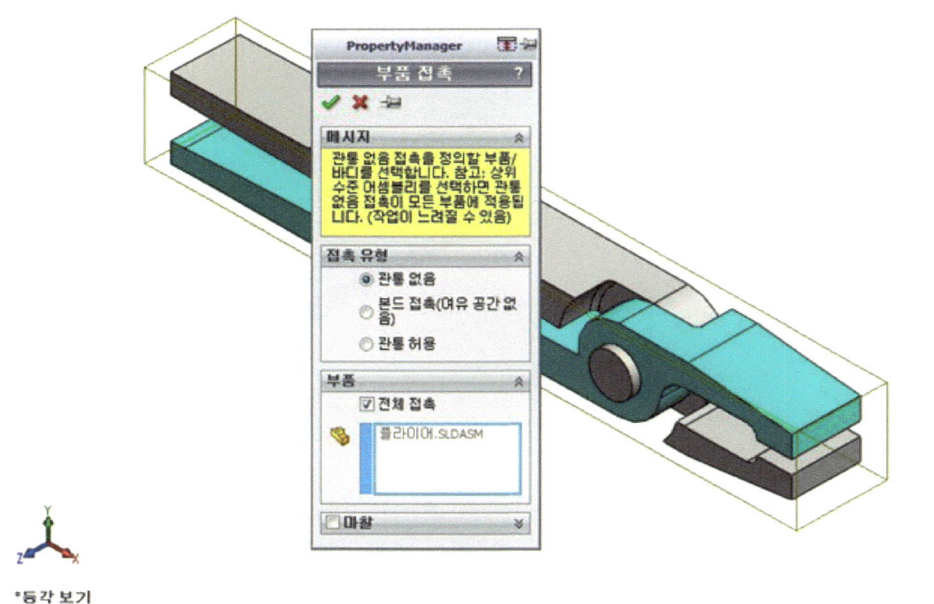

4 Default 전체부품 접촉설정 변경 (관통없음)

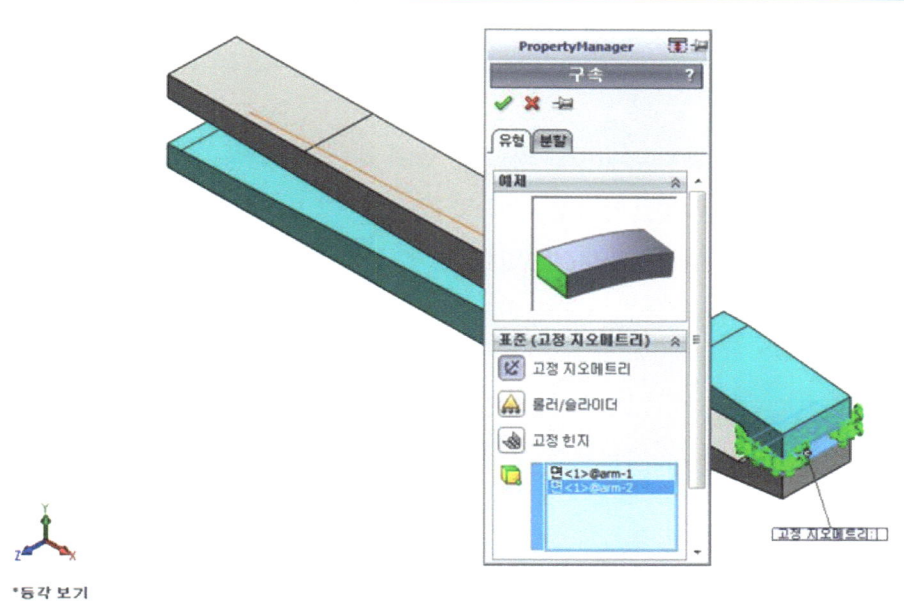

5 물림조각 생략 상당설정 ⇨ 고정구속

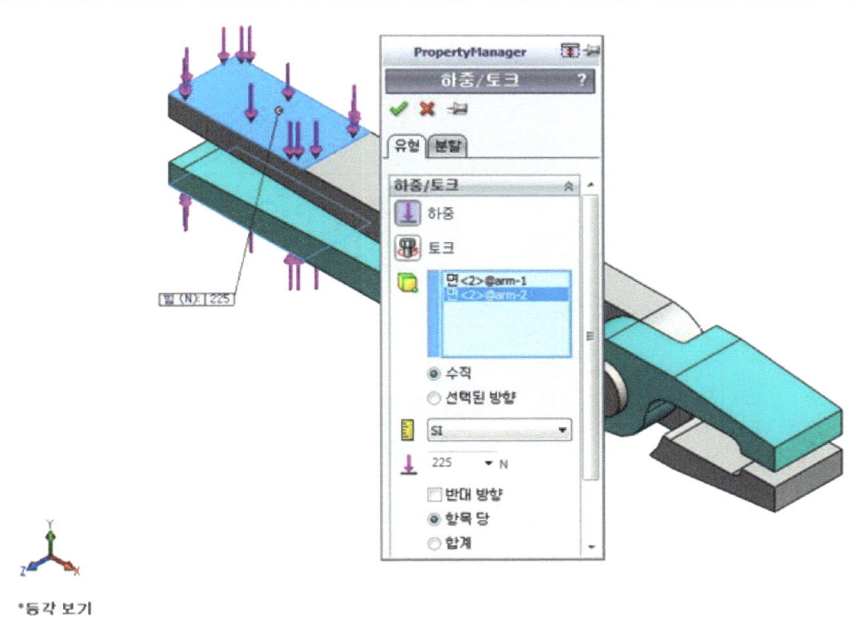

6 하중조건 설정 : 압축하중 225N⇩⇧, 항목 당

유한요소 모델의 구축

◆ 메시작성(미세, 곡률기반, draft)의 설정과 생성
◆ 작성된 메시의 상세사항 확인
◆ 메시품질의 검토 및 고찰
◆ 해석실행과 최대응력 발생위치 검토

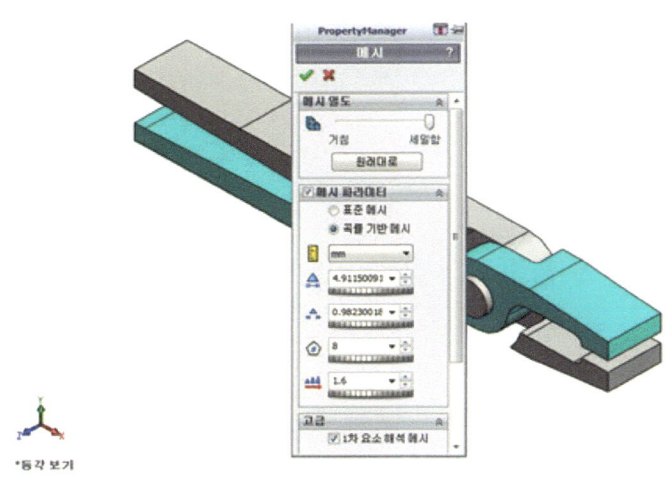

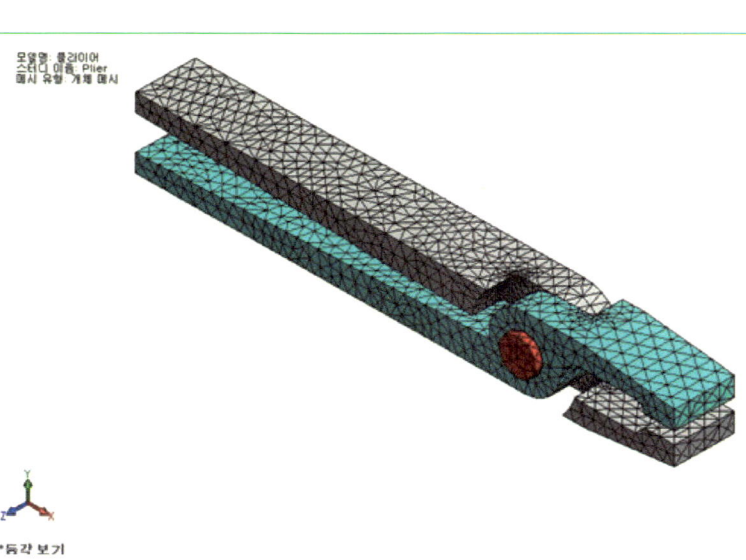

후처리 과정

- ◆ 트리 결과로부터 응력표시
- ◆ 응력분포 검토
- ◆ 차트옵션의 변경(설계응력 초과여부의 확인)
- ◆ 설정의 변경(불연속 경계)
- ◆ UY 도표의 추가생성(Y 변위 플롯)
- ◆ 독립적 표시의 활용(최대응력 발생위치 검토)
- ◆ 추가 스터디를 위한 고찰
- ◆ 스터디의 복사(선형비례변위(하중x2))
- ◆ 선형비례변위 추가 스터디의 실행 및 고찰
- ◆ 비례대변위 추가스터디 실행을 위한 계산
- ◆ 스터디의 복사(비례대변위) 및 검토
- ◆ 비례대변위 스터디 실행 및 고찰
- ◆ 스터디의 복사(비례대변위-2)
- ◆ 접촉세트의 추가설정(에지-면, 면 접촉)
- ◆ 비례대변위-2 스터디 실행 및 고찰
- ◆ 실제계산 대변위에 대한 고찰 ⇨ (고급과정)
- ◆ 비선형 해석에 대한 고찰 ⇨ (고급과정)

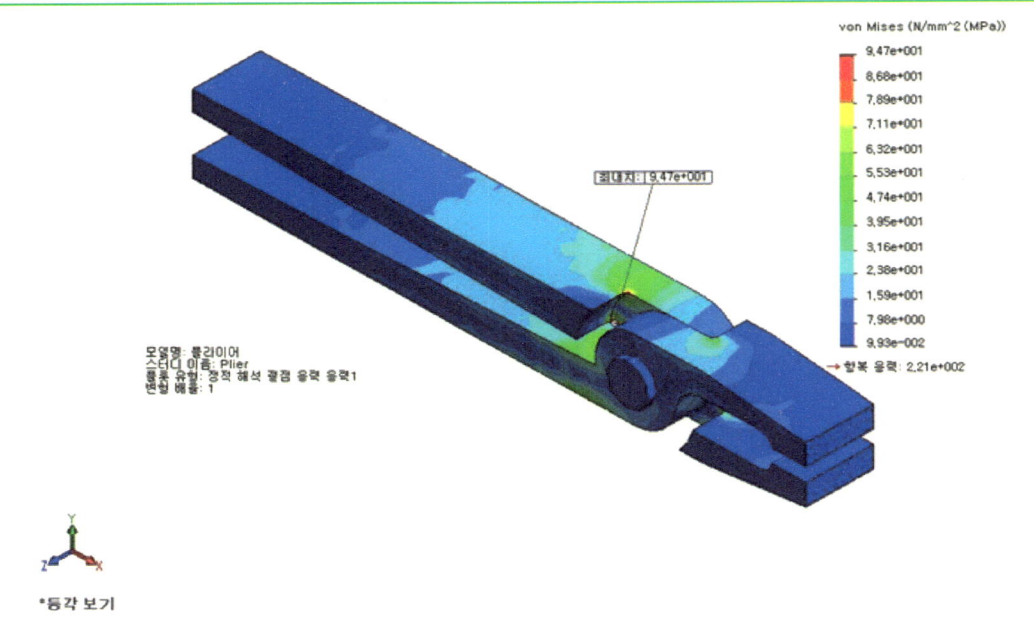

9 응력플롯

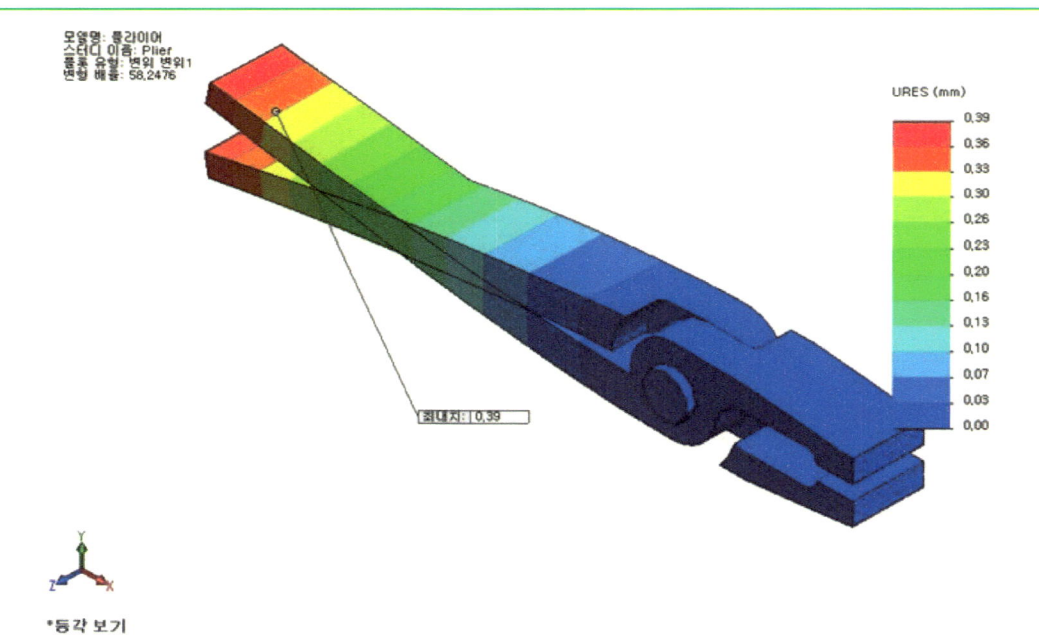

10 총변위 플롯(자동배율) - 과장된 표현

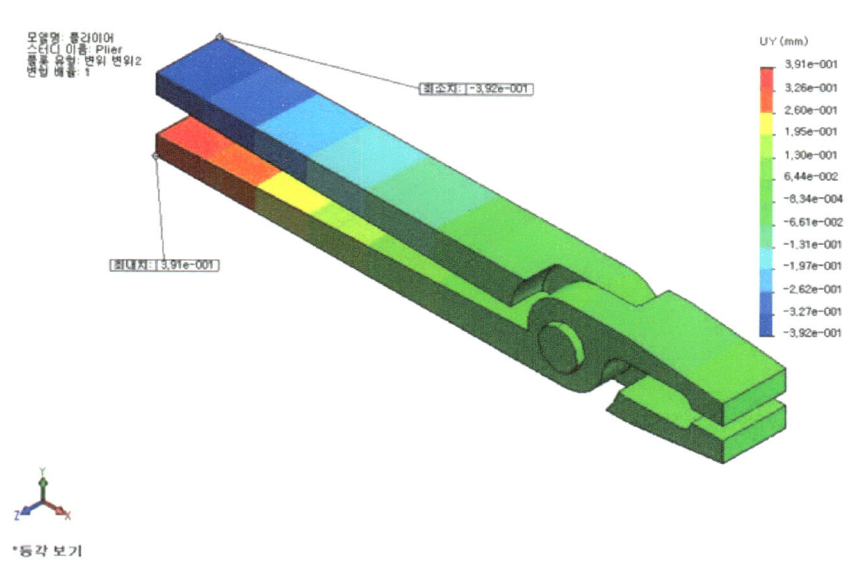

10-1 Y변위 추가플롯

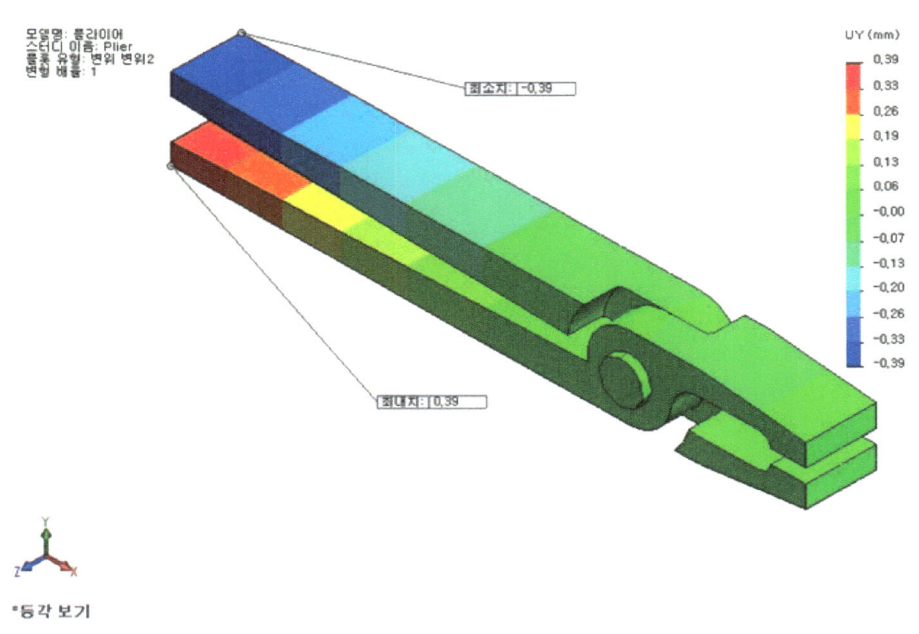

10-2 Y변위 추가플롯(숫자형식 변경)

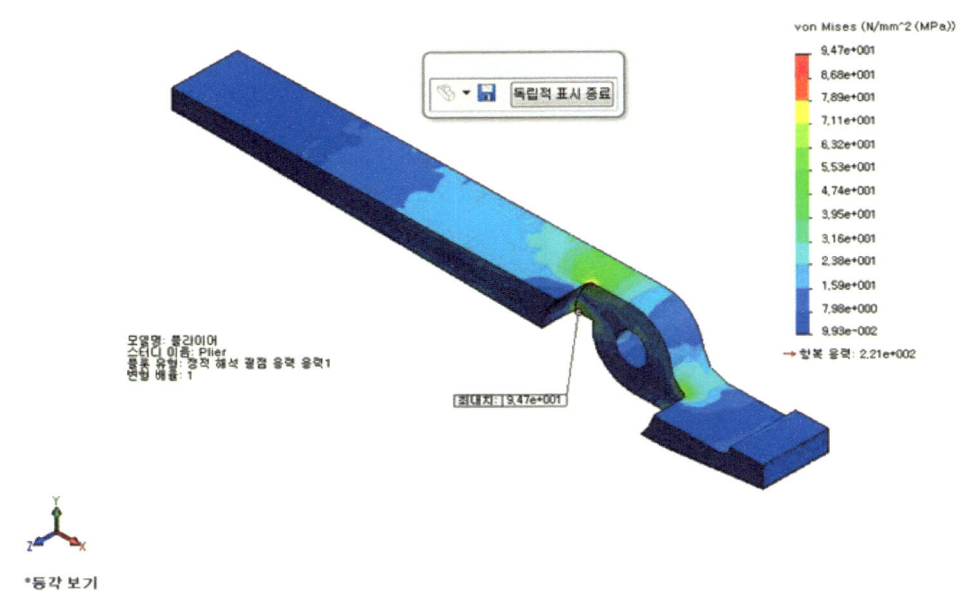

11 응력플롯 독립적 표시

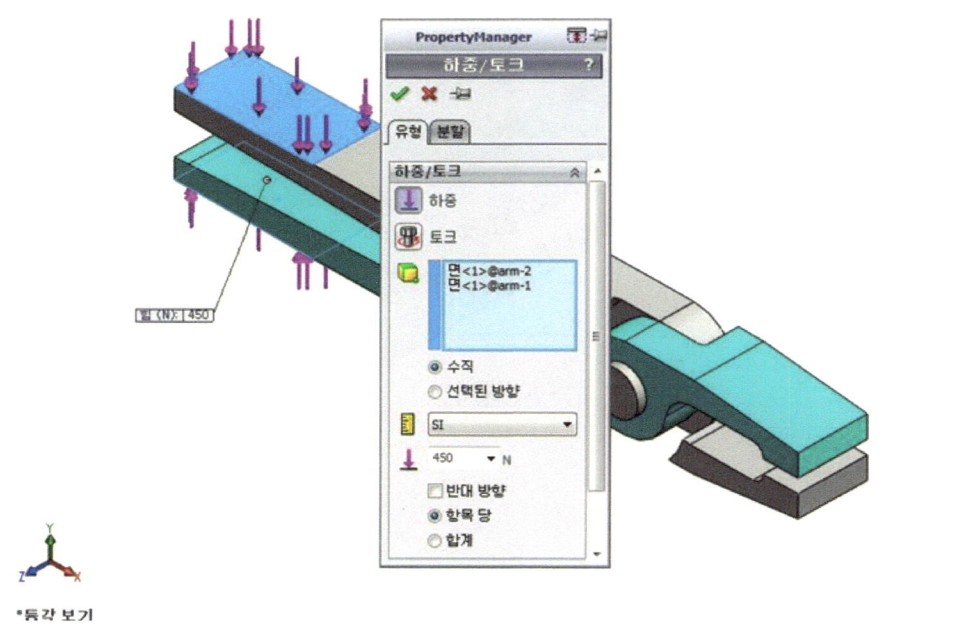

12 하중설정(X2)

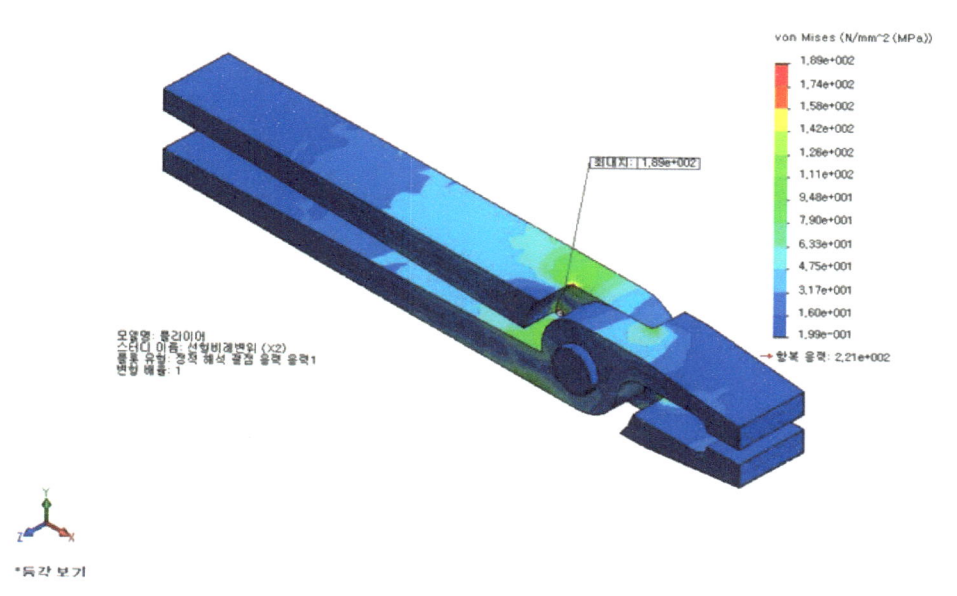

13 응력플롯(X2)

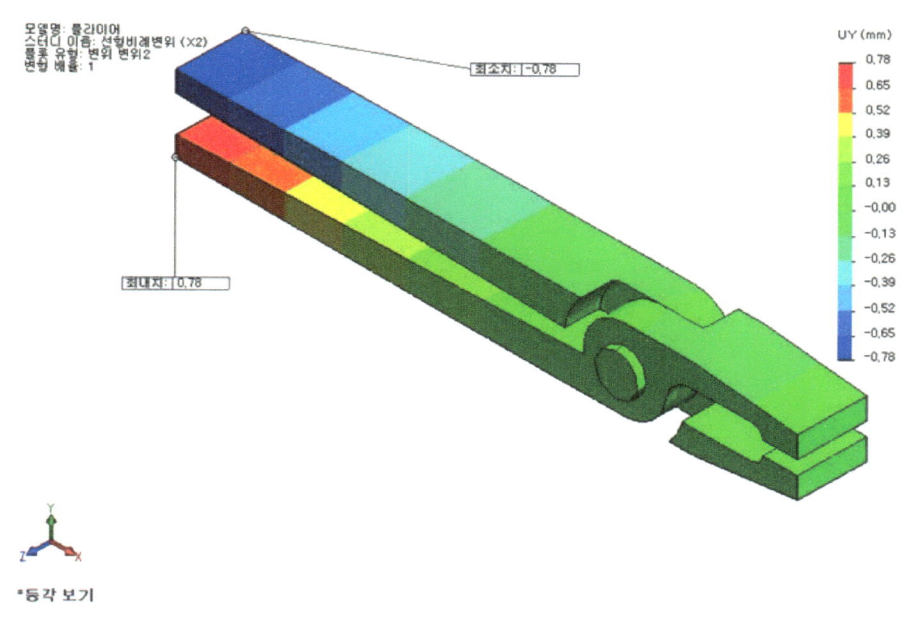

14 Y변위 플롯(X2)

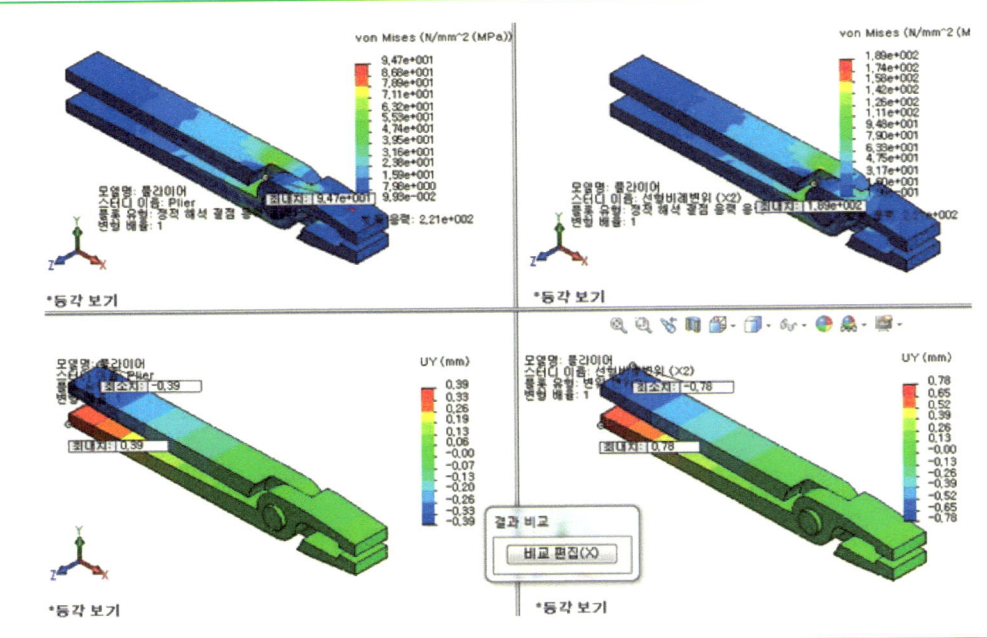

15 결과비교

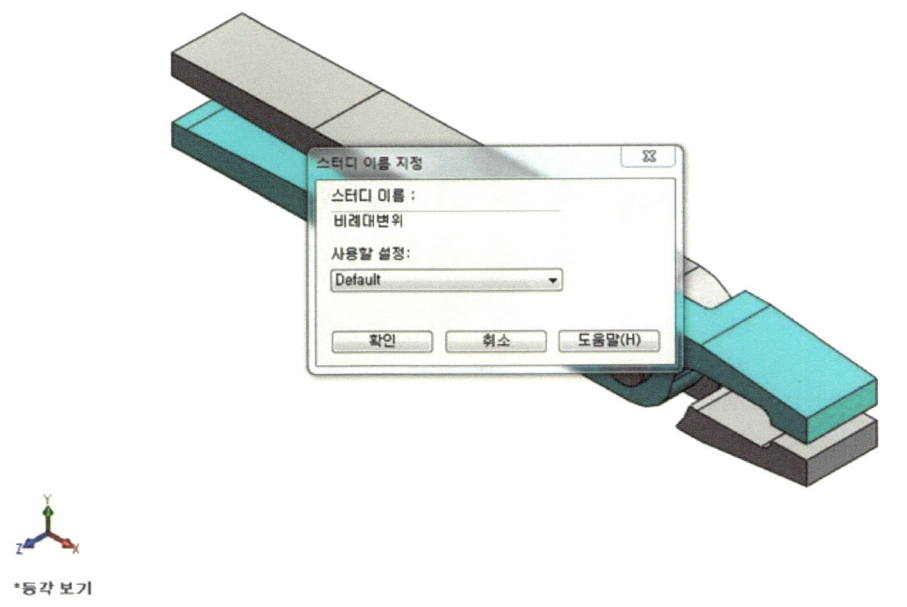

16 비례대변위 복사스터디 설정

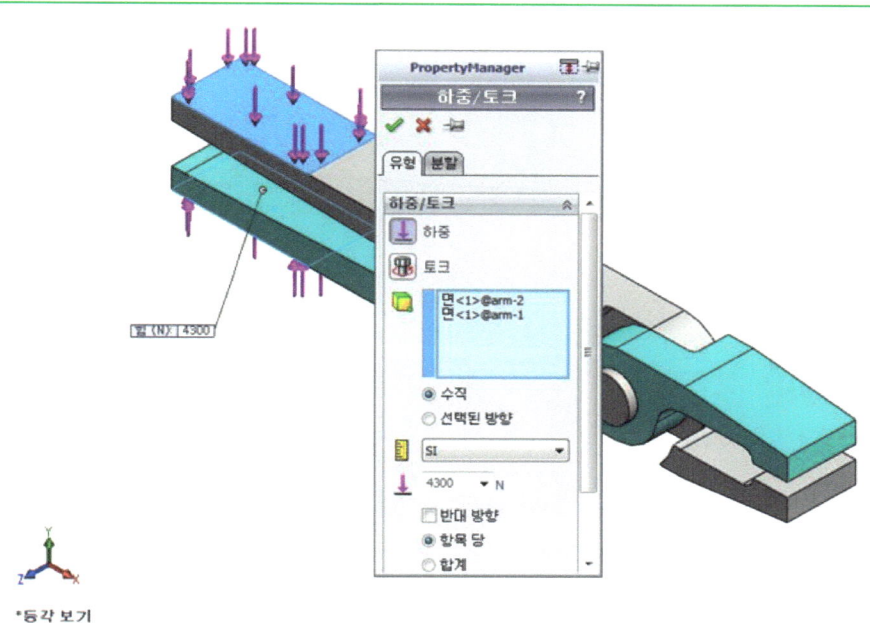

17 하중설정(비례대변위)

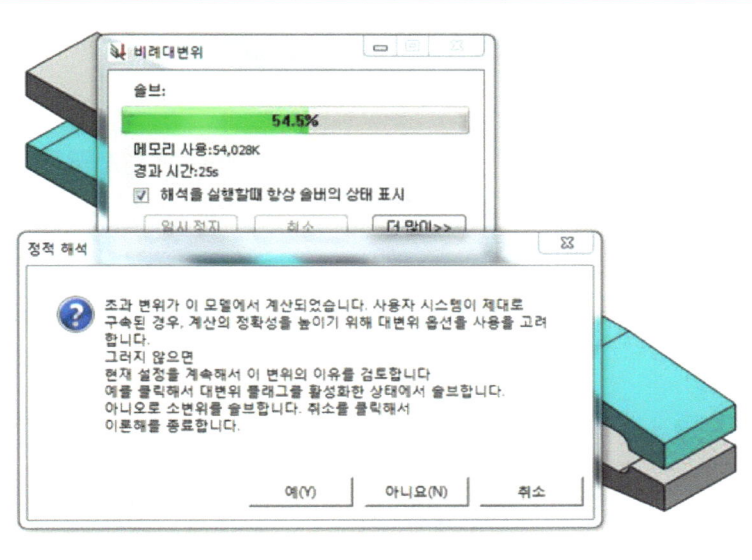

18 비례변위 초과 메시지

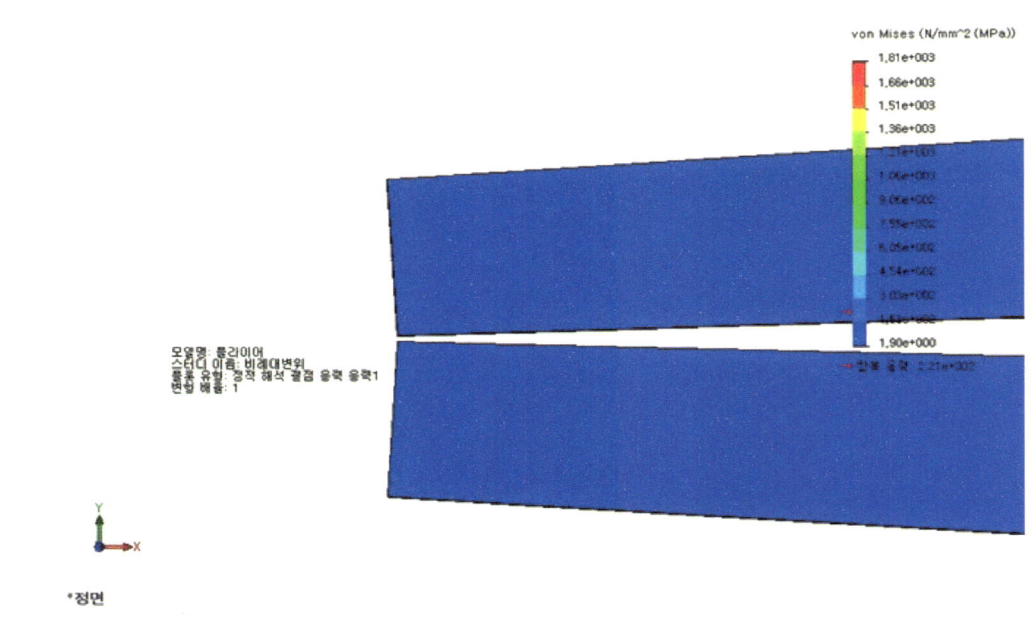

19-1 응력플롯(비례대변위)

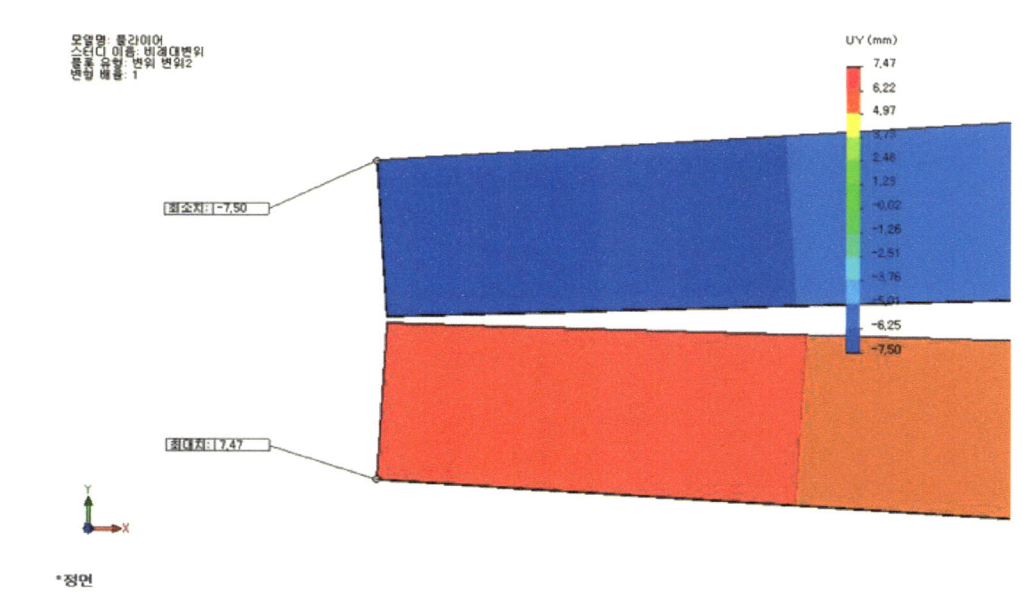

20 Y변위 플롯(비례대변위)

비례 대 변위-2 결과플롯의 상세비교

Plier 비례대변위-2 추가 스터디 (에지-면)

Plier 비례대변위-2 추가 스터디 (면 접촉)

1-2-2-3. 거동구속

고정 지오메트리 구속은 외력이 적용되어도 해석이 완료될 때까지 공간상에서 병진과 회전의 6 자유도를 완전하게 구속하여 정적인 구조해석을 가능하도록 하는 대표적인 구속이다.

그러나 고정 지오메트리 구속부분 이외의 assembly를 구성하는 부품들은 기계장치에서 실제적으로 연결된 거동(연동)을 하고 있으므로 모의해석에서는 이를 고려하는 추가적인 구속조건들에 대한 algorithm이 완벽하게 설정되어야 원하는 작동을 위한 해석실행 작업이 가능하게 된다.

본 주제의 과정에서는 설계자가 원하는 작동에 적합하도록 기계장치 구성부품들의 거동을 제한하여 연동구조 algorithm을 만족하도록 하는 다양한 유형에 대한 추가 구속조건들의 설정기법을 수행한다.

다양한 유형의 거동구속에는 1차원 구속, 2차원 구속 및 공간구속의 3차원 구속을 기반으로 하는 다양한 주요기법이 채택되고 있으며, 접촉설정 기법과 더불어 모델에 따라 적합하게 구성할 수 있는 경험과 능력이 필요하다.

정적구조 해석실무에서 적용하는 구속유형들은 하단과 같이 요약될 수 있으며 기초과정에서는 가장 일반적으로 활용 될 수 있는 1번 항의 참조형상(에지, 면, 축)을 이용하는 거동구속의 예를 검토한다.

이외의 특성화된 응용설정 기법을 이용하는 원통면상 구속, 대칭구속, 변위제한 구속 및 2차원 면상구속 등은 중급이상의 과정에서 검토될 예정이며, 특히 효율적인 강체구속의 개념인 소프트스프링 구속기법의 활용은 매우 중요하다.

1. 참조형상을 이용하는 거동구속
2. 원통좌표계를 이용하는 원통면상 구속
3. 대칭구속 및 강체구속
4. 변위구속
5. 2차원 면상구속
6. 보편적인 안정된 거동에 적용되는 소프트스프링(SS) 구속

제**1**장 • 정적구조 해석

Ring Assembly
주요학습 내용

* 단순 assembly 구조해석의 수행
* 상위 접촉세트의 적용
* 원동부품의 변형거동 제한에 대한 추가구속
* 간섭탐지 및 접촉위치 고찰
* 가상현실(관통허용 접촉)을 포함하는 거동영상의 고찰

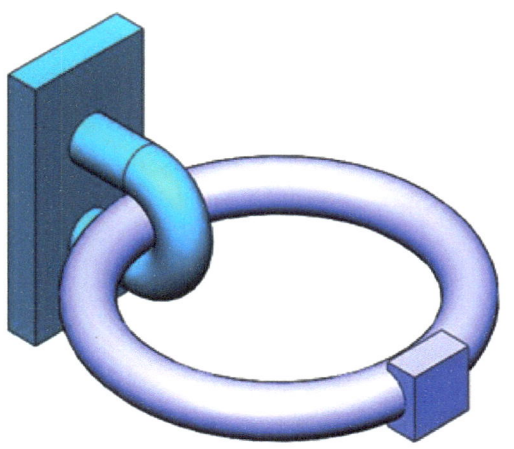

*등각 보기

☞ 해석작업 과정의 요약
• 구조의 활성화, 스터디 생성 및 속성의 활용
1. 단위 2. 재질 3. 연결 4. 상위접촉세트 5. 고정 및 거동구속 6. 압력하중
7. 메시컨트롤 8. 메시작성 및 실행 9. 후처리

수학적 모델의 구축

모델명 : 2-Ring Assembly

3.5MPa의 압력하중이 U 브래킷 구성요소가 포함된 끝 단면의 평평한 면에 적용되며, 큰 링이 걸려있는 반대 측 끝 단면은 고정으로 구속되어 있고 2 링의 내부면은 서로 접촉압력으로 접촉한다.

U 브래킷 구성요소는 오직 하중방향만의 변형거동으로 제한하는 경우에 U 브래킷 접촉위치에서 발생하는 최대응력을 검토하라.

◆ 고정구속 및 변형거동 추가구속
◆ 압력하중의 설정
◆ 접촉요소간의 상위 접촉세트 설정
◆ 메시컨트롤 효과에 대한 고찰
◆ 접촉유형 변경 추가스터디 설정에 대한 고찰

전처리 과정

- ◆ 해석모델 파일열기
    1-2-2. Assembly 해석
      / 1-2-2-3 거동구속
      / S1-2-3(4) Ring Assembly 거동구속
- ◆ 간섭검사 및 간섭위치 고찰
- ◆ 새 분해도 작성 및 저장
- ◆ 스터디 명칭 : 거동구속
- ◆ 스터디 트리의 검토
- ◆ 재질설정 : AISI 1020
- ◆ 연결요소 설정 : 없음
- ◆ 상위레벨 접촉세트 수동설정 : 관통없음
- ◆ 고정구속 설정
- ◆ 하중방향 만으로의 변형거동 추가구속 설정
- ◆ 하중조건 설정 ⇨ 압력 인장하중(3.5 M Pa)
- ◆ 보조설정 : 없음
- ◆ U 브래킷 원통접촉면에 MC(2.0/1.5) 적용
- ◆ 전처리 과정의 저장

유한요소 모델의 구축

- ◆ 메시작성(기본, 곡률기반, high) 및 해석실행

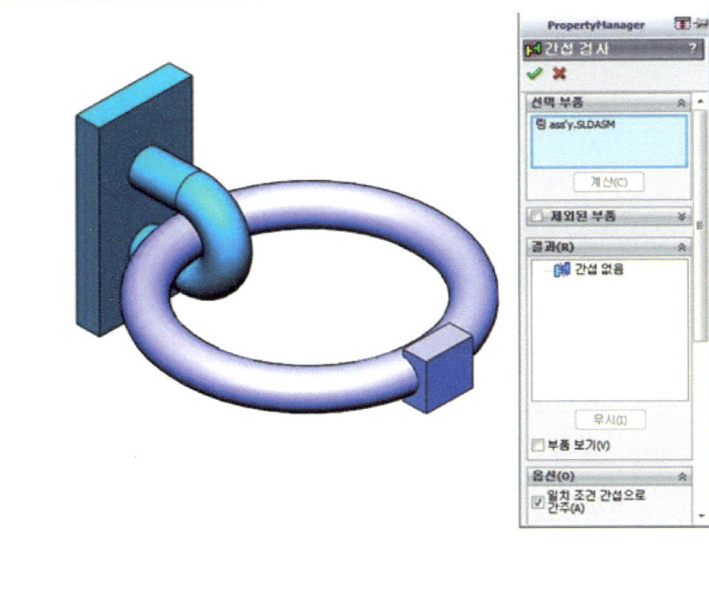

1-1 간섭검사

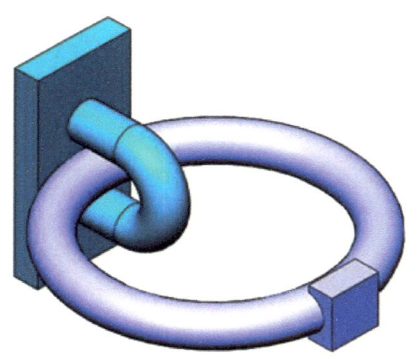

1-2 FEA 모델 – 분해도

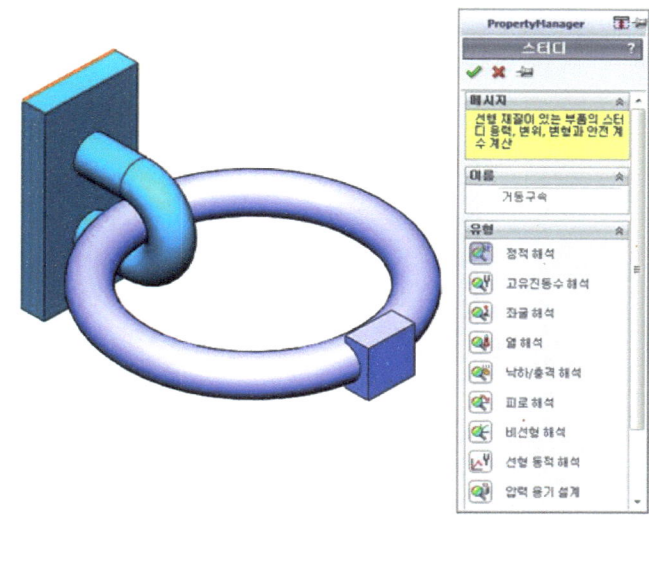

2 스터디 명칭의 설정

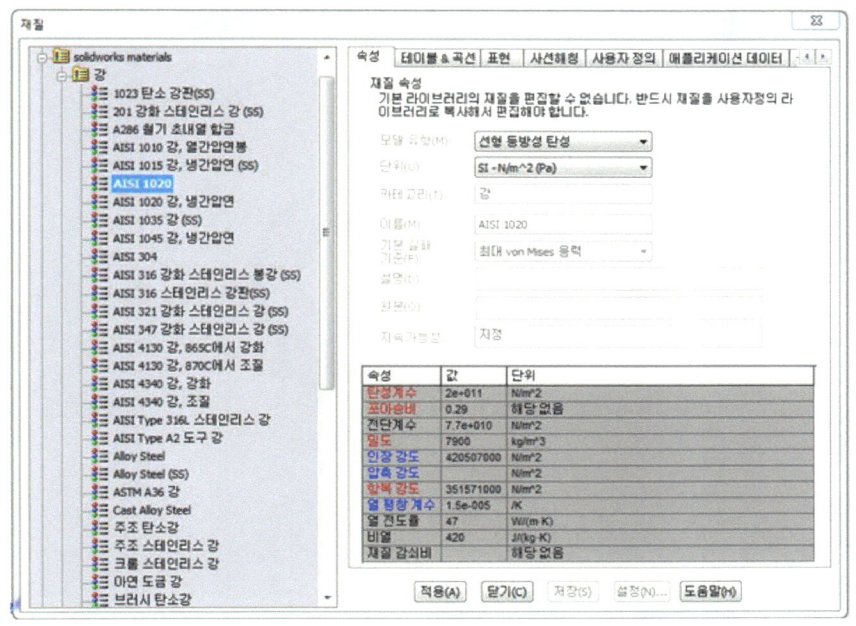

3 전체재질 설정 ⇨ AISI 1020

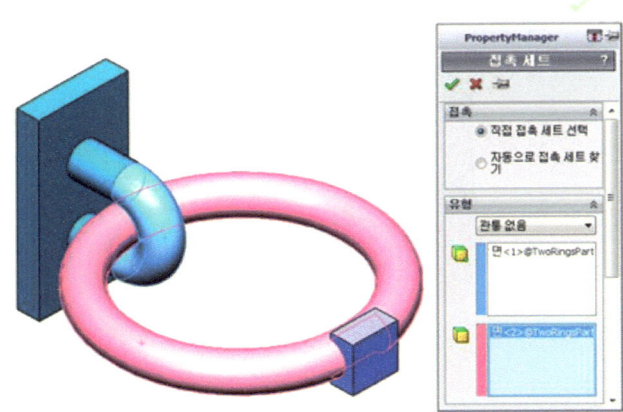

*등각 보기

4 상위레벨 접촉세트 수동설정(관통없음)

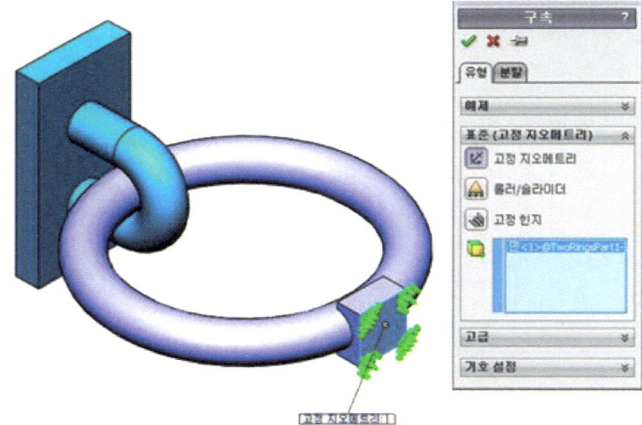

*등각 보기

5 고정구속 설정

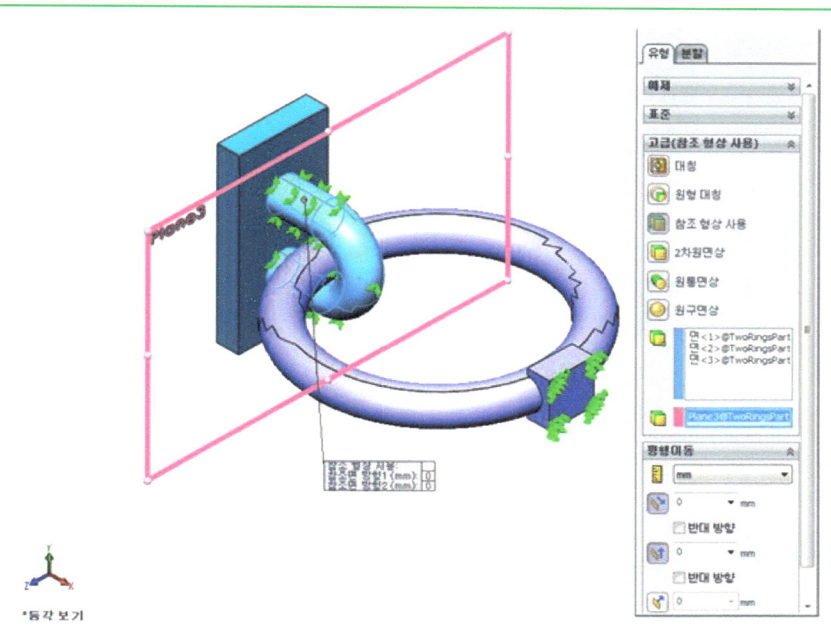

5-1 하중방향 만으로의 변형거동 추가구속 설정

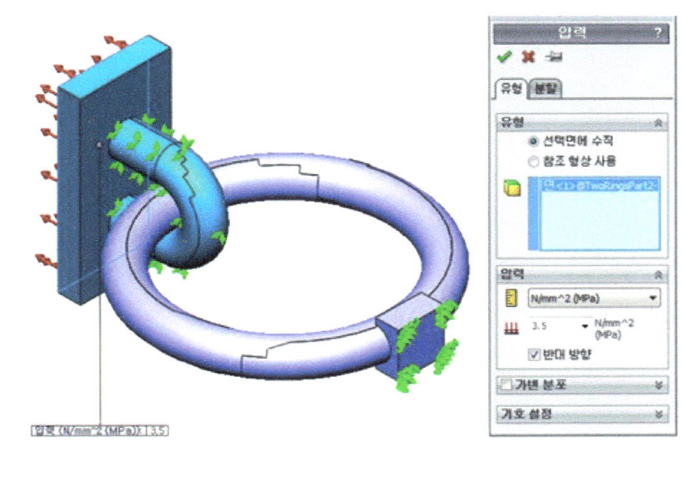

6 하중조건 설정 ⇨ 압력 인장하중(3.5 MPa)

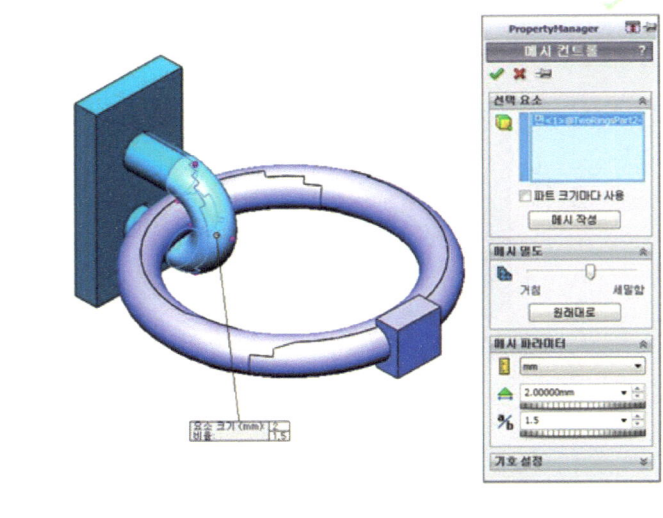

7 U 브래킷 원통접촉면에 MC(2.0/1.5) 적용

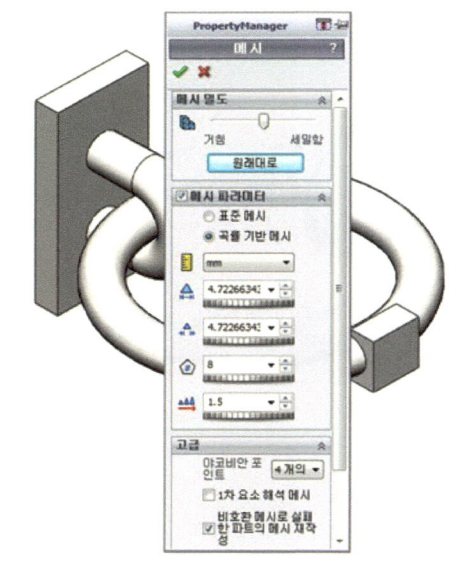

8 메시작성(Default, 곡률기반, high) 상세사항

제1장 • 정적구조 해석

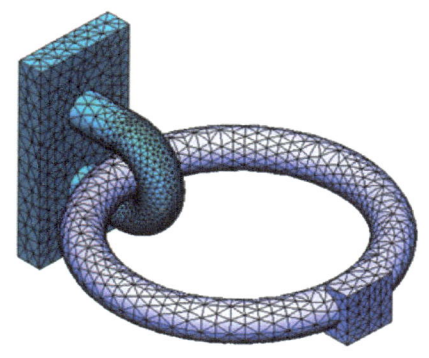

9 메시플롯

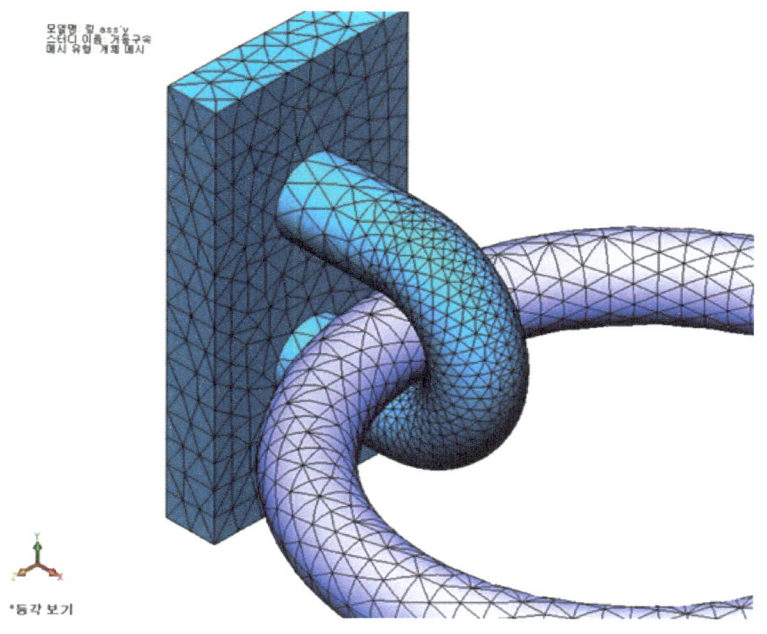

9-1 메시플롯

후처리 과정

- ◆ 트리에서 응력 1을 표시
- ◆ 응력플롯 검토
- ◆ 최대응력 크기와 발생위치(접촉부) 고찰
- ◆ 독립적 표시를 활용한 최대응력 부품의 고찰
- ◆ 변형거동(설정과의 일치성)의 검토
- ◆ 거동변형결과 애니메이션 동영상 작성
- ◆ 총변위플롯 검토
- ◆ 최대변위와 변형거동의 검토
- ◆ 거동변형결과 애니메이션 동영상 작성
- ◆ 저장 및 파일닫기

논의

- ◆ 변형거동의 구속에 대하여
- ◆ 접촉유형 옵션의 영향에 대하여
- ◆ 메시컨트롤의 영향에 대하여
- ◆ 관통허용 접촉조건에 대한 추가스터디
- ◆ 전압력하중에 대한 추가스터디 및 결과비교

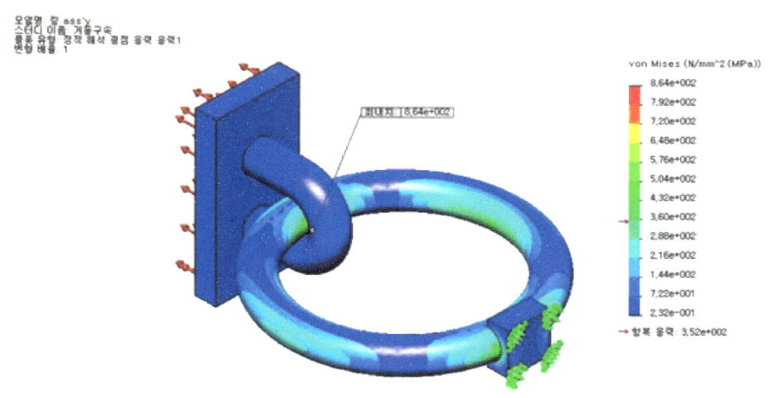

10 응력플롯(실제배율) - 전처리설정 표시

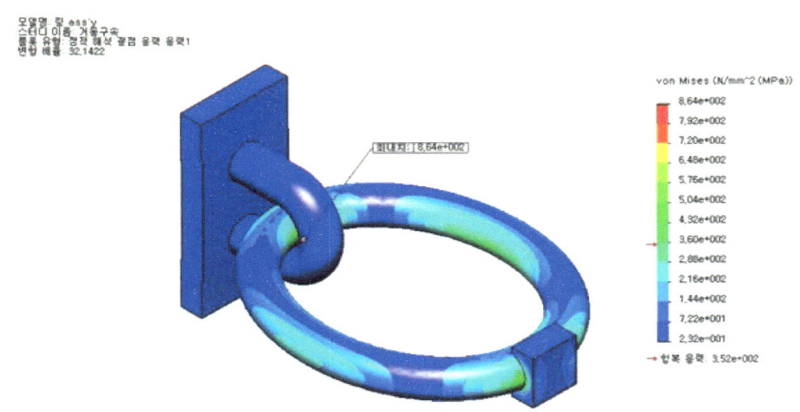

10-1 응력플롯(자동배율)

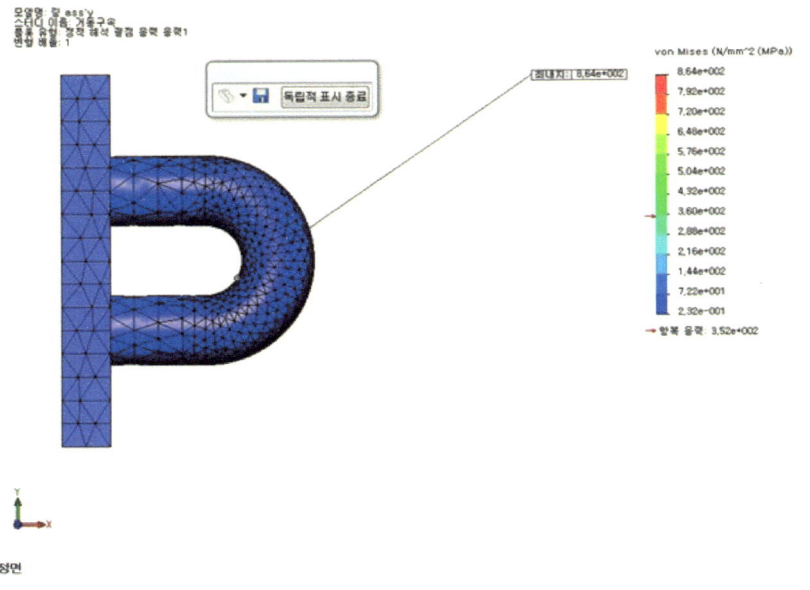

10-2 응력플롯(독립적 표시)

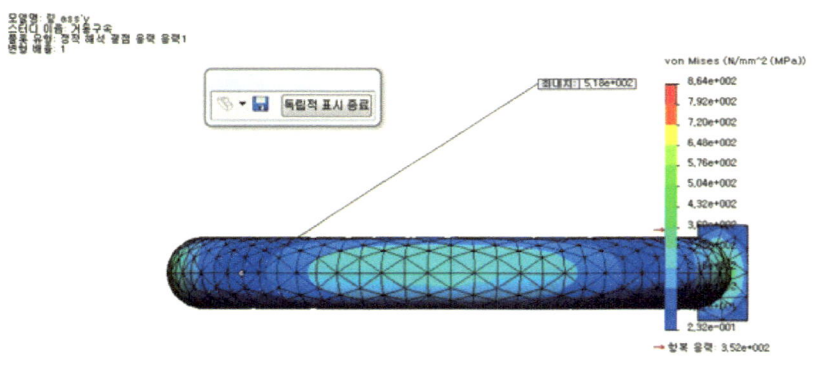

10-3 응력플롯(독립적 표시)

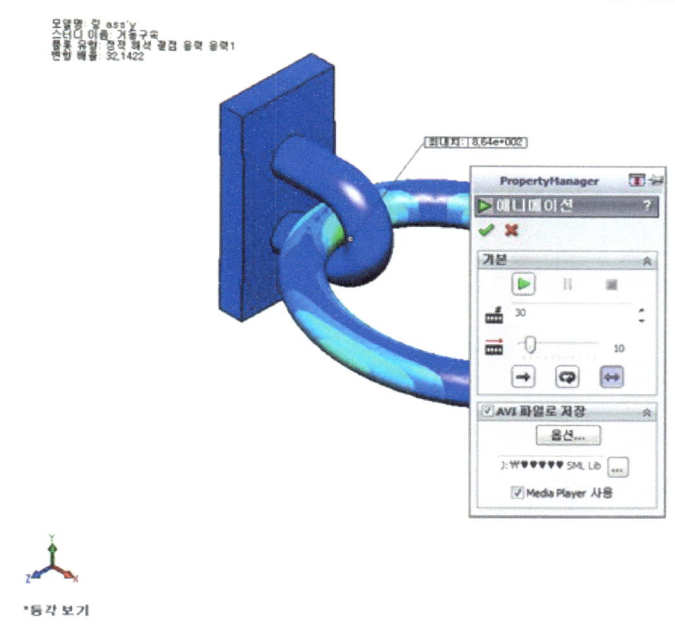

11 Animation 작성설정 상세사항

학습모델 folder에 첨부된 동영상 참조

11-1 ~ 11-3 변형거동 animation

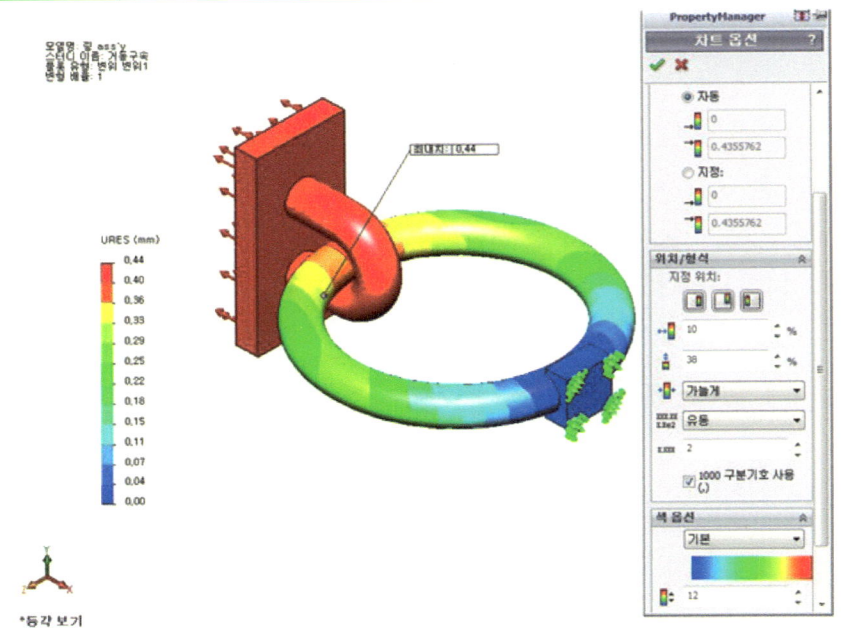

12 총변위 플롯(실제배율) – chart option 설정상세사항

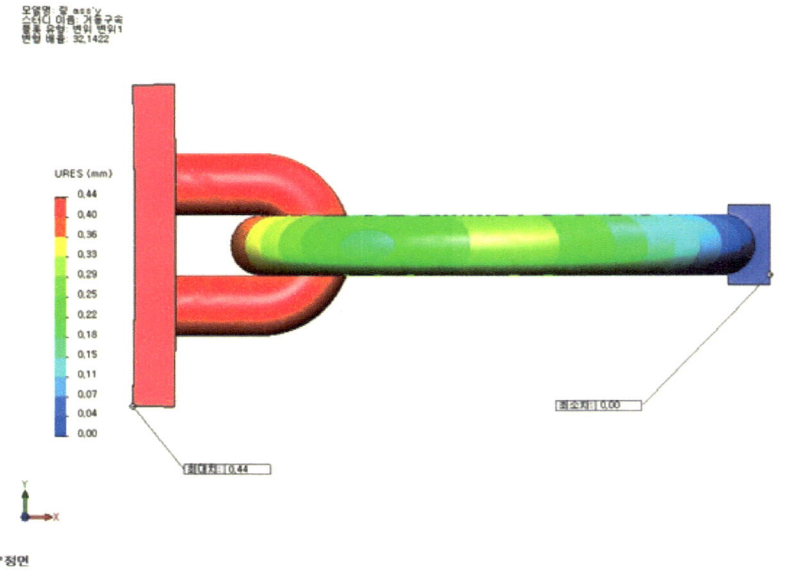

12-1 총변위 플롯(자동배율) – 정면

학습모델 folder에 첨부된 동영상 참조

12-2 변형거동 animation

13 스터디 복사(관통허용 접촉)

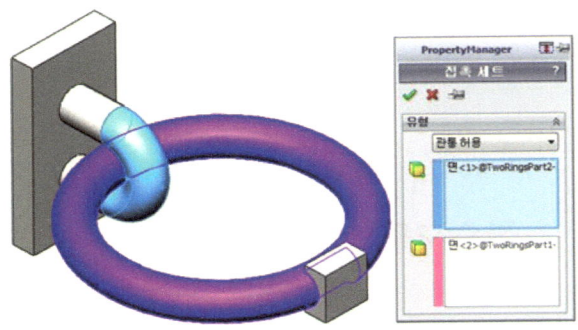

13-1 접촉세트 설정변경(관통없음 ⇨ 관통허용)

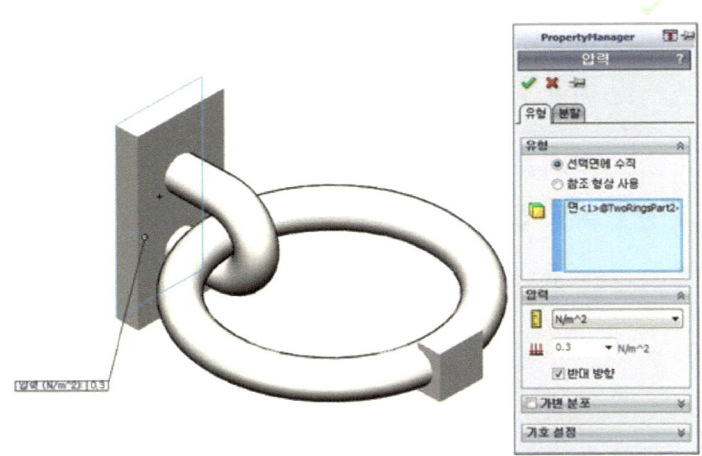

13-2 압력하중조건 설정변경(3.5 MPa ⇨ 0.3 Pa)

제1장 • 정적구조 해석

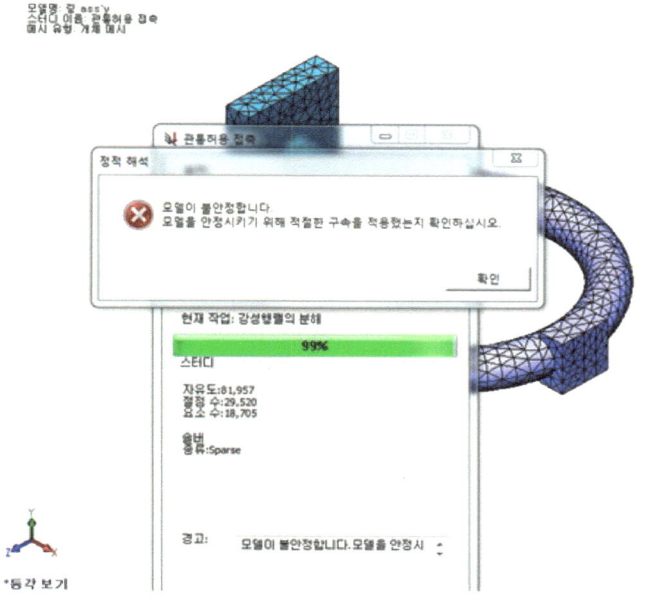

13-3 불안정 error 메시지

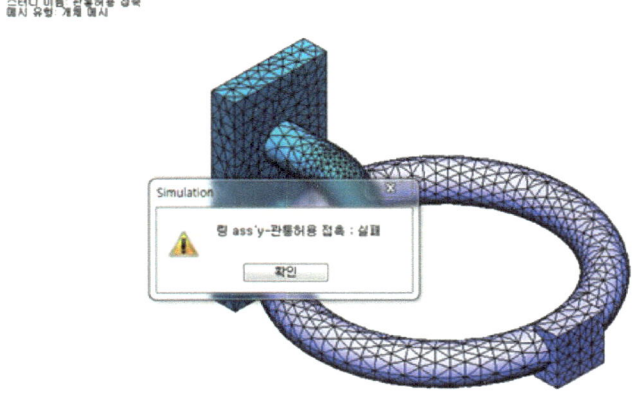

13-3 해석실패 메시지

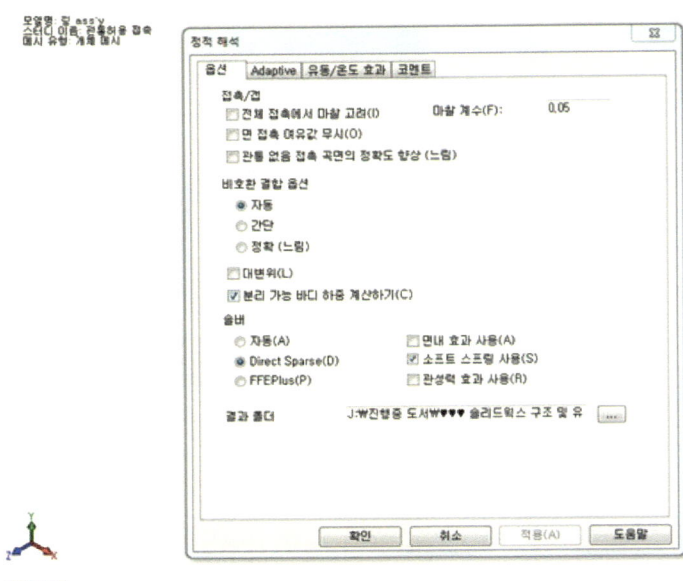

13-4 안정화 기법적용 설정

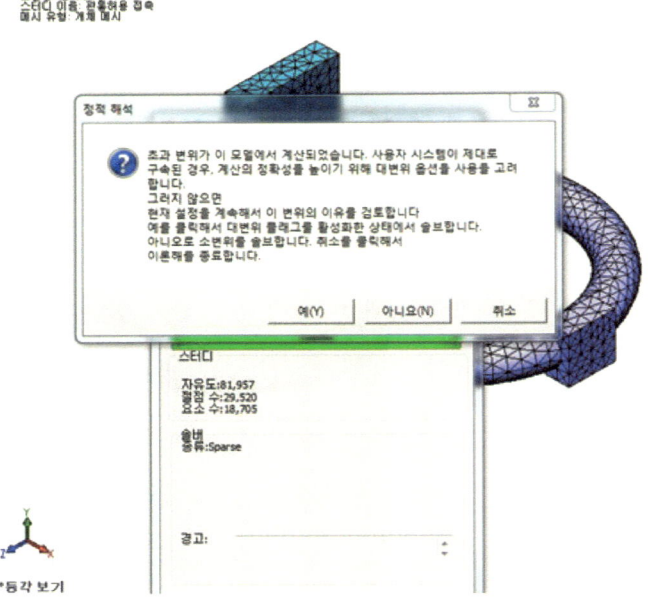

13-5 비례변위 초과 메시지

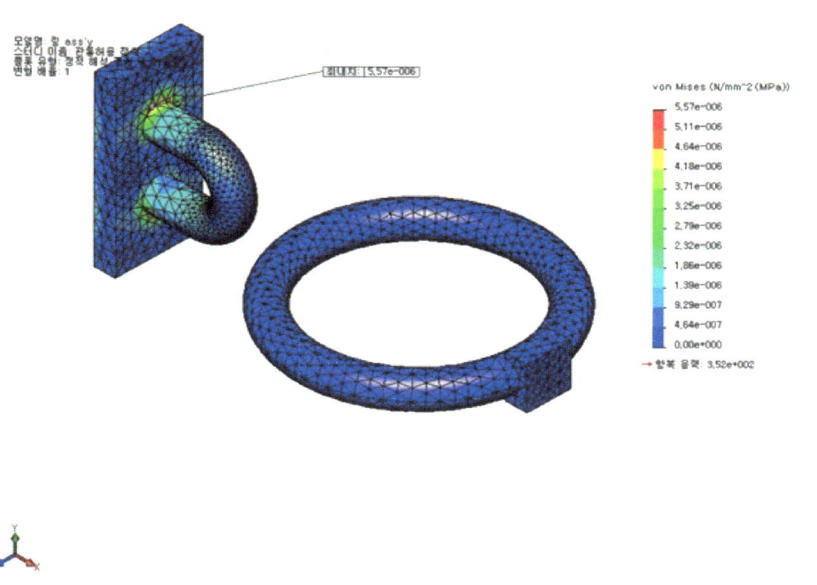

13-6 응력플롯(실제배율) – 비례 대변위

학습모델 folder에 첨부된 동영상 참조

13-7 변형거동 animation(관통허용)

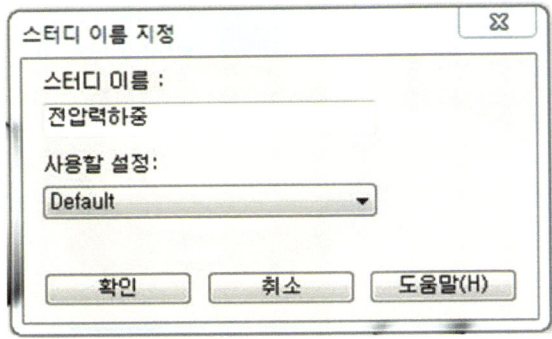

14 스터디 복사(전압력하중)

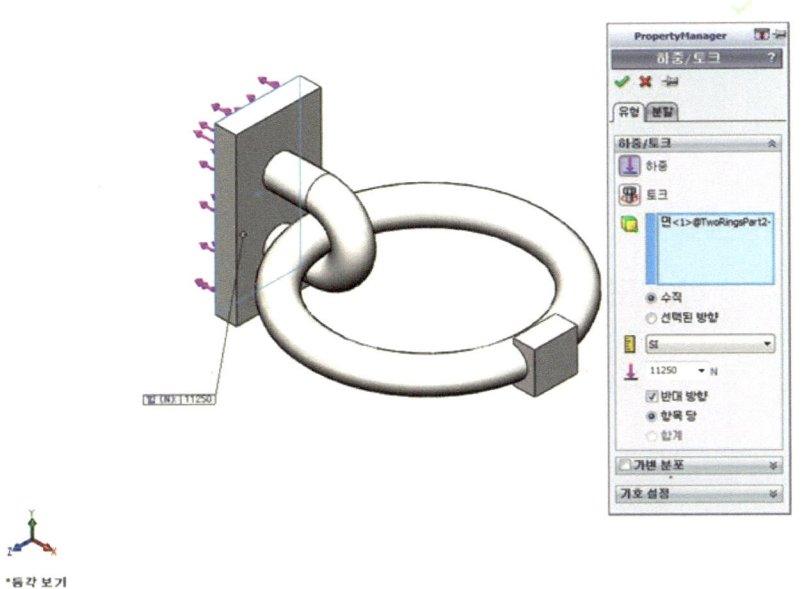

14-1 압력하중 기능억제 및 하중조건 설정변경(11250N)

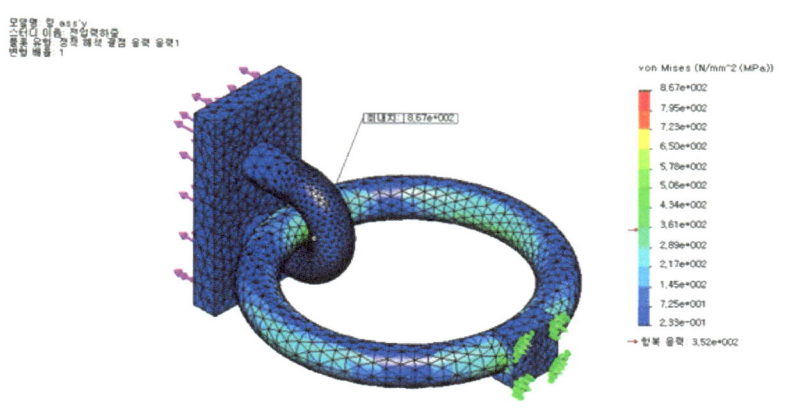

14-2 응력플롯(실제배율) – 전처리설정 및 메시표시

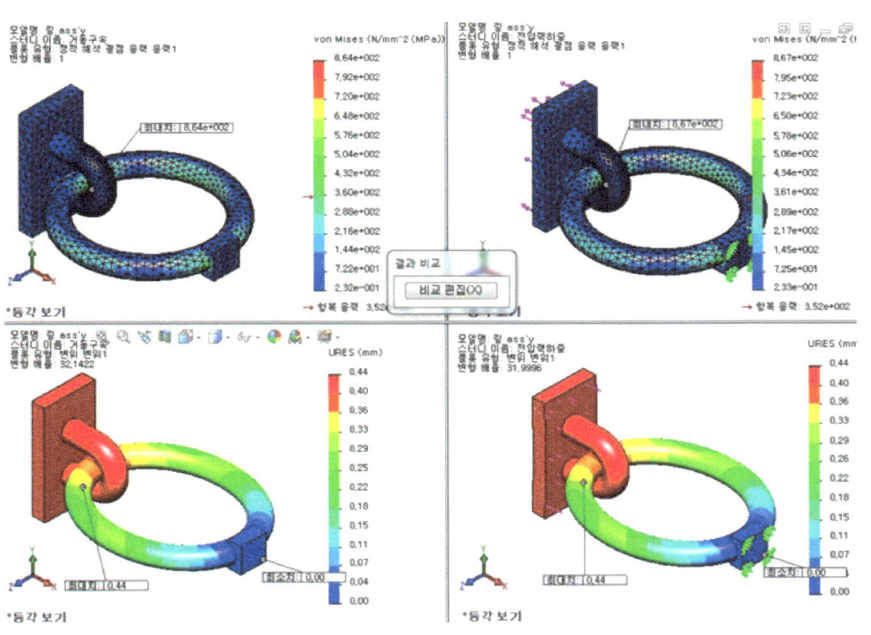

15 결과비교

1-2-2-4. 연결유형과 결과분석

실무에서 접하고 있는 대부분의 기계장치 assembly는 다양한 부품들로 구성되어 작동하는 기구학적인 연동구조로 되어 있으며, 연동구조의 부품조합을 위해서는 볼트, 키, 핀, 코터, 스프링 등과 같은 연결용도의 소형 기계요소가 필요하다는 것은 이미 주지의 사실이다.

그러나 연결용도의 소형 기계요소 부품들이 해석과정에서 3-D 유한요소 모델상에 실체로 존재하게 된다면, 그것 이외의 부품들과 비교하여 대부분 상대적으로 소형인 경우가 되어 전산자원의 효율적 이용을 악화시키는 장애요소가 될 수 있으므로, 통상 단순구조를 이용하는 모의해석에서는 유효한 상당설정으로 대체한 후, 실체를 해석모델에서 제외시키고 재구성하는 FEA 형상의 유한요소 모델을 활용하고 있다.

즉, 해석에 적용할 필요가 없는 연결용도의 부품인 경우에도 이전에 학습된 바와 같이 FEA 모델에서는 그 실체를 생략하며, 대신에 각각의 기능을 해석 solver에게 전달할 수 있는 적합한 구성을 설정하는 과정인 존재효과 상당설정 세부과정을 통하여 적용위치, 재질, 강도, 결합접촉조건 및 요구되는 기능상의 특징 등을 구체적으로 정의함으로서, 생략이전 실제 assembly 장치의 공학모델과 일치되도록 하는 matching 작업을 완성하는 설정과정은 생략될 수 없다.

정적구조 해석실무에서 적용하는 소형 기계요소 부품들은 하단과 같이 요약될 수 있으며 기초과정에서는 비교적 설정방법이 용이한 1, 2항의 핀과 스프링 적용을 예시된 3-D 모델에서 유효한 상당설정으로 대체시켜 구성하는 설정기법을 수행하고 평행한 평면상에 적용하여 검증하는 스프링 설정 개별실습 과제를 제시하며, 이외의 연결요소 및 강성 연결요소의 검사에 관한 세부사항은 경우에 따라 각 유형과 기능상의 기계적 특징에 대한 구체적인 적용에 관한 별도의 주의가 필요하므로 고급과정에서 검토한다.

1. 핀 연결
2. 스프링 연결
3. 볼트 연결
4. 베어링 연결
5. 용접 연결

제1장 • 정적구조 해석

Vise-grip Plier (Wrench)
주요학습 내용

* 실제 3-D 모델의 검토와 FEA 적용구조의 활성화
* 연결용도 소형기계요소 설정조건의 적용 및 정의
* 분해와 조립의 활용
* 핀, 스프링 연결부품 생략과 상당설정의 적용
* 물림조각의 생략과 상당설정
* 서로 다른 설정유형의 하중적용
* 메시의 호환성 고찰

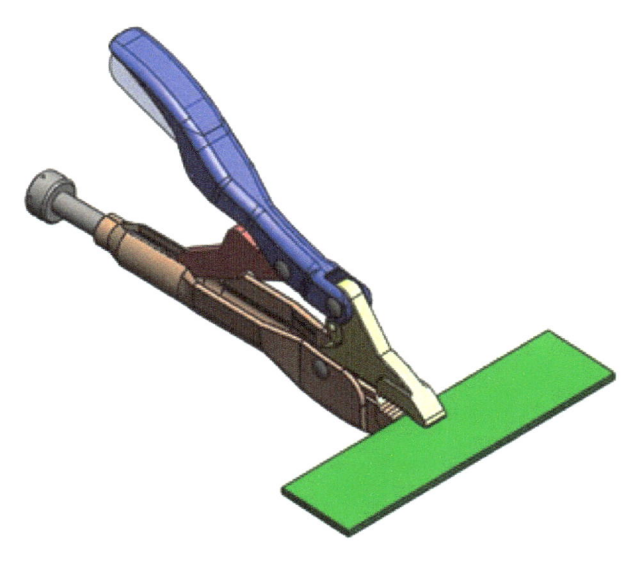

·등각 보기

☞ **해석작업 과정의 요약**
• 구조의 활성화, 스터디 생성 및 속성의 활용
1. 단위 2. 재질 3. 연결 4. 접촉 5. 구속 6. 하중 7. 메시 8. 실행 9. 후처리

수학적 모델의 구축

모델명 : Wrench

Vise-grip plier (Wrench)가 물림조각 한 개를 물고 있으며, Wrench는 세트되어 잠긴 위치에 있는 것은 아니다.

손잡이에 225N의 하중이 적용되었으며 모든 구성요소는 주조탄소강으로 제작되었다고 할 경우, assembly에서의 최대응력과 항복응력을 초과하는 부품에 대하여 검토한다.

◆ 핀과 스프링 연결의 설정
◆ 국부접촉 부분의 상위접촉세트 설정
◆ 서로 다른 설정유형 하중의 적용

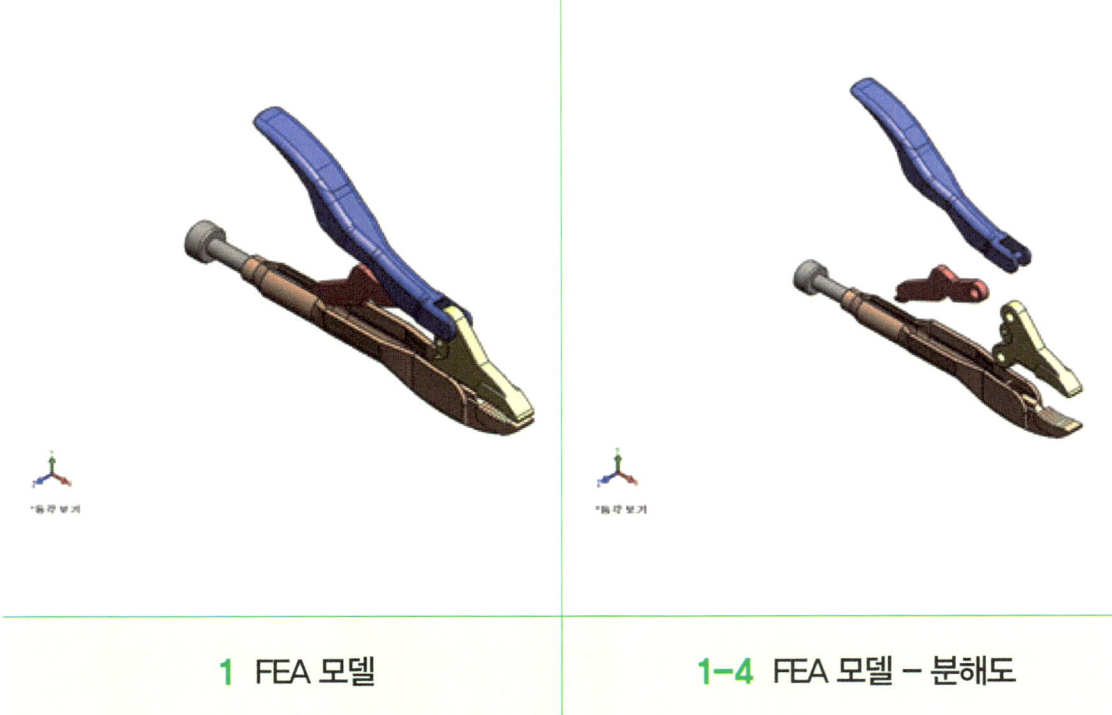

1 FEA 모델

1-4 FEA 모델 – 분해도

전처리 과정

◈ 해석모델 파일열기

    1-2-2. Assembly 해석

      / 1-2-2-4. 연결유형과 결과분석

      / S1-2-4(1) 렌치(핀과 스프링의 연결)

◈ 실제 3-D 모델검토와 FEA 적용구조의 활성화

◈ 부품간의 상호간섭 검사

◈ 스터디 명칭 : 렌치

◈ 재질설정 : 주조탄소강

◈ 분해도 활성화 : 전처리 상당설정을 위하여

◈ 접촉검사 ⇨ 불완전한 접촉부분의 검토

◈ 상위레벨 접촉세트 수동설정 : 본드접촉

◈ 연결요소 설정 : 핀(3개, 회전강성 없음)

◈ 연결요소 설정 : 스프링(2위치, 축강성 250N/m)

◈ 물림조각 생략 상당설정 ⇨ 고정구속

◈ 하중조건 설정 1 ⇨ 상부(⇩, 합계, 225N/m)

◈ 하중조건 설정 2 ⇨ 하부(⇧, 항목 당, 225N/m)

◈ 보조설정 : 핀과 스프링 강성인자(필요시)

◈ 전처리 과정의 저장

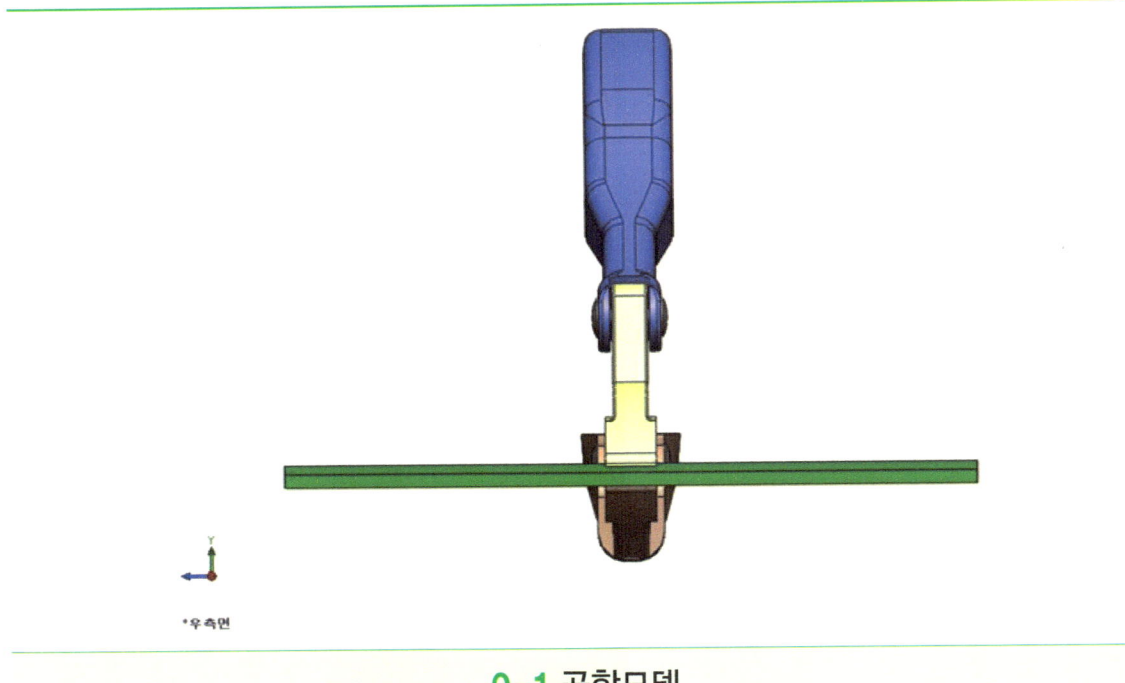

0-1 공학모델

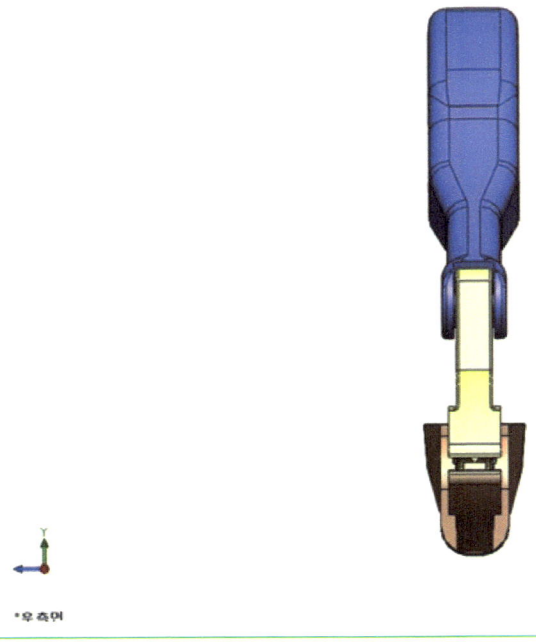

1-1 FEA 모델

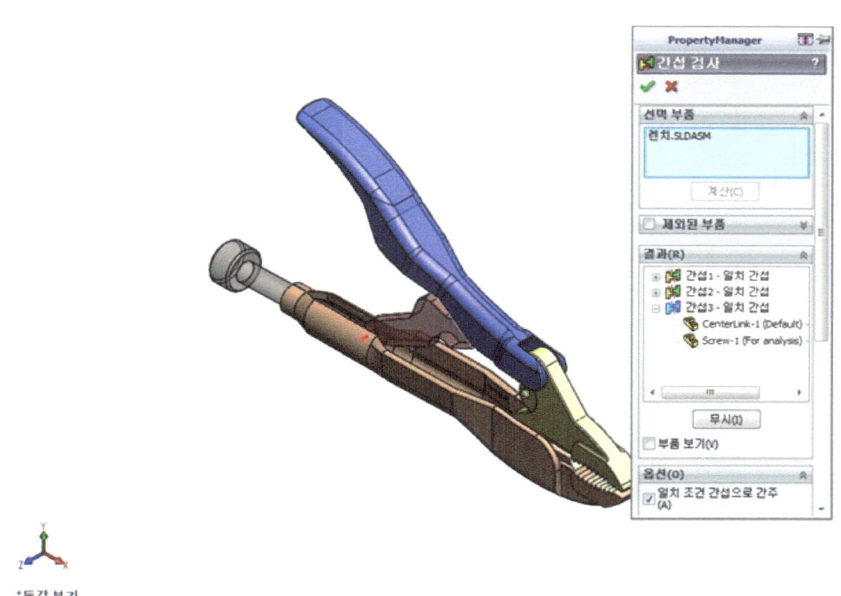

1-2 간섭검사

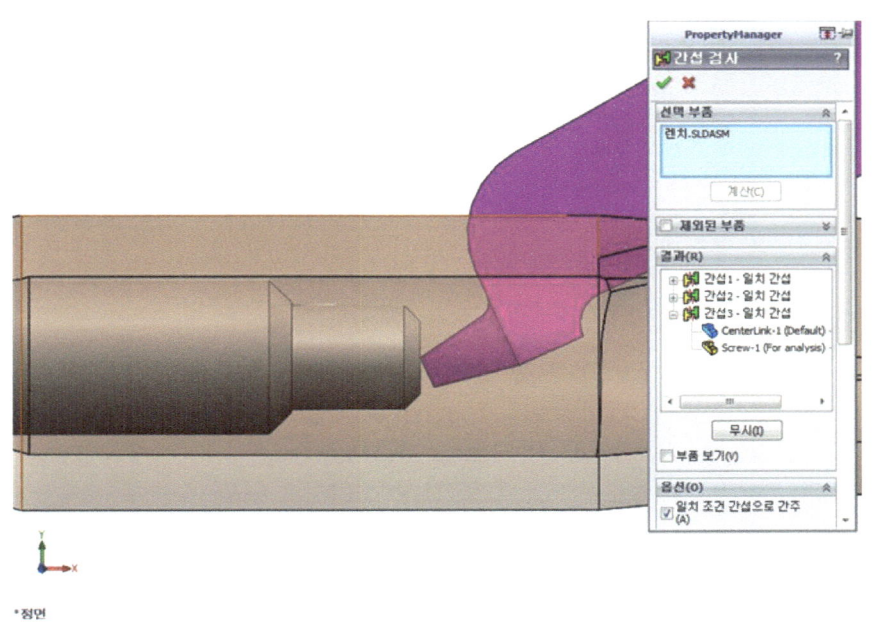

1-3 간섭검사

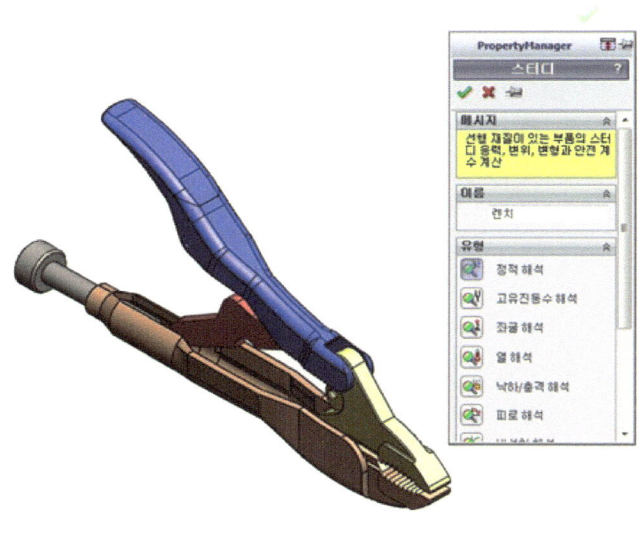

2 스터디 명칭의 설정

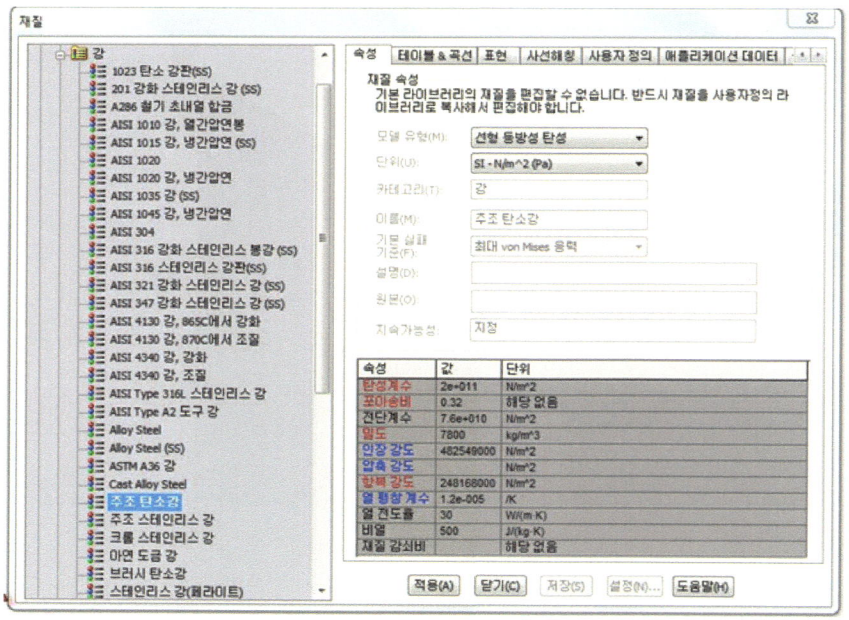

3 전체재질 설정 ⇨ AISI 1020

제**1**장 • 정적구조 해석

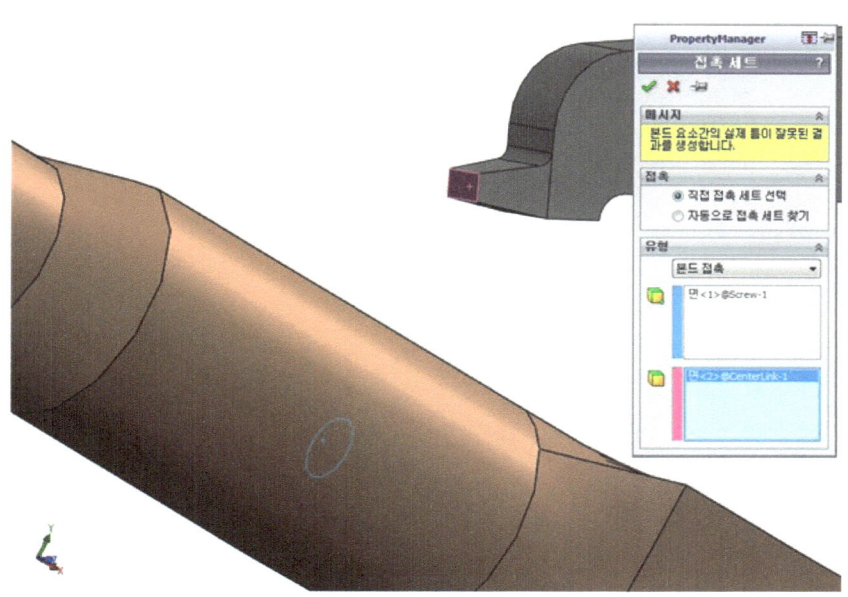

4 상위레벨 접촉세트 수동설정(본드접촉)

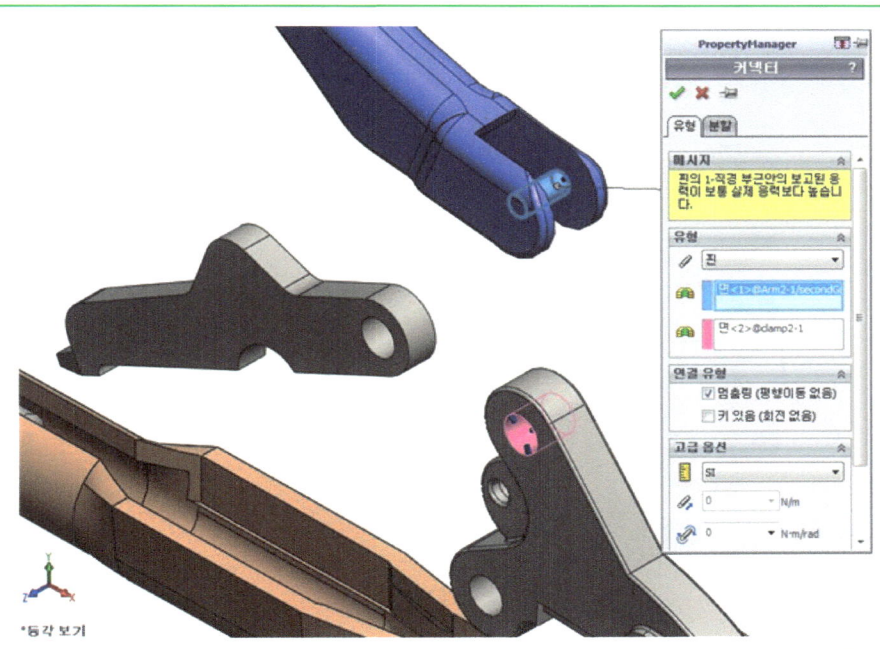

5 핀 연결요소 설정 (3개, 회전강성 없음)

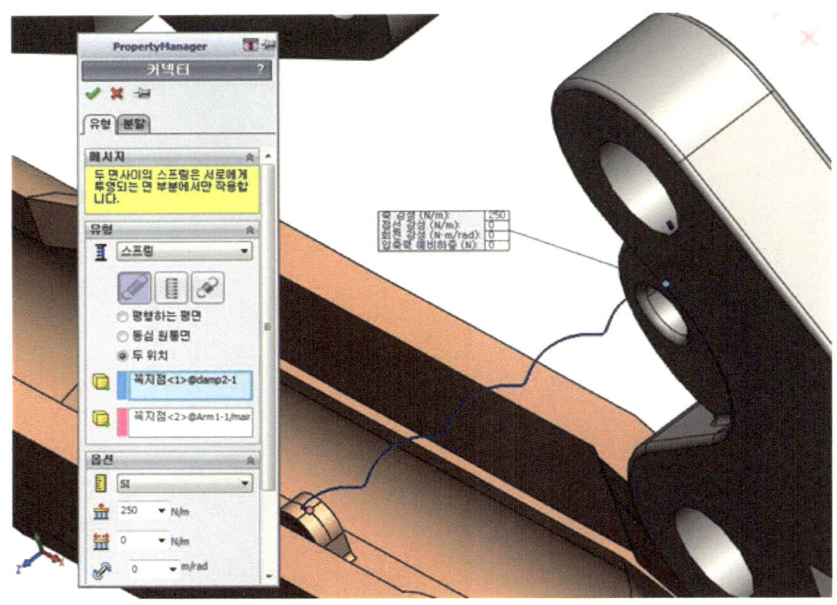

6 스프링 연결요소 설정 (2위치, 축 강성 250N/m)

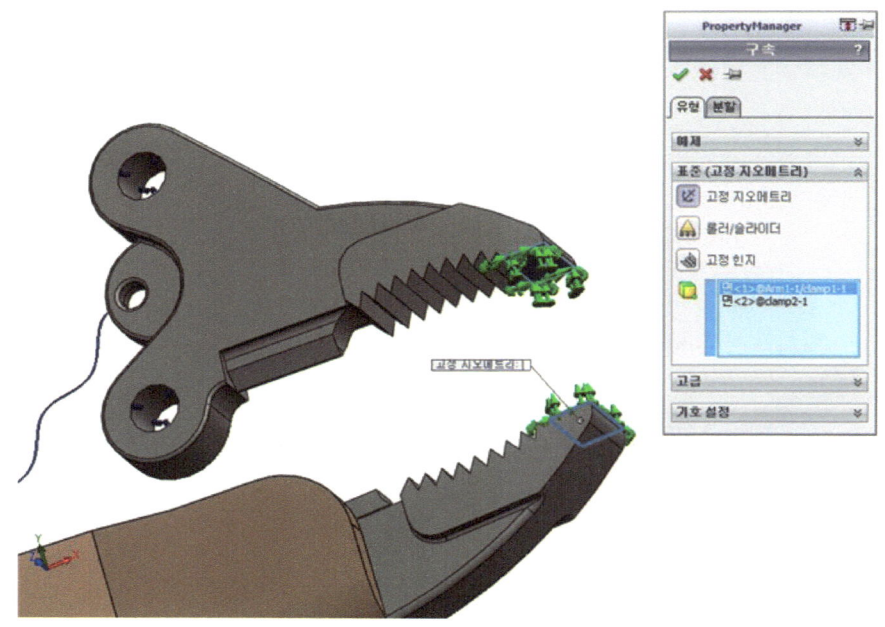

7 고정구속 설정

제**1**장 • 정적구조 해석

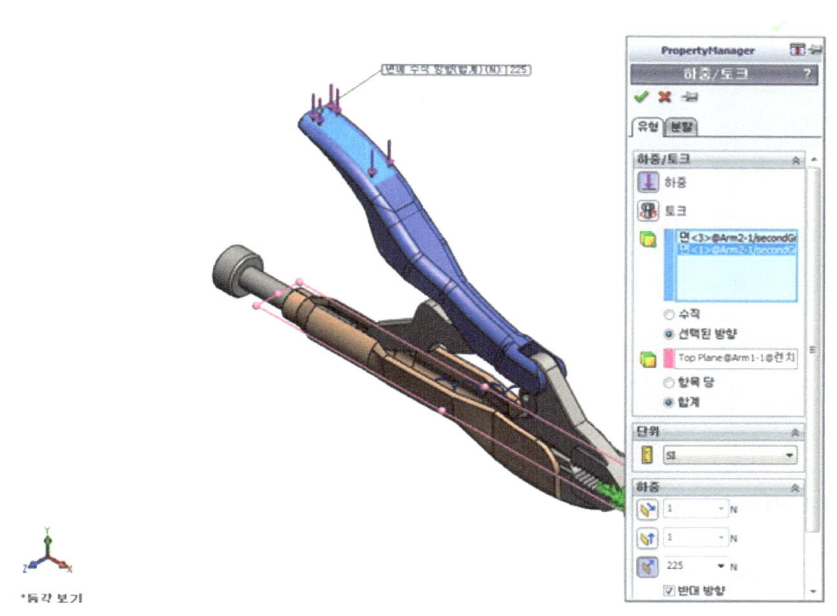

8 하중조건 설정 1 ⇨ 상부(⬇, 합계, 225N) 상세사항

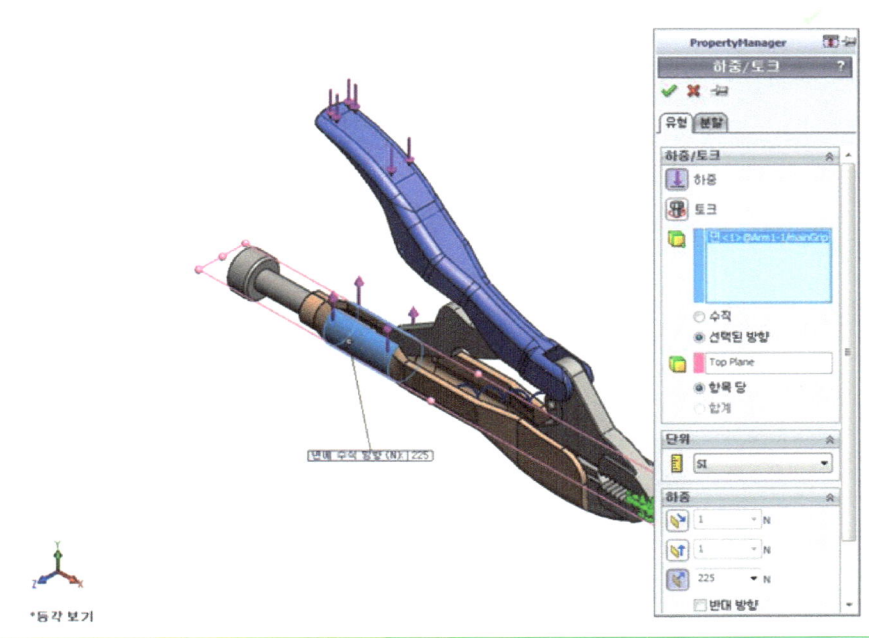

8-2 하중조건 설정 2 ⇨ 하부(⬆, 항목 당, 225N) 상세사항

유한요소 모델의 구축

- ◆ 메시작성(기본, 표준, high) ⇨ 실패(Screw 부품)
- ◆ 작성된 메시의 검토
- ◆ Solver 창에 대한 고찰
- ◆ 비 호환 메시의 적용
- ◆ 메시표시 및 품질의 확인
- ◆ 해석의 실행 ⇨ 최대응력위치 검토 ⇨ 수정 要
- ◆ 스터디복사 및 호환 메시작성(2.0/0.1, 표준, high)
- ◆ 해석의 실행 ⇨ 최대응력 위치변경 확인

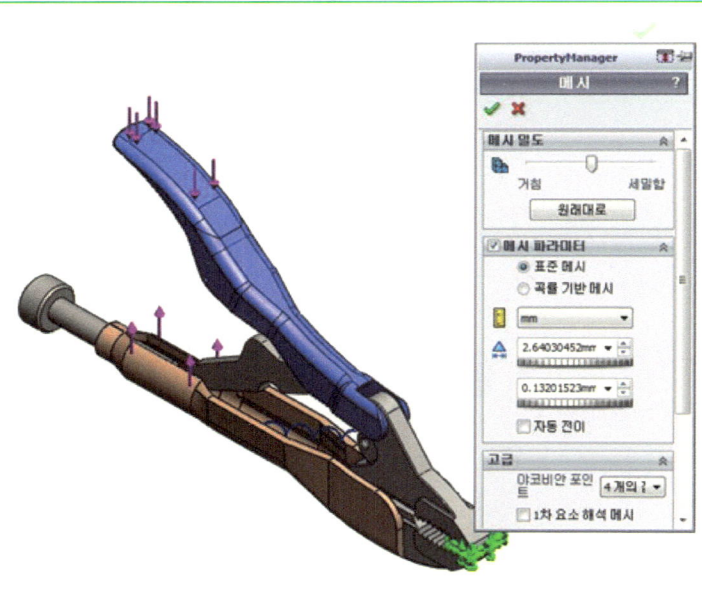

*등각 보기

9 메시작성 (Default, 표준, high) 상세사항

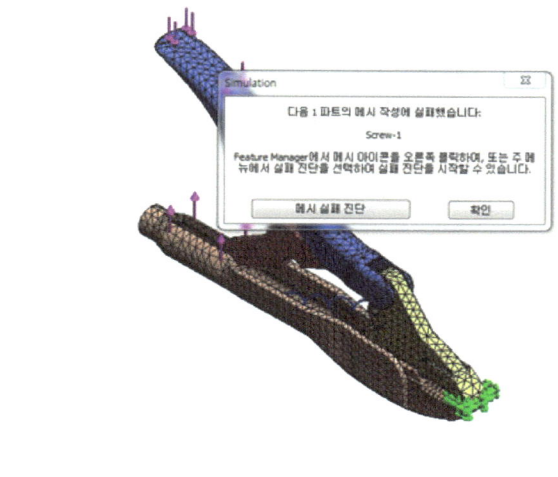

9-1 메시작성 실패 error message

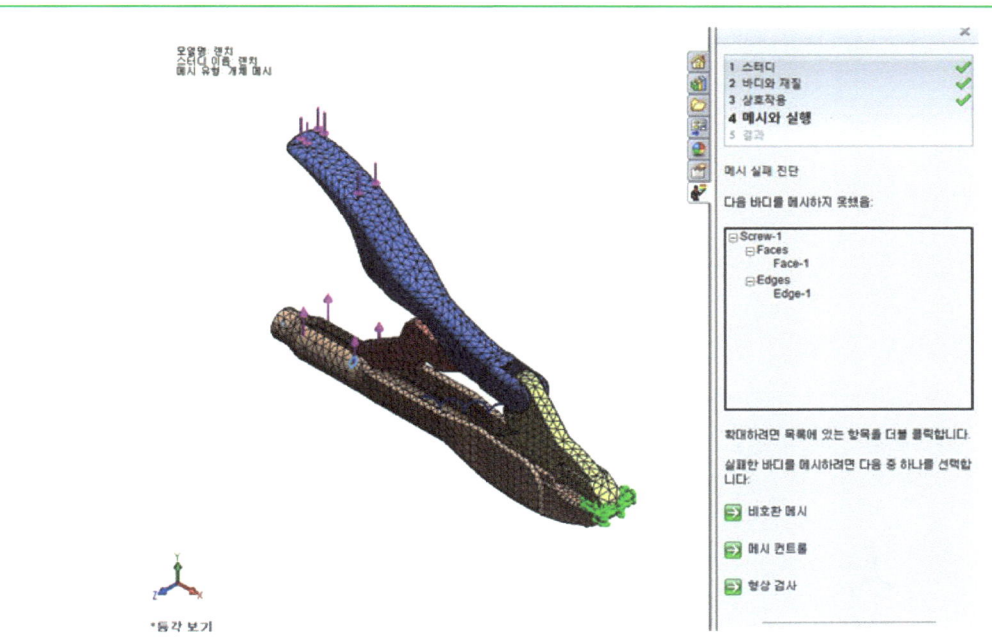

9-2 메시작성 실패진단 상세창

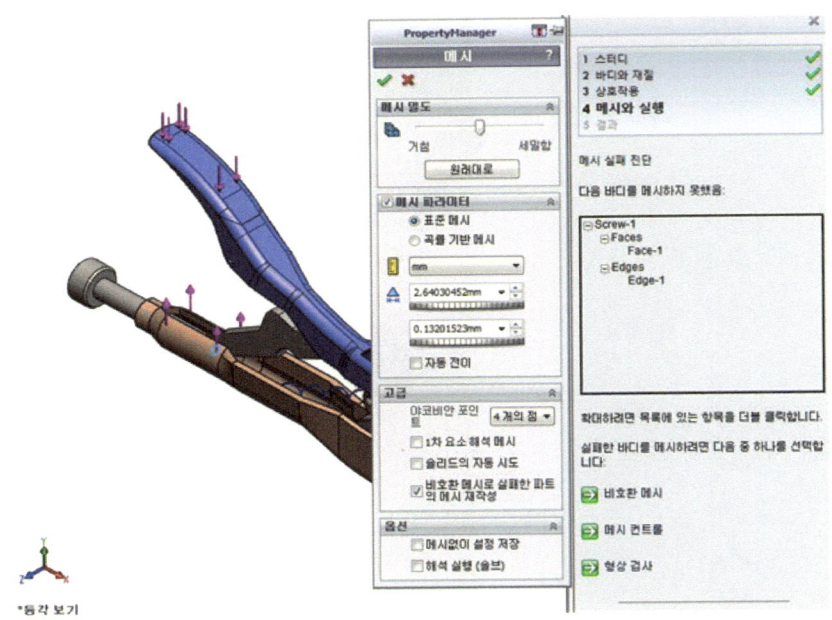

9-3 메시작성 재설정(비 호환메시, 해석실행) 상세사항

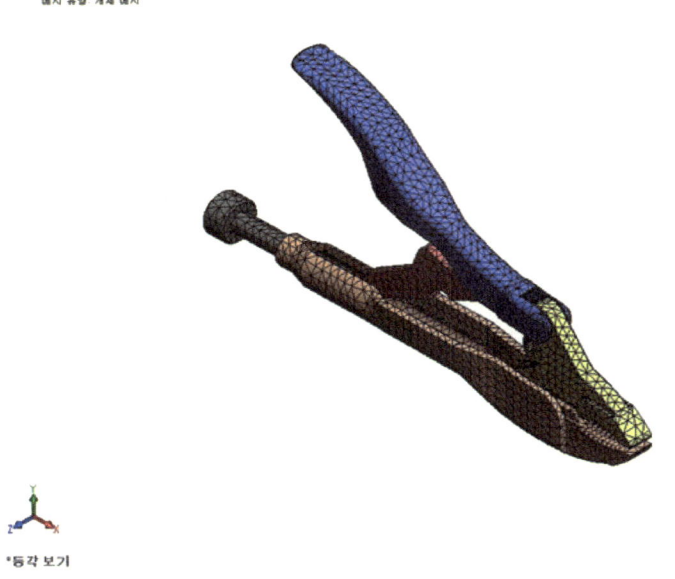

10 작성완료 된 메시플롯

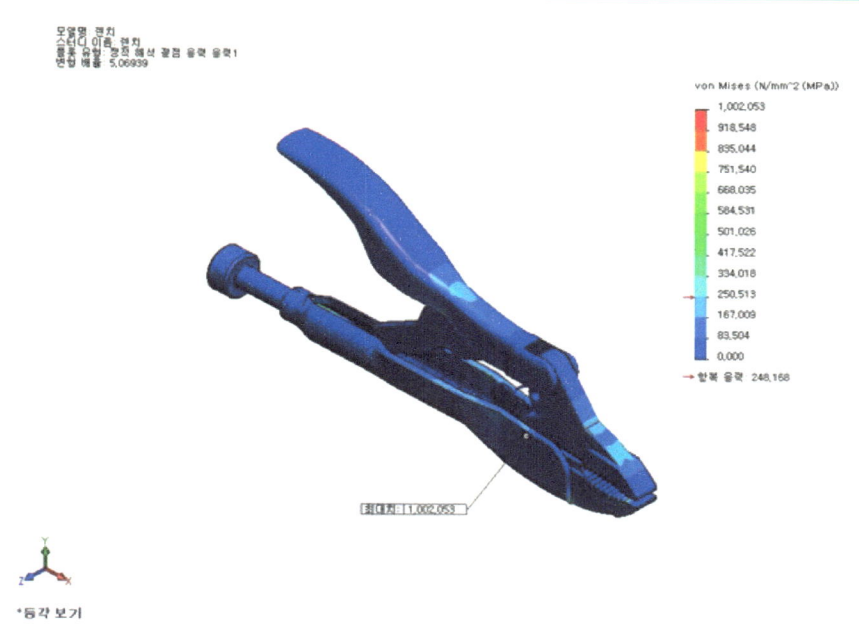

11 응력플롯(자동배율) - 비 호환

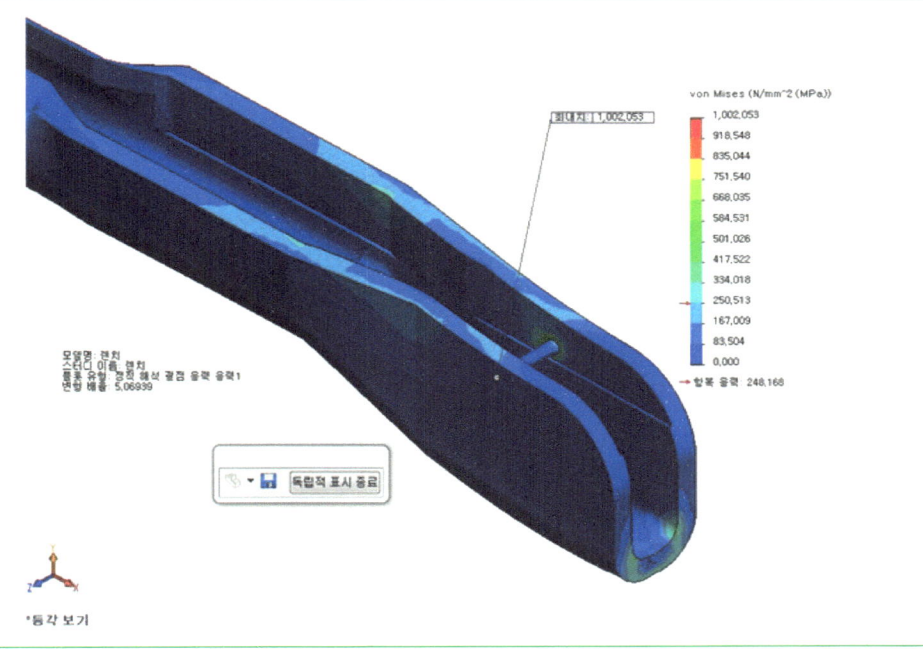

11-1 응력플롯(독립적 표시) - 비 호환

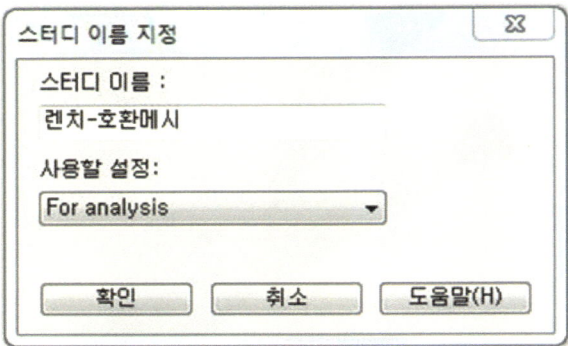

12 스터디복사 및 호환 메시작성

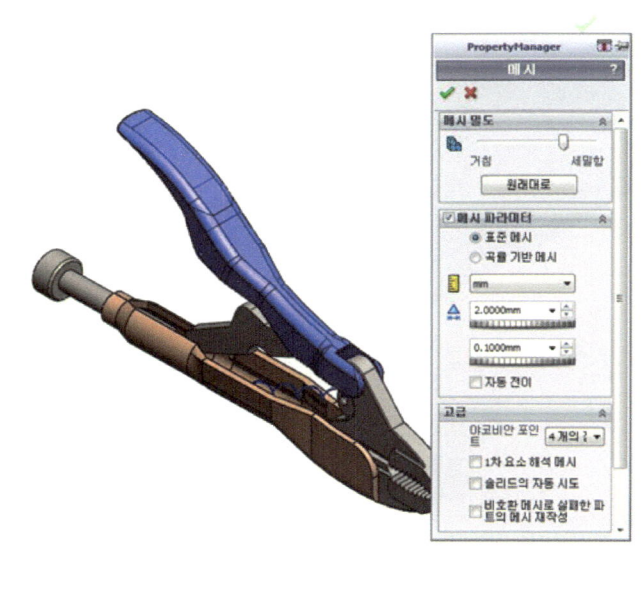

13 메시작성 (2.0 / 0.1, 표준, high) 상세사항

후처리 과정

- ◆ 트리에서 응력 1 을 표시
- ◆ 최대응력 크기와 위치검토
- ◆ 분해도 또는 독립적 표시의 활용
- ◆ 거동변형 결과 애니메이션 동영상 작성
- ◆ 핀, 볼트, 베어링 하중 및 안전검사
- ◆ 설계통찰
- ◆ 국부적인 2차 메시컨트롤의 적용검토
- ◆ 저장 및 파일 닫기

논의

◆ 핀, 스프링, 볼트의 적용에 대하여

핀과 볼트는 기본하중들 즉 전단과 축방향 하중, 굽힘모멘트와 토크 등에 따라 빠르게 설계될 수 있다.

핀, 볼트 및 베어링 하중은 계산 후에 표 형식으로 나타낼 수 있으며, 대화상자를 *.csv 또는 *.txt파일로 저장하고 엑셀 또는 노트패드로 열어서 출력할 수 있다.

출력정보는 핀/볼트 설계에 효과적으로 이용될 수 있으며, 강도데이터를 각 요소에 적용하여 소프트웨어가 자동으로 분석할 수 있다.

스프링 연결은 인장 또는 압축 및 스프링의 장력을 대체하는데 이용되며, 유형 하에서의 평행한 평면, 원통곡면 및 2 위치 옵션 등을 적용하여 압축 또는 인장의 실제적 인자로 결합부분 유형의 특성을 분류할 수 있다.

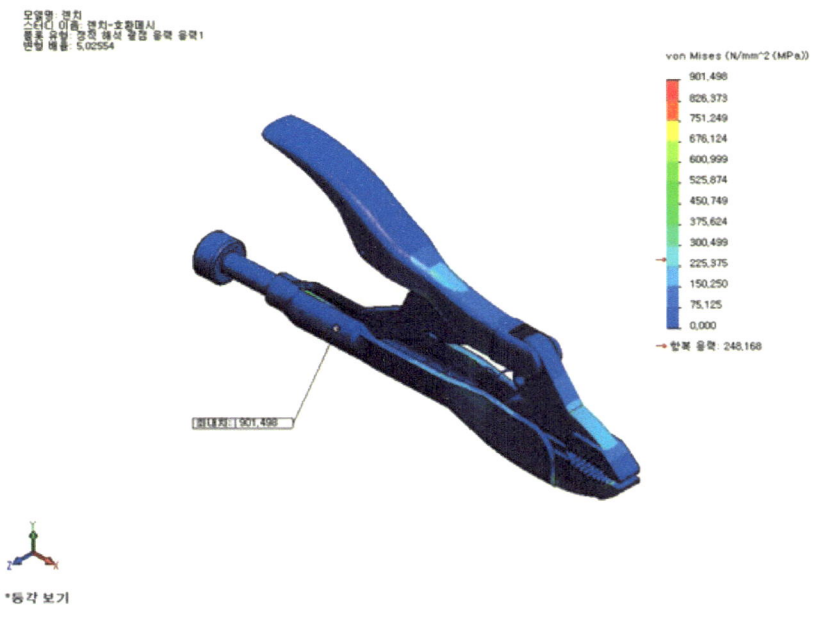

14 응력플롯(자동배율) – 호환

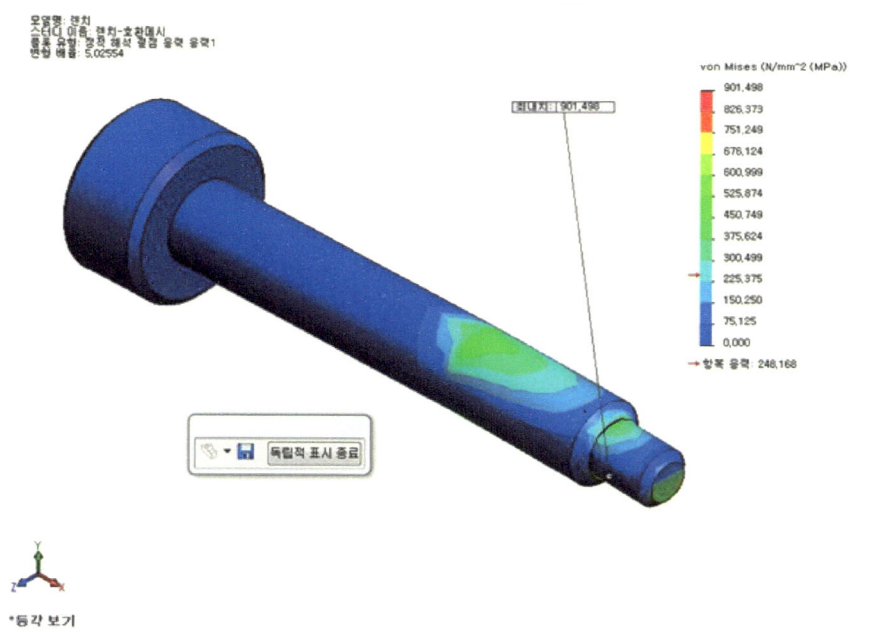

14-1 응력플롯(독립적 표시) – 호환

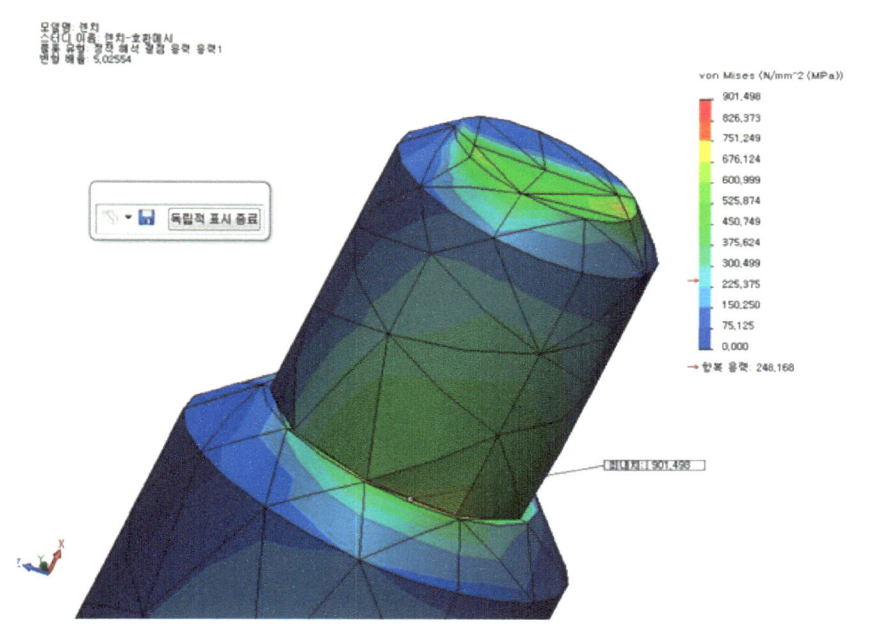

14-2 응력플롯(독립적 표시 with 메시) - 호환

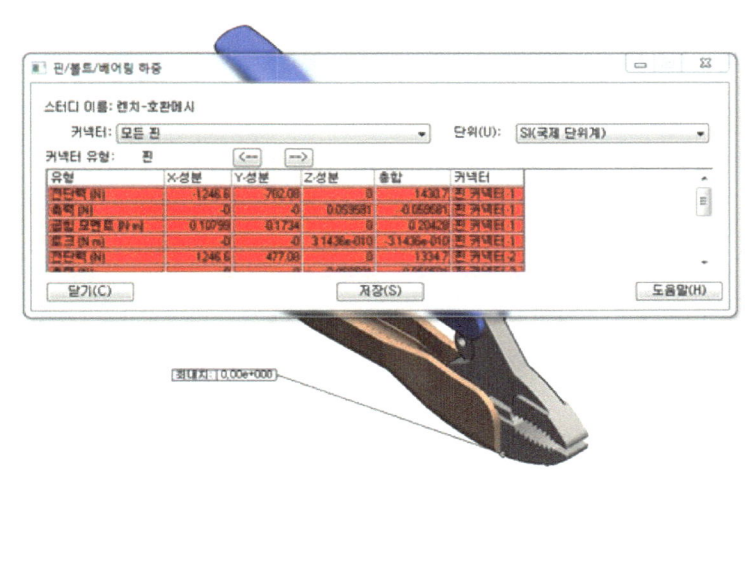

15 핀 하중검사

15-1 핀 안전검사(강성인자 설정 시)

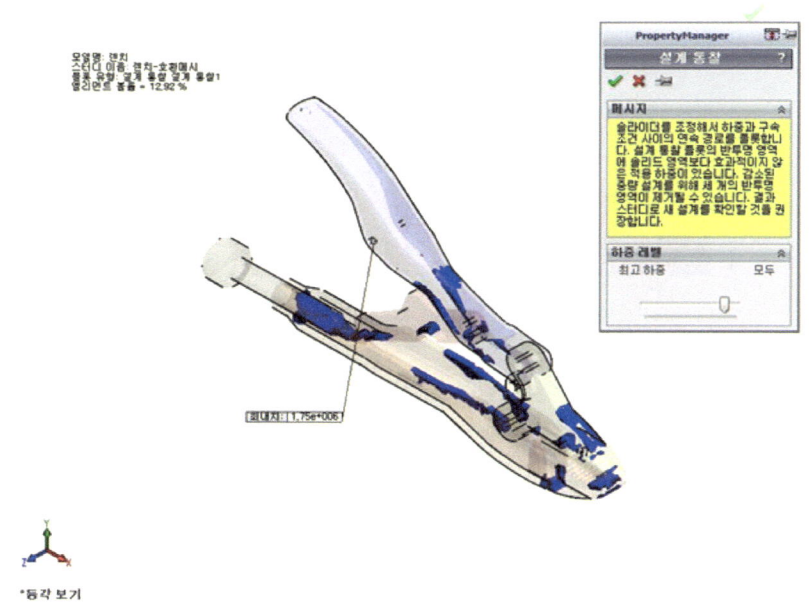

15-2 설계통찰

1-2-2-5. 개별실습 예제 (Ⅱ)

개별실습 guide (Ⅱ)

A	**해석실행과정** ☞ **제 3 장 참조** ❶ P 177 ~ 180에 작성된 해석과정의 각 세부사항을 정독하여 공학적 의미를 이해하고 해석단계를 구상한다. ❷ 해석을 위한 FEA 모델을 준비한다. ❸ 제 3 장에 첨부된 각 해석단계의 설정플롯들과 실습모델 폴더에 첨부된 거동영상을 참조하여 해석을 실행한다. ❹ 축 방향 (z-방향) 변위플롯을 추가하고 응력과 z-방향 변위 결과의 후처리 format을 완성한 후, 최대 변형량 11.7mm 가 확인되면 저장한다.
B	**추가검토과정** ☞ **제 3 장 참조** ❶ 최대응력 발생위치 (원형 fillet 부)를 검토한다. ❷ 논의부에서 계산된 Hooke의 법칙 이론변형량 결과와의 비교를 통하여 해석결과를 최종검증 한다. ❸ 실습모델 폴더에 첨부된 거동영상 animation과 일치하는 동영상을 작성하고 저장한다. ❹ 하중을 2배로 증가시킨 복사스터디를 실행하고 결과비교를 활용하여 해석결과의 선형성을 검토한다.

수학적 모델의 구축
모델명 : 충격흡수기

튜브, 플런저, 클램프 및 helical 스프링으로 구성되어 있는 소형의 충격흡수기가 3N 하중으로 압축될 때, 플런저 컬러(collar)에서 생성되는 응력과 축 방향 최대변위를 검토하려 한다.

스프링 강성계수는 해석결과의 최적화에서 결정된 255.7N/m 로 설정한다.

Helical 스프링에서 발생하는 응력은 관심대상이 아니므로 스프링은 모델에서 생략하고, 그것을 상당 스프링 연결요소로 대체하여 설정한다.
충격흡수기 구성요소에서의 최대응력 발생위치와 최대변위를 검토하라.
또한, 축 방향 변위를 작성하여 Hooke 의 법칙이론과 비교 검증하라.

◆ 스프링 연결, 스프링 상수, 응력집중(collar부)

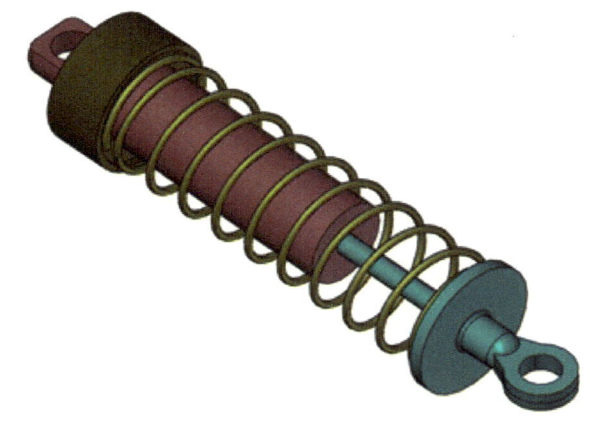

전처리 과정

◆ 해석모델 파일열기

    1-2-4. 연결유형 구분 및 설정기법

    / S1-2-4(2) 충격흡수기(개별실습)★

◆ 해석용 FEA 모델의 준비
◆ 스터디의 생성 및 명칭의 결정
◆ 스터디 트리의 검사
◆ 재질설정
◆ 스프링설정
◆ 고정구속 설정
◆ Plunger 외부원통 면의 거동구속
◆ 압축하중 설정
◆ 메시컨트롤 적용
◆ 전처리 과정의 저장

유한요소 모델의 구축

◆ 메시작성
◆ 메시표시와 확인
◆ 해석의 실행

후처리 과정

- 트리에서 응력 1 을 표시
- 최대응력 크기와 발생위치 검토
- 트리에서 변위 1 을 표시
- z 변위 플롯의 추가
- 축방향 최대변위의 검증
- 변위결과의 애니메이션 작성
- 저장 및 파일닫기
- 스프링상수 설계변수(DS-2)에 대한 고찰

논의

- 스프링상수 및 z 변위에 대하여

Z 방향 변위플롯에서의 최대변위 값을 검토한다.

제2장

열 및 유체유동 해석

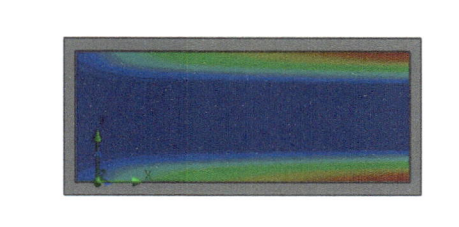

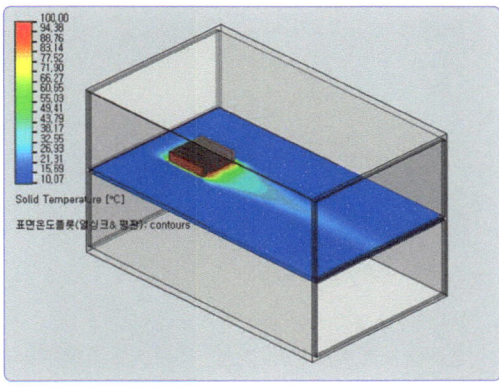

2-1 해석기초 이론

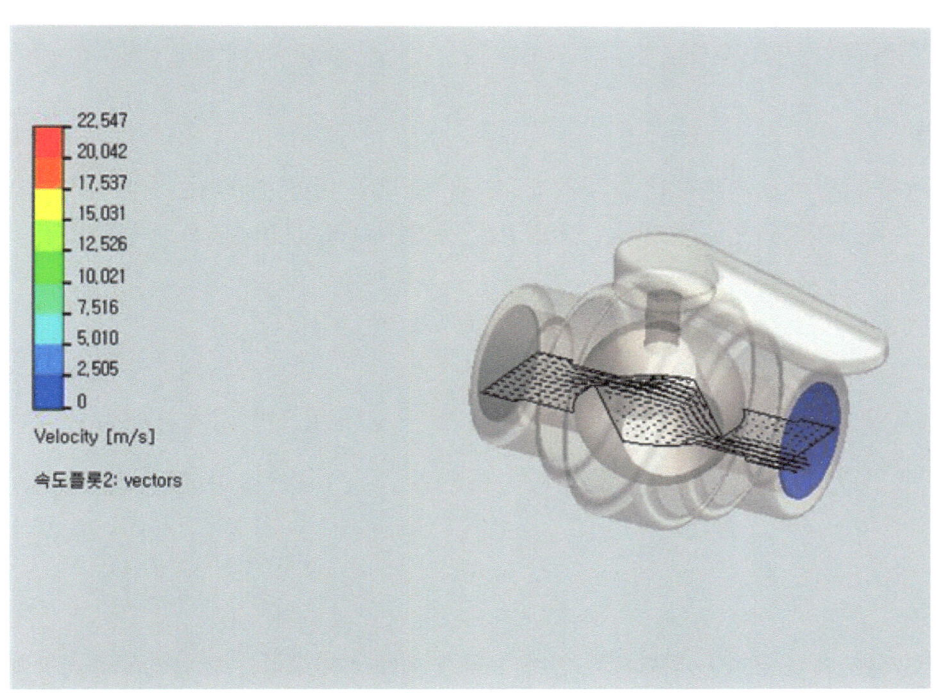

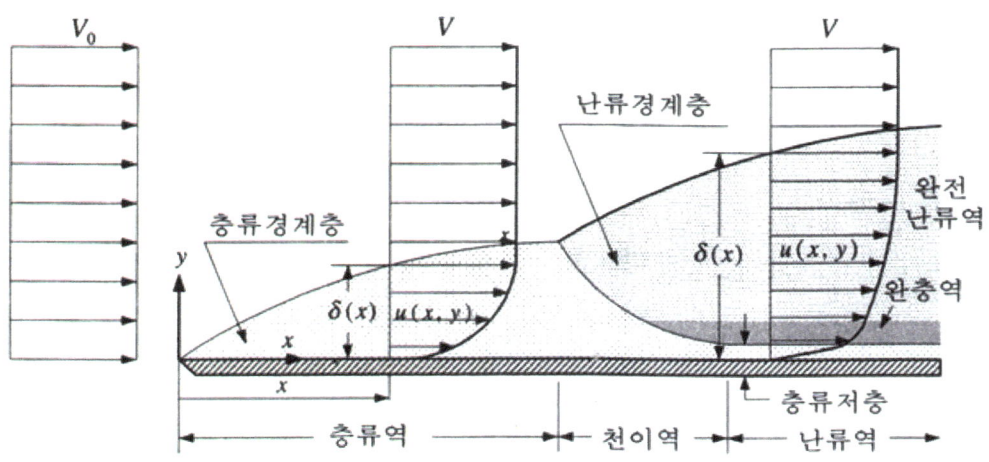

2-1-1 기본물리량

압력(pressure)과 응력 : p , τ

(1) 압력

유체유동을 유발하는 기본적인 물리량으로서 해석도메인 내에 존재하는 물체의 단위면적당 작용하는 유체의 작용력으로 정의하며 정압(p_s), 동압(p_d) 및 전압(p_t)으로 구분한다.

$$p = F/A$$

사용하고 있는 단위로는 N/m^2, Pa(pascal), MPa … 등이 있으며, 유체기계에서는 수두 또는 양정의 단위를 이용하기도 한다.

(2) 응력

응력이란 물체에 작용하는 외력으로 인하여 물체 내에서 발생하는 단위면적당 저항력(내력)으로 정의되는 물리량으로, 유체유동에서는 가상유체 층간의 전단응력이 중요하다.

$$\tau = F/A$$

사용하고 있는 단위로는 N/m^2, Pa(pascal), kg$_f$/mm^2 등이 있다.
1 Pa = 1 N/m^2 이며 물체에 작용하는 하중(자중포함)을 외력으로 고려한다.

(3) 전압 : p_t

전압은 유체에 의한 동압과 정압을 모두 합하여 유체와 접촉하는 물체의 단위면적당 작용하는 유체의 작용력을 고려해야 할 경우에 중요하며, 단위는 압력의 단위와 동일하다.
압력이란 단위면적당 작용하는 수직력으로 정의할 수 있으므로, SI단위로 표현하면 P [N/m^2] = F [N] / A [m^2] 이며 기본단위에 의한 압력은 1 N/m^2 = 1 Pa이다.
여기서 P는 압력(N/m^2), F는 수직력(N), A는 단위면적(m^2)을 의미한다.

2-1-2 공학이론 (유체역학, 열역학, 열전달)

2-1-2-1. 유체유동 공학이론 (유체역학)

★ 2-1-2-1-1 유체의 물리적 기본특징

1. 물리학에서는 액체와 기체를 합하여 유체라고 정의한다.
   유체를 공학적으로 취급할 때에는 분자레벨의 미시적 운동을 다루는 것이 아니고 연속체라는 형태로 모형화 하고 연속체 역학을 이용하여 해석한다.

2. 균질한 물질이 연속되어 있다는 가상물체를 연속체라 정의하며 연속체는 Hooke의 법칙을 만족해야 하므로 연속체 역학은 연속체에 힘을 가하여 발생하는 응력과 변형율 간의 관계를 규명하는 학문이라 할 수 있다.

3. 공학적으로 취급하는 모든 역학은 연속체 역학의 범주에 속하며 유체도 연속체이므로 자연계에서 유체의 자유표면은 항상 수평을 유지하려 한다.

   즉, 물의 예를 들어보면 물의 표면이 수평을 이루지 못할 때에는 수평을 이룰 때까지 흐르게 되므로 계속 변형하며 물의 자유표면이 수평상태에 있지 않다는 것은 중력의 불평형 때문에 물속에 전단응력이 발생한다는 의미가 된다.

4. 이로부터 다음과 같이 유체의 정의를 표현할 수 있다.
   ▶ 정지상태에서 전단응력과 평형을 이루지 못하는 물질
   ▶ 아무리 작은 응력이라 하더라도 유체 내에 전단응력이 작용하는 한은 계속 변형하는(흐르는) 물질

5. 유체의 분류
   점성의 유무에 따라 점성유체와 비 점성유체, 압력변화에 따른 체적(밀도)변화 특성에 따라 압축성 유체와 비 압축성 유체, 실제유체와는 다르게 점성과 압축성이 없다고 가정하는 이상유체로 분류한다.

6. 한편, 실제유체의 유동학(rheology)적 관점에서의 분류에는 뉴턴의 점성법칙을 만족하는

뉴턴유체와 비 뉴턴유체가 있다.

7. 실제유체는 유체 분자간의 상호작용이 원인이 되어 생성되는 변형에 대항하여 저항력을 발생시키는 유체의 물리적 특성을 유체의 점성이라 하며 뉴턴의 점성법칙으로 정의되고 유체 종류에 따르는 절대점성계수(absolute viscosity)와 점성효과의 확산척도를 나타내는 동점성계수(kinetic viscosity)가 있다.

★ 2-1-2-1-2 유체유동 관련 공학계산 (기본)

1. 뉴턴의 점성법칙
2. 동점성계수
3. 체적탄성계수와 압축율
4. 표면장력
5. 모세관현상

★ 2-1-2-1-3 유체유동 관련 공학계산 (유체정역학)

1. 정수압력
2. 액주계(manometer)
3. 액체 내에 잠겨있는 평면(수직면과 수평면)에 작용하는 힘(압심과 전압력 포함)
4. 압력의 전파(파스칼의 원리)
5. 부력(부심)
6. 잠수물체와 부양물체의 안정성
7. 얇은판 응력과 후프응력

★ 2-1-2-1-4 유체유동 관련 공학계산 (유체동역학)

1. 관측방법(Euler와 Lagrange 관측, 계, 밀폐계, 개방계, 검사체적, 경계, 시스템, 주위)
2. 유체유동의 분류
    ▶ 유체역학적인 분류(유동유형과 고유물성에 따른 분류)

유동유형에 따라
유동질서(층류, 천이, 난류), 시간의존성(정상, 비 정상), 속도분포(등속, 비 등속), 유동성분 요소(1-D, 2-D, 3-D), 유동속도(아음속, 음속, 초음속, 극초음속)

고유물성에 따라
밀도변화(압축성, 비 압축성), 점성유무(점성, 비 점성), 이상화(이상적인 유동)

▶ 유동학적인 분류(유체점성과 유동성량에 따른 분류)
Newton 유체 : 전단응력과 변형이 점성계수와 관련되는 선형관계인 유체
▶ 공기, 물, 오일, 증기 등

비 Newton 유체 : 전단응력과 변형이 비선형이며 점성이 변형율의 종속관계로
발생하는 유체 ▶ 플라스틱, 응고혈액, 고무, 치약 등

3. 유동의 가시화(유선, 유관, 유적선, 유맥선)
4. 연속방정식(질량보존의 법칙)
5. 동력, 에너지(에너지보존의 법칙), 수두, 양정
6. 베르누이 방정식(압력수두, 속도수두, 위치수두), 압력수두(동압, 정압)
7. 베르누이 방정식의 응용(토리첼리의 정리, 피토관, 오리피스와 노즐유량계, 벤투리미터)
8. 유체속도(크기 및 방향) 변화(운동량보존의 법칙)
▶ 수차, 펌프, 프로펠러, 풍차, 터빈, 분사추진 등 유체유동을 이용하는 유체기계

★ 2-1-2-1-5 유체유동 관련 공학계산 (응용)

1. **상사법칙과 무차원수**
   ▶ 실형(prototype)과 모형(model type)의 analogy, 시뮬레이션의 이용
   ▶ 유동의 상사조건 ⇨ 기하학적 상사, 역학적 상사, 운동학적 상사
   ▶ 밀도분포가 상사한 2 유동에서 역학적(관성력) 상사가 만족되면 상사유동으로 간주
   ▶ 유체유동을 지배하는 힘의 종류 ⇨ 점성력, 중력, 탄성력, 표면장력, 전압력, 항력, 양력
   ▶ 상사유동 parameter ⇨ Re 수, Fr 수, Ca 수, Mach 수, We 수, Eu 수와 압력계수
   ▶ Buckingham theorem

2. 유체유동 관련 주요 무차원수의 정의 (유동의 상사조건 ⇨ Re 수와 Eu 수가 같은 경우)

   Re 수 (관성력 vs 점성력)
   ▶ 층류 : 유동 유체 층이 평행하여 유동층간의 간섭과 혼합이 없는 유동
   ▶ 난류 : 유체 유동층간에 간섭이 발생하여 서로 뒤섞이고 혼합되는 유동으로 eddy, swirl 등이 발생하는 유동

   Eu 수 (전압력 vs 관성력)
   ▶ 밀도 및 유동특성과 관계되는 압력강하
   ▶ 유동손실

3. 응용
   ▶ 관로손실 ⇨ Re 수, Darcy-Weisbach 식, 조도, Moody 선도, 비원형수로, 부차손실
   ▶ 배관계통 설계, 펌프 및 배관계통의 설계
   ▶ 외부 점성유동 ⇨ 경계층(층류, 천이, 난류), 항력과 항력계수, 양력과 양력계수
   ▶ 압력구배가 경계층 유동에 미치는 영향 ⇨ 원통 주위의 점성유동, 박리, 후류
   ▶ 3-D 물체의 항력 ⇨ 자동차, 항공기 등
   ▶ 개수로 유동
   ▶ 압축성 유동 ⇨ 송풍기, 압축기, 등 엔트로피 과정
   ▶ 노즐 유동

2-1-2-2. 공학이론 (열역학)

★ 2-1-2-2-1 열의 물리적 기본개념과 정의

1. 열역학의 도입
   ▶ 온도계의 개발(열 이동의 가시화) ⇨ 갈릴레이 갈릴레오
   ▶ 보일의 법칙
   ▶ 샤를의 법칙

- ▶ 뉴턴의 냉각법칙 ⇨ 열소설
- ▶ Joule의 법칙 ⇨ 열역학 제 1법칙(에너지 및 에너지 보존개념의 도입)
- ▶ 카르노의 법칙 ⇨ 열역학 제 2법칙(에너지 변환효율 및 엔트로피 개념의 도입)

2. 열역학의 응용
- ▶ 에너지 변환을 취급하는 모든 분야 ⇨ 기계, 조선, 항공, 원자력, 화학화공, 전기전자, 환경, 기상, 광업, 수산, 수송......................
- ▶ 열기관 ⇨ 내연기관과 외연기관
- ▶ 발전설비 ⇨ 화력발전소
- ▶ 냉동기계와 공기조화 설비

★ 2-1-2-2-2 열역학 체계를 위한 기초이론

☞ 재료역학 및 유체역학 관련 이외의 열 유동 해석관련 물리량

- ▶ 섭씨, 화씨, 절대온도(열역학적 온도)
- ▶ 비열, 일, 열량, 엔탈피, 내부에너지, 엔트로피 등
- ▶ 열역학 제 0 법칙 ⇨ 열평형의 법칙
- ▶ 에너지의 정의(특히 열에너지)
- ▶ 에너지와 동력의 계산
- ▶ 열역학적 계(개방계, 밀폐계)의 정의
- ▶ 일의 종류(절대일, 공업일)에 대한 정의
- ▶ 가역변화, 비가역변화, 준정적과정의 구분
- ▶ 열역학 제 1 법칙 ⇨ 열과 일의 교환법칙(에너지 보존법칙)
- ▶ 이상기체와 실제기체의 구분 및 이상기체 상태방정식의 활용
- ▶ 열역학적 과정변화(정적, 정압, 등온, 단열, polytropic)
- ▶ 열역학 제 2 법칙 ⇨ 에너지 변환성의 법칙, 엔트로피 증가의 법칙
- ▶ 엔트로피의 계산
- ▶ 사이클의 정의와 사이클의 평가, 카르노(이상적) 사이클
- ▶ 유효에너지, 무효에너지, 이론 최대일 및 효율의 계산
- ▶ 열역학 제 3 법칙 ⇨ 절대 0도 불가능의 법칙, Nernst의 법칙

★ 2-1-2-2-3 열역학 관련 공학계산 (응용)

1. 가스동력 사이클(이론공기 사이클) ⇨ 사이클(선도) 해석, 이론 열효율, 평균 유효압력
   - ▶ 오토사이클 기관
   - ▶ 디젤사이클 기관
   - ▶ 사바테 사이클 기관
   - ▶ 브레이턴 사이클 기관

2. 증기동력 사이클(이론증기 사이클) ⇨ 사이클(선도) 해석, 이론 열효율
   - ▶ 실제기체의 정의
   - ▶ 건도, 포화증기표, 과열증기표, Mollier Chart의 활용
   - ▶ 교축과정 ⇨ 등 엔탈피 과정
   - ▶ 랭킨 사이클 기관
   - ▶ 재열 사이클
   - ▶ 재생 사이클
   - ▶ 재열·재생사이클
   - ▶ 열병합발전

3. 공기조화

4. 냉동 및 열펌프 사이클

5. 압축기

2-1-2-3. 공학이론 (열전달)

열전달의 종류와 정의 및 기본개념

1. 열역학 제 0 법칙에 따른 고온으로부터 저온으로의 열유동 현상이다.
   열역학에서는 평형후의 온도를 계산에 의하여 예측할 수 있으며, 열전달에서는 평형에 도달하기까지의 시간 및 일정시간 후의 온도상승 문제들까지도 취급할 수 있다.

2. 전도열전달(conduction heat transfer)
   고체를 통한 열전달 현상으로 분자진동 에너지의 전파이다.
   열에너지가 분자의 운동(진동)에너지로 변하여 인접한 또 다른 분자를 진동시켜 진동이 점차 낮은온도 쪽으로 전파해 가는 현상으로, 분자의 운동(진동)에너지가 전파되어 물체전체의 분자운동 에너지가 같아지는 상태를 고체의 열평형상태(thermal equilibrium state)라 하며 평형상태 물체들의 전체온도는 서로 같아진다.

$$q = kA \frac{\partial T}{\partial x}$$

3. 대류열전달(convection heat transfer)
   유체의 유동을 대류라 하며 유체의 일부가 임의 지점에서 열을 받은 후 유동하면 열도 함께 유동하게 되는데, 이와 같이 유체의 유동(대류)과 더불어 열을 한 장소에서 다른 장소로 운반하는 열전달기구를 대류열전달이라 한다.
   대류열전달에는 밀도차에 의한 자연대류열전달(free or natural convection)과 강제로 유동을 발생시켜 열을 전달하는 강제대류열전달(forced convection)이 있다.

$$Q = hA(T_W - T_\infty)$$

4. 복사열전달(radiation heat transfer)
   복사열전달은 전자파의 한 종류인 열파의 전파이다.
   열에너지가 어떤 매체를 거치지 않고 직접 전파되는 열전달 현상으로 이상적인 복사체(흑체)는 표면적과 절대온도의 4승에 비례하는 비율로 에너지를 방출한다는 것을 Stefan-Boltzmann의 법칙에서 표현하고 있다.

이상적인 복사체라는 것은 입사한 열에너지를 모두 흡수하는 물체로 정의되지만 실제적으로 복사에너지를 모두 전달되도록 하는 기하학적 배열은 불가능하므로, 통상 흑체로부터 열이 방출되는 정도를 나타내는 방사율 함수와 상대물체에 도달하는 비율을 나타내는 기하학적 투영인자 함수를 고려하는 열전달량을 계산한다.

$$Q = \sigma A(T_1^4 - T_2^4) = F_e F_G \sigma A(T_1^4 - T_2^4)$$

2-1-3 유한체적요소 해석이론

Flow simulation의 유래 및 형성기반

- FEM, FDM, FVM ⇨ ACA(Auto Coupled Analy.)
- 전산유체 해석 프로그램 ⇨ 러시아에서 개발 시작
- 독일 EFD Pro, EFD V5, EFD Frexx ⇨ Flow EFD 시리즈
- EFD vs CFD
- EFD ⇨ MCAD 모델을 변경 없이 이용(EUI 체계)
- 실제 완성제품과 동일한 환경 ⇨ 높은 신뢰성 확보
- Engineering 용어와 정의를 그대로 사용
- ISRM, FVM, AAM, MWF, APC 등을 적용
- 층류와 난류 판별기능과 자동수렴기능 지원
- 실시간 모니터링 ⇨ 해석 중 계속실행 여부 판단가능
- JPEG, 동영상 및 자동 Eng. Report 생성가능

2-1-3-1. 유한체적요소 해석이론

★ 2-1-3-1-1. ISRM를 적용한 FVM 해석기법 적용의 장점

- ◆ 해석모델의 별도작성 불필요 및 변경의 용이성
- ◆ 실제 완성품과의 동일한 환경설정의 용이성
- ◆ 실형 시험결과와의 비교를 통한 신뢰성 확보
- ◆ 유사조건 복제와 다중실행(batch run)의 실용성
- ◆ 안정적 수렴에 의한 수치해석 효율성과 정확성
- ◆ 설계변경 즉시적용 등의 다양한 적용과 응용성
- ◆ 보고서 양식의 통일성과 결과의 다양한 가시성
- ◆ 설계실무의 경제성과 자료보관의 용이성

★ 2-1-3-1-2. 유동해석의 일반적인 3단계 스텝 :

① 전처리과정
  단위계, 해석의 종류(내부유체유동, 외부유체유동, 열·유체유동), 구성요소와 물성, 초기조건, 해상정밀도, 전산도메인, 경계조건, 수렴목표 등을 정의하고 모델을 해석에 적합하도록 유한체적화 한다.

② 풀이
  원하는 결과들을 전산처리 한다.

③ 후처리과정
  결과들을 플롯, 영상 및 도표화하고 분석한다.

★ 2-1-3-1-3. Flow simulation 해석의 세부사항

① 수학적 모델을 구축한다.
  해석하려는 물리적 모델의 유형을 구분하고 그것에 따라 해석방향과 범위, 인자 및 방법을 고찰한다.
  또한, 각 유형에 적합한 적용가능 해석기법을 고찰한다.

② 유동해석 모델을 구축한다.
   해석하려는 물리적 모델의 유형과 대상을 고려하여 프로젝트를 생성한다.
   (Configuration, Unit system, Analysis type, Physical feature, Default fluid, Default solid, Wall condition, Initial condition, Results and geometry resolution)
   ⇨ 전처리 1단계

   또한, 생성한 프로젝트에서 유형에 적합한 적용가능 해석기술을 고려하여 전산도메인, 구성요소 컨트롤, 유체 서브도메인, 계산컨트롤, 경계조건, 팬, 열 소스, 다공충전물, 초기조건, 해석목표, 국부 초기메시 등을 적절하게 설정하여 구축한다. ⇨ 전처리 2단계

③ 유동해석 모델을 푼다.
   해석하는 중에, preview 기능을 통하여 전산처리 되고 있는 사항을 모니터링 하여 원하는 방향으로 진행되고 있음을 검토한다.
   SWFS는 계산중에 언제라도 정지 또는 중지가 가능하며, 저장도 할 수 있고 다시 연결하여 재수행시키는 기능을 보유하고 있다.

④ 결과들을 해석한다.
   SWFS(SolidWorks Flow Simulation) 해석결과 데이터는 매우 방대하므로, 해석결과에 대한 적절한 표현을 위해서는 많은 노력과 연습을 통한 지속적인 개인별 후처리 실습과정이 필요하다.

   SWFS에서 지원하는 해석결과의 후처리 종류에는 메시플롯, 2-D 단면플롯, 물리량 단면 및 표면플롯, 유동궤적, 입자스터디, XY 플롯과 데이터, 목표플롯과 데이터, 애니메이션과 동영상제작 및 보고서양식 등이 있다.

2-1-3-2. SWFS 의 유동해석 이론

★ 2-1-3-2-1. ISRM을 적용한 FV Method ⇨ PD Eq's

★ 2-1-3-2-2. PDE's

① N-S Equation ⇨ 속도장 및 유동장
② Transport Equation ⇨ 난류 운동에너지 & 감쇠율
③ Continuity Equation ⇨ 질량보존
④ Newton 2nd law Equation ⇨ 운동량보존
⑤ Thermodynamic 1st law Equation ⇨ 에너지보존

★ 2-1-3-2-3. MWF ⇨ Modified Wall Function

★ 2-1-3-2-4. 유동관련 무차원수's

① Re 수 ⇨ 층류 및 난류
② Eu 수 ⇨ 밀도 및 유동특성과 관계되는 압력강하
③ Ma 수 ⇨ 비압축성 및 압축성

★ 2-1-3-2-5. CFD 유동 시뮬레이션의 분류

① 2-D vs 3-D
② 외부유동 vs 내부유동
③ 정상유동 vs 천이유동
④ 비압축성유동 vs 압축성유동(Ma 수 > 0.2)
⑤ 아음속유동, 음속유동, 초음속유동 및 극초음속유동(×)
⑥ 이외에 Fan, 열전달, 부양효과, 액적, 솔리드 입자 등

★ 2-1-3-2-6. 자동메시 ⇨ Solution Adaptive Mesh 적용

2-2 해석기초 및 일반사항

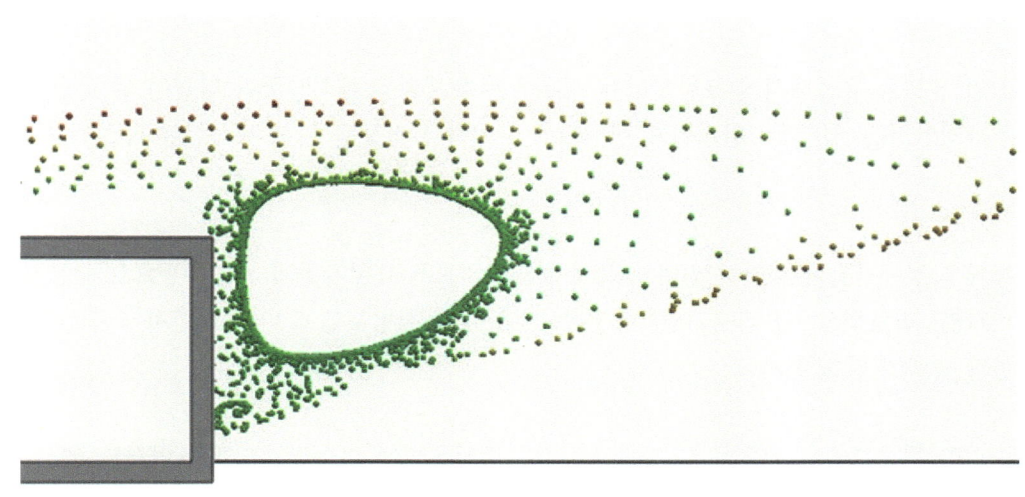

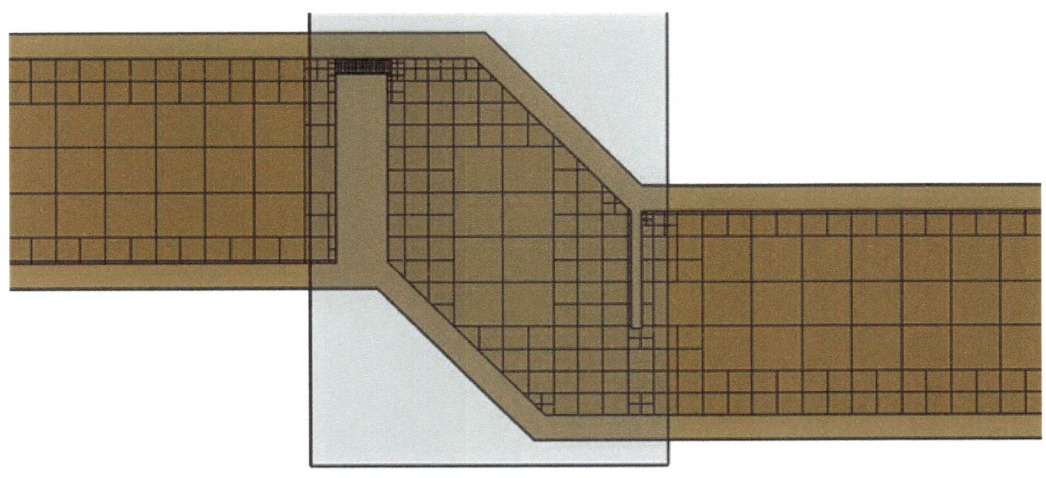

2-2-1 해석모델의 준비와 검사

유동해석은 유체유동과 열 유동으로 구분되는 것이 아니고 내부유동과 외부유동으로 구분하며, 유체유동해석은 기본으로 하고 열 유동을 포함시키거나 제외시키는 것으로 구성된다.

따라서 열 유동을 유동해석에 포함하려는 경우에는 유체유동 해석사항과 더불어 열 유동 해석을 위한 추가적인 algorithm이 완벽하게 설정되어야 원하는 작동을 위한 해석실행 작업이 가능하게 된다.

본 주제의 과정에서는 설계자가 원하는 해석에 적합하도록 내부유동과 외부유동으로 구분하기 위한 준비작업(리드생성)과 검사기법(형상검사)을 수행하며 모델에 따라 적합하게 구성할 수 있는 경험과 능력이 필요하다.

실습을 위한 기본모델은 기초가 되는 concept과 해석용어에 친숙해지도록 하면서도 해석시간은 부담이 되지 않도록, 내부유동 공간을 보유한 단순구조의 직육면체 상자를 활용하며, 기본주제의 연습에 적합한 다양한 개별실습 예제를 추가하였다.

첨부한 동영상과 실습과제 및 개별실습 예제를 이용하는 도서의 단계적인 해석과정에 대한 숙지과정을 필수적으로 충분히 진행하여, 다양한 해석기법의 활용을 익숙하게 적용할 수 있는 해석능력을 갖추어서 유동해석 응용과제 및 실무에서의 다소 난해한 과제에 대해서도 용이하게 접근할 수 있기를 기대한다.

1. 리드생성과 삭제

2. 형상검사

3. 해석구조의 명칭과 구성

학습과정 진행단계의 기본구성 항목

◆ 수학적 모델의 구축

◆ 해석용 모델의 준비와 검사

◆ 전처리과정 1단계 (Table 구성)

◆ 전처리과정 2단계

◆ 유한체적요소 모델의 구축과 해석실행

◆ 후처리과정

◆ 논의

◆ 기타

※ 해석과정 (전처리과정 ~ 후처리과정)

수학적 모델의 구축
모델명 : 등속유동상자

외부와 차단되어 있는 직육면체 형상 상자내부의 한 쪽 측면으로부터 등속으로 유입되는 유체(uniform flow)가 반대쪽 측면으로 정압하에서 유출되고 있다.

해석을 단순화하기 위하여 전산도메인을 XY 평면상의 2D 유동으로 수정하여 solve 하며, 상하의 벽들은 유동손실이 없는 이상적인 ideal wall로 가정하고, 상자는 0.3m 유동길이와 0.1m의 높이이며 상자의 모든 벽두께는 0.01m이다.

유입유체는 상온인 20℃ 온도의 등속유입이고 1 atm의 정압하에서 유출되는 것으로 가정하며, 초기메시는 해상도 레벨 5로 실행한다.

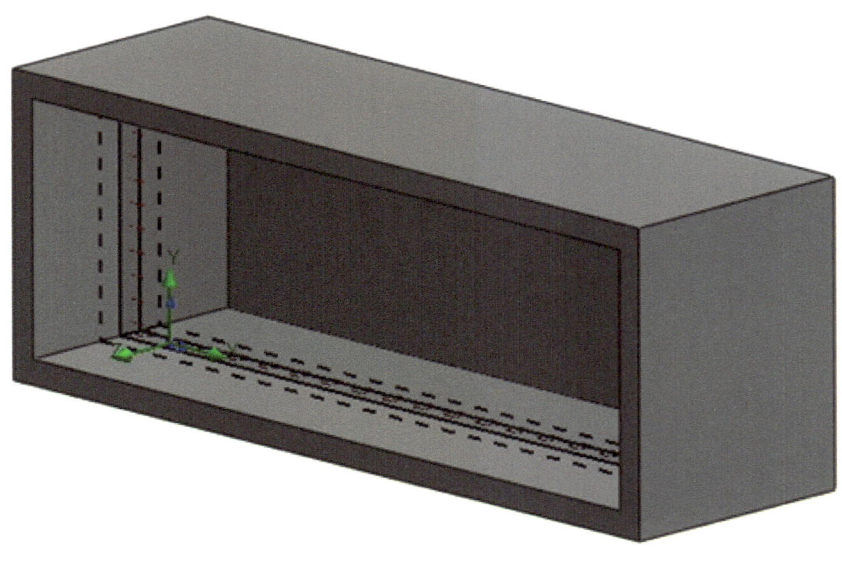

기타
SWFS 가동 및 해석모델의 준비와 검사

◆ SolidWorks Flow Simulation(SWFS)
　유동해석의 가동을 위한 설정 (add-in)

◆ 해석모델 파일열기
　2-2. 해석기초 및 일반사항
　　/ 2-2-1. 해석모델의 준비와 검사
　　/ F2-2-1(1) 등속유동상자

◆ 유동체적 검사 ⇨ 실패

◆ Lid 생성(Default)과 삭제, 기능억제 및 숨기기

◆ 유동체적 검사 ⇨ 통과 (0.00299m^3)

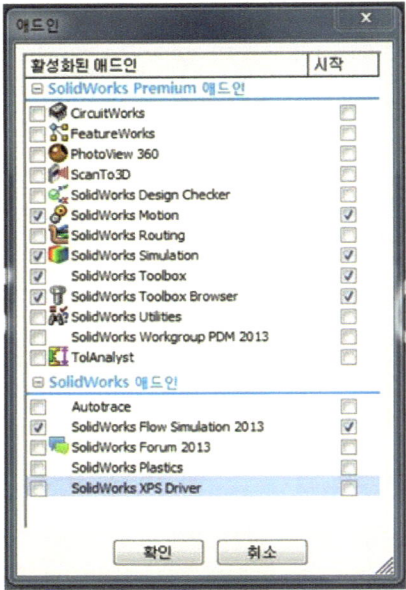

01 Add-in

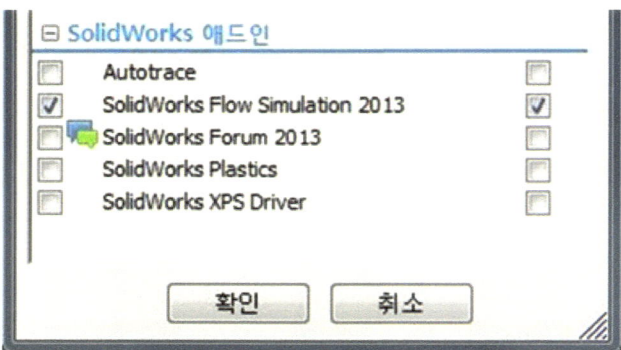

01 Add-in (SolidWorks Flow Simulation)

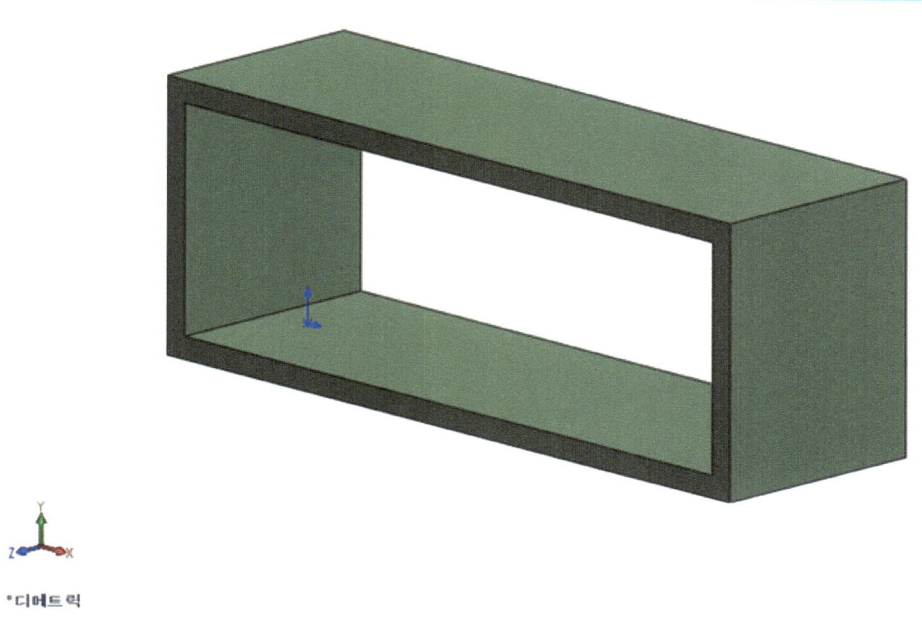

0 FEA 모델

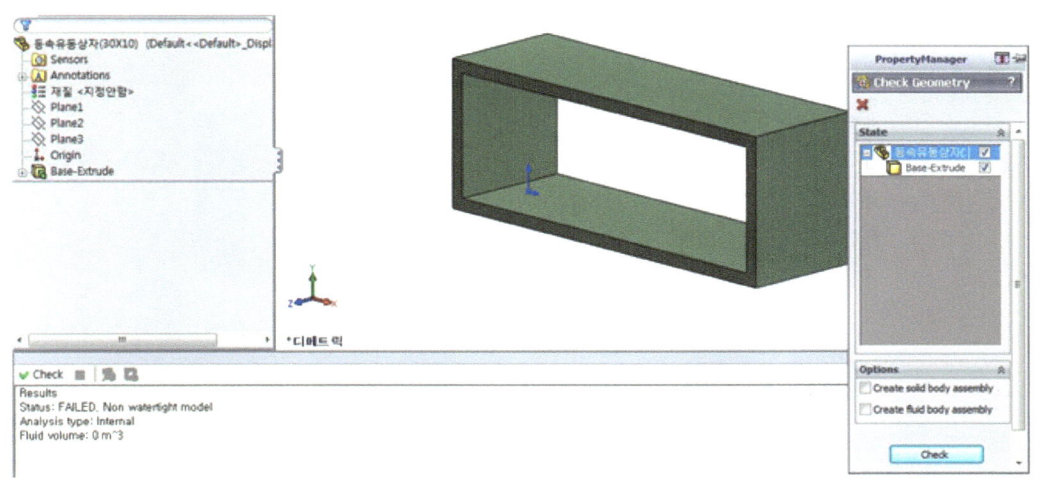

0-1 해석모델의 검사

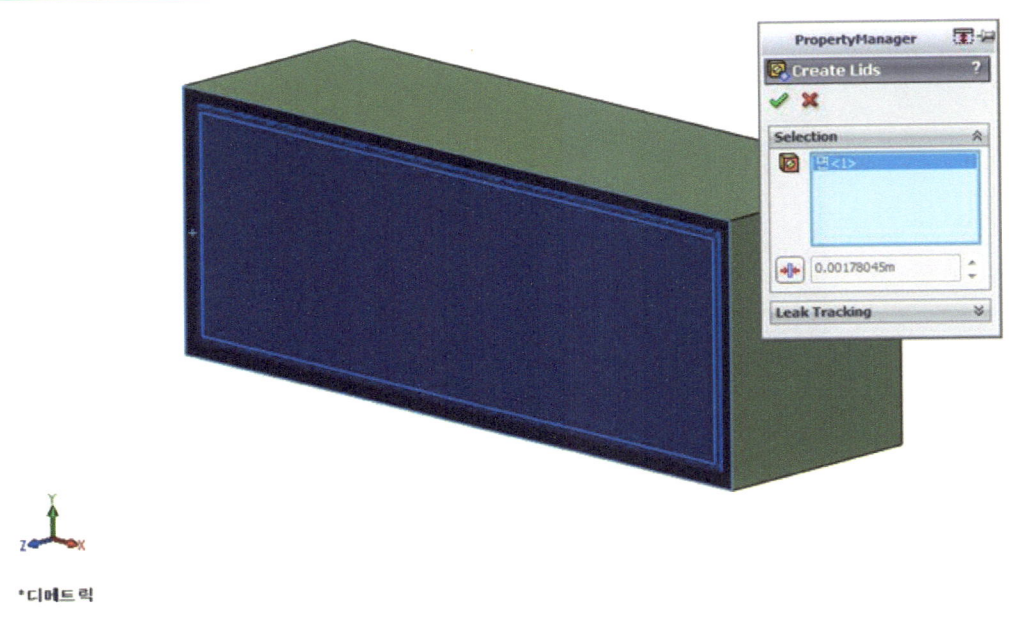

0-2 해석모델의 준비

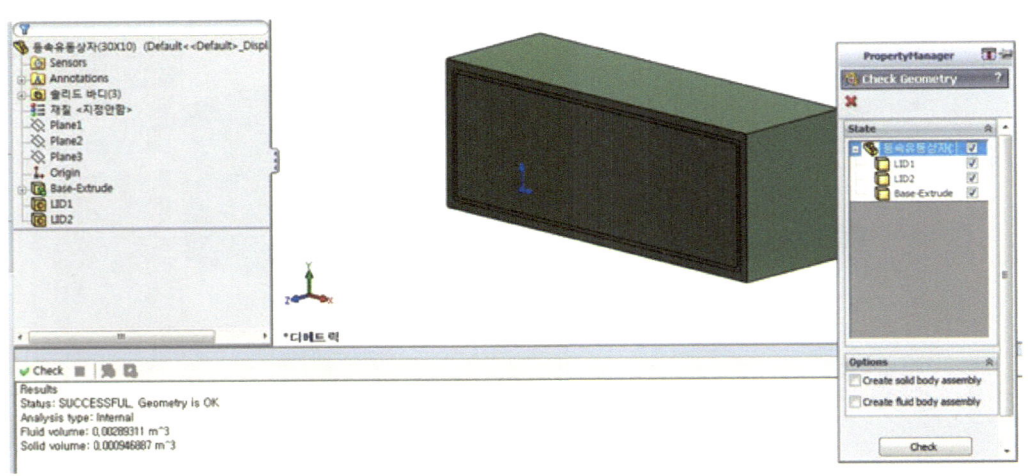

0-3 해석모델의 검사

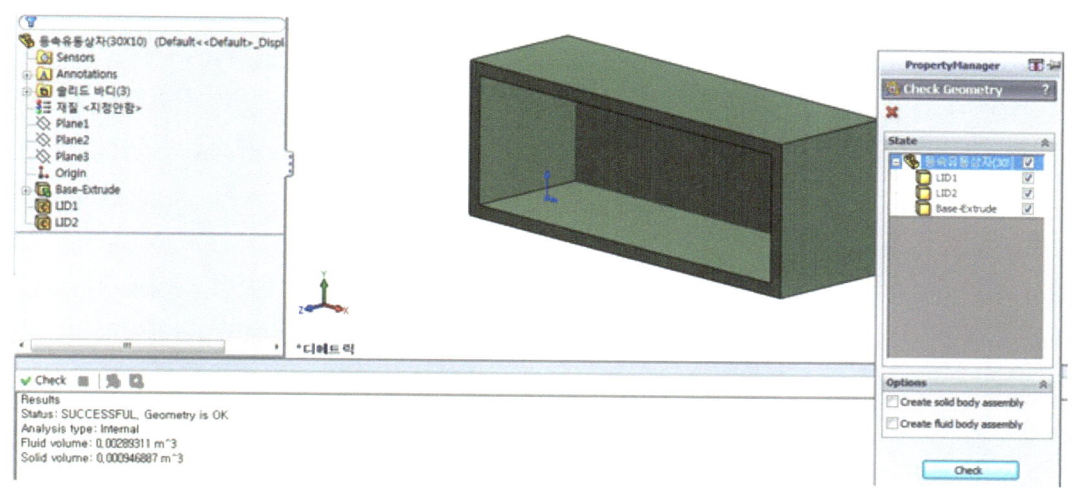

0-4 해석모델의 검사

0-5 해석모델의 View 방향조절

2-2-2 해석트리의 구성

해석트리는 실제적용에서 2단계로 구분하여 구성되므로 본 도서에서는 편의상 전처리 1단계와 전처리 2단계의 용어로 구분하며, 전처리 1단계에서는 프로젝트의 생성을 위한 일반적인 기본조건을 설정하고 전처리 2단계에서는 생성된 프로젝트의 해석인자가 되는 구체적인 특이사항을 부여하게 된다.

따라서 전처리 1단계에서의 생성메시는 기본메시라고 호칭하고 2단계에서의 생성메시는 해석특이성을 부여할 수 있는 초기메시로 호칭하여 서로 구분할 수 있으며, 전처리 1단계에서의 기본설정이 동일한 프로젝트는 동일한 해석 configuration 하에서 생성하는 것이 실무에서의 혼선을 피하는 방법이다.

전처리 2단계에서의 해석인자 특이사항을 부여하는 구체적인 항목 내에서는, 해석에 활용되는 부품들이 독립적인 특성을 보유하고 있다는 사항을 해석기법 등을 적용하여 해석 solver에게 정확하게 전달할 수 있어야 하며, 이 과정에서의 잘못된 설정은 해석목표에 도달할 수 없는 결과를 초래하게 된다.

해석기법을 적용하기 위한 다양한 아이템 tool들은 전처리 1단계 기본설정을 완료하여 생성된 해석트리의 customize tree항에서 추가하거나 삭제할 수 있으며, 각 항목에서의 설정에서 특히 사용자재질의 적용이 필요한 경우에는 engineering database의 활용기법이 필수사항이다.

특별한 적용으로서, 열 및 유체유동 해석을 위한 전처리 1단계에서의 default fluid 및 solid가 사용자재질로 적용되어야 하는 경우에는 해석트리 구성이전에 재질이 설정되어 있어야 한다.

첨부한 동영상과 실습과제 및 개별실습 예제를 활용하여 필수적으로 충분히 숙지되어야만 연속적인 고급해석 과정인 유동해석 응용과제 및 실무에서의 다소 난해한 과제에 대해서도 용이하게 접근할 수 있다.

전처리과정 1단계

◆ 해석모델 파일열기

    2-2. 해석기초 및 일반사항

      / 2-2-2. 해석트리의 구성

      / F2-2-2.(1) 등속유동상자

◆ 해석트리의 구성 (프로젝트 생성)

구조명칭	' 해석트리의 구성 '
단위계	SI (m-kg-s), 온도단위는 ℃로 변경
해석유형	내부유동
물리적 피처	없음
유체의 데이터베이스	유체리스트의 Liquids 하에서 Water를 추가한다.
벽조건	디폴트 조건
초기조건	디폴트 조건
결과와 형상해상도	결과 해상도 Default (3) 하에서 종료를 클릭한다.

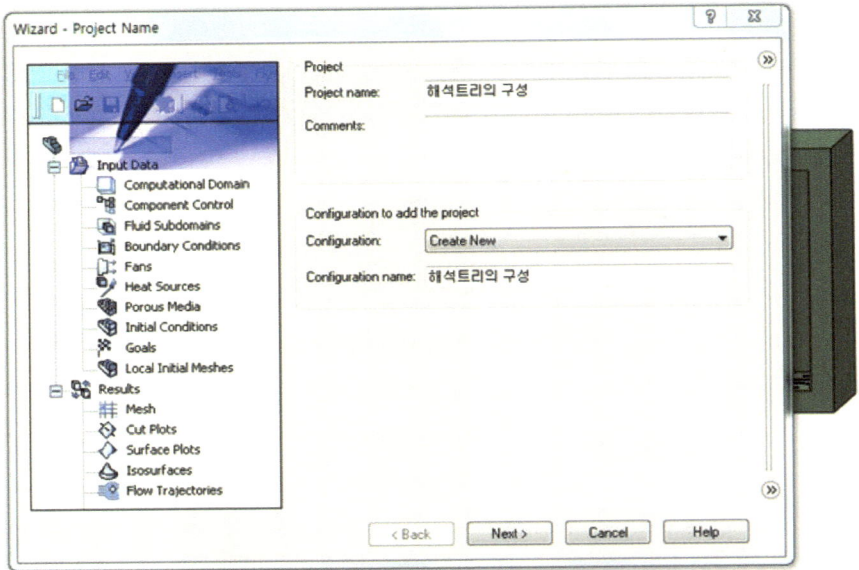

1 Project 명칭의 정의

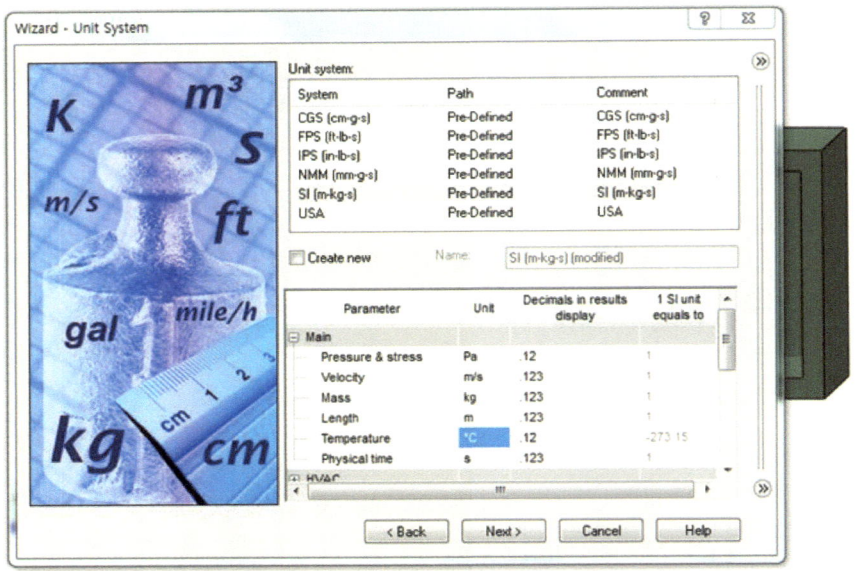

1-1 Unit 정의 및 수정

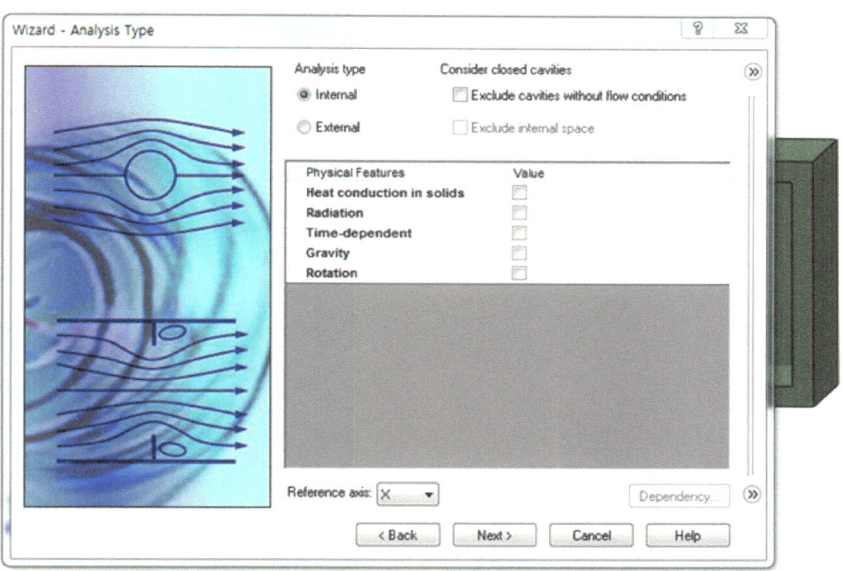

1-2 해석유형 정의

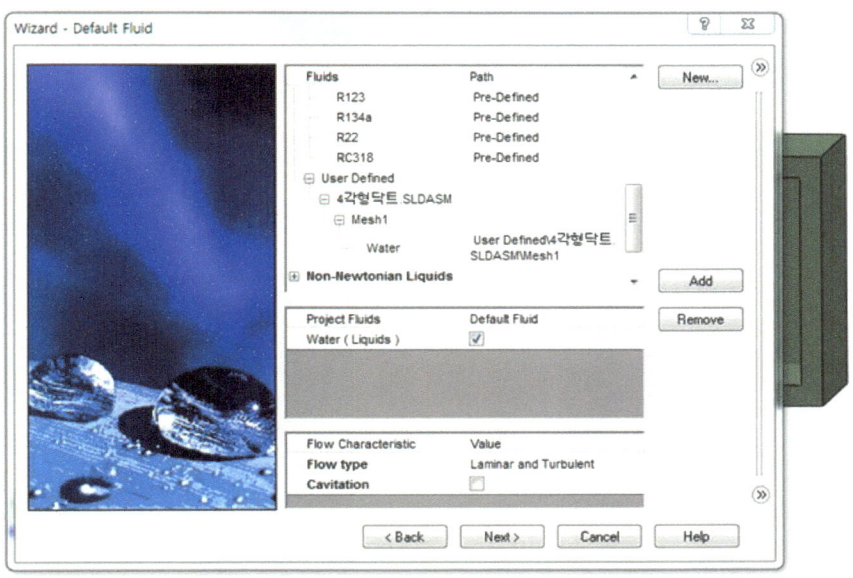

1-3 유동유체 정의

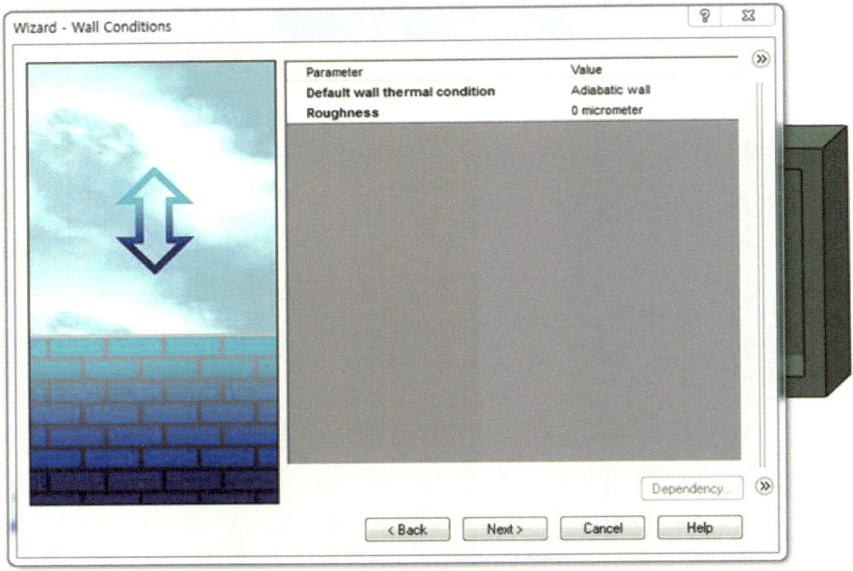

1-4 Project 명칭의 정의

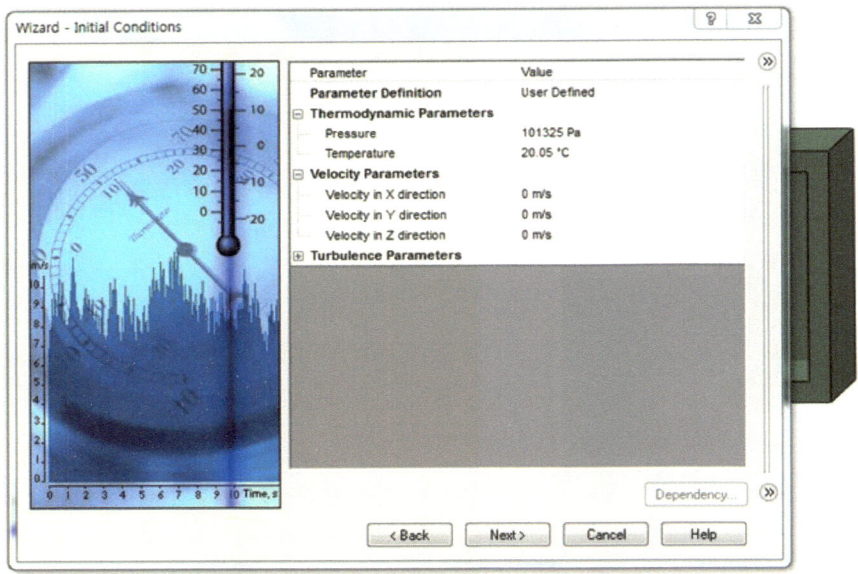

1-5 Unit 정의 및 수정

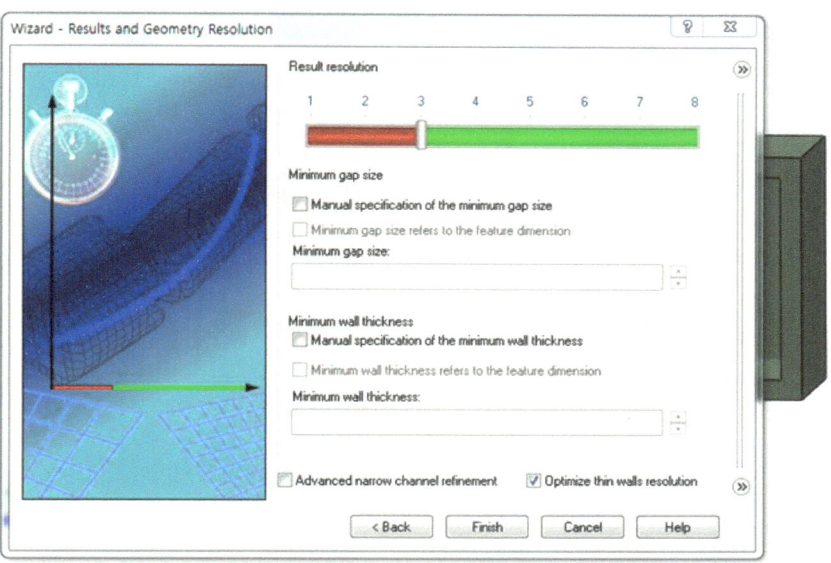

1-6 기본메시 해상도 및 전처리 1단계 완성 (舊 화면)

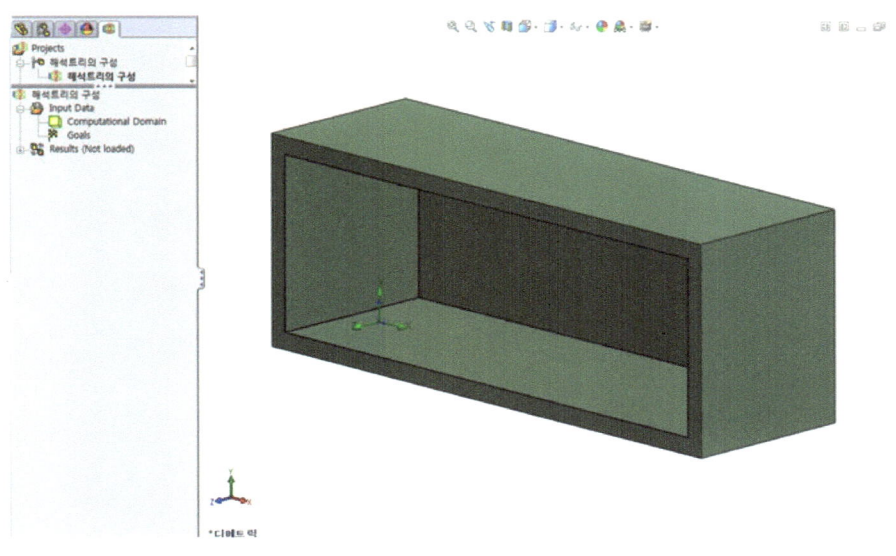

2 전처리 1단계 (Project 생성) 완성화면

전처리과정 2단계

① 프로젝트의 복사 〈 Window 조건하에서 〉
   이전단계(2-2-1. 해석모델의 준비와 검사)에서의 모든 파일을 윈도우 상에서 현재폴더(2-2-2. 해석트리의 구성)로 복사.

② 프로젝트의 복제 〈 SWFS 조건하에서 〉
   등속류(Uniform flow) 프로젝트의 생성.

③ 기본(Basic) 메시플롯 검토 및 초기메시 해상도 수정
   Tree의 Input data 초기메시 하에서 해상도(5) 수정설정

④ 전산도메인 정의
   XY 평면상의 2D 도메인으로 특성화

⑤ 유입 경계조건(속도) 설정
   유입부 SW피처의 내부면에 0.6m/s의 유입속도를 면의 법선방향으로 특성화하고 유입유동의 symbol 확인.

⑥ 유출 경계조건(압력개구부) 설정
   유출부 SW피처의 내부면에 압력개구부 하의 정압 경계조건을 특성화하고 유출유동의 symbol 확인.

⑦ Ideal-wall 조건 설정
   상부와 하부면을 이상적인 벽 조건으로 특성화하고 symbol 확인.

⑧ 공학목표 설정
   경계조건 유입면(SG)상에 정압평균 등의 표면목표를 특성화.

⑨ 해석트리의 구성사항을 저장하고 윈도우 상에서 확인

⑩ 결과폴더 확인
   '등속류(Uniform flow)' 프로젝트 전처리설정 결과폴더 2가 추가 생성된 사항을 확인.

2 프로젝트 복제 (등속류)

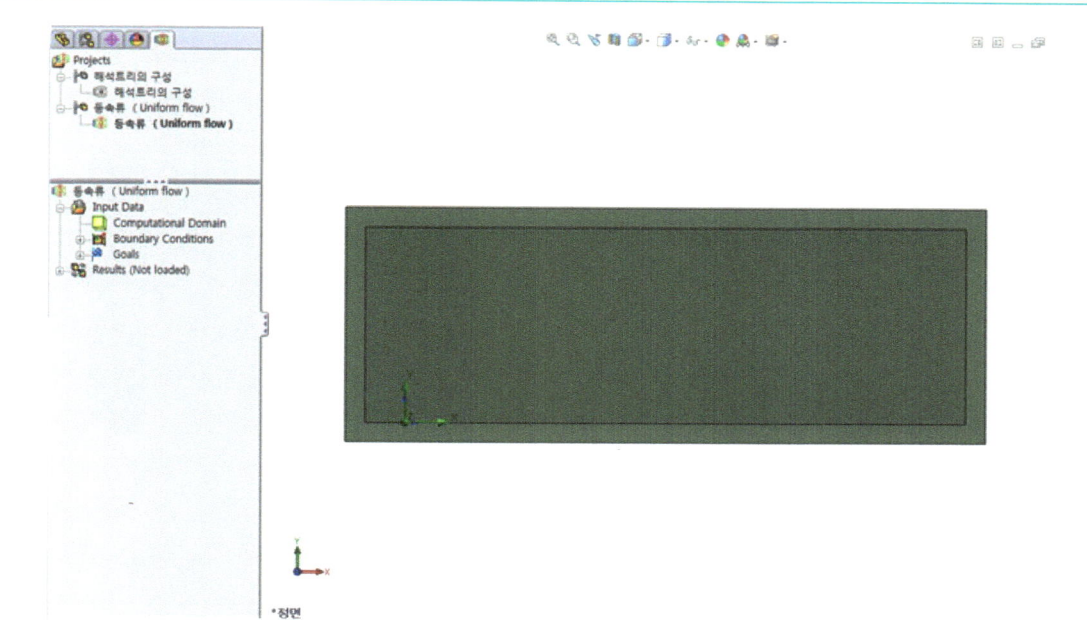

2-1 Project 복제(등속류) 완성화면

*정면

2-2 기본(Basic) 메시플롯

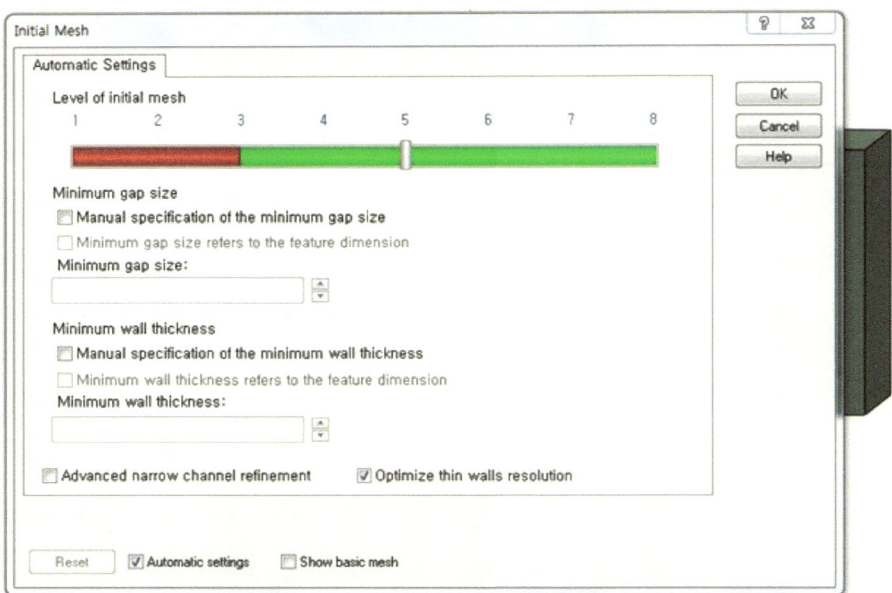

2-3 초기메시 해상도 수정 (5) (舊 화면)

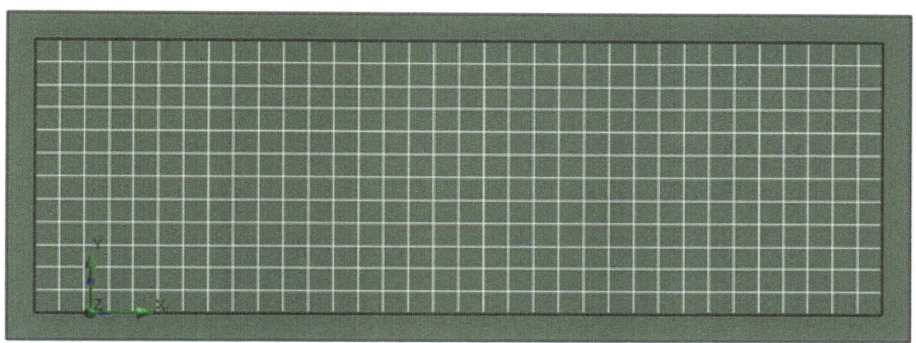

2-4 초기(Initial) 메시플롯

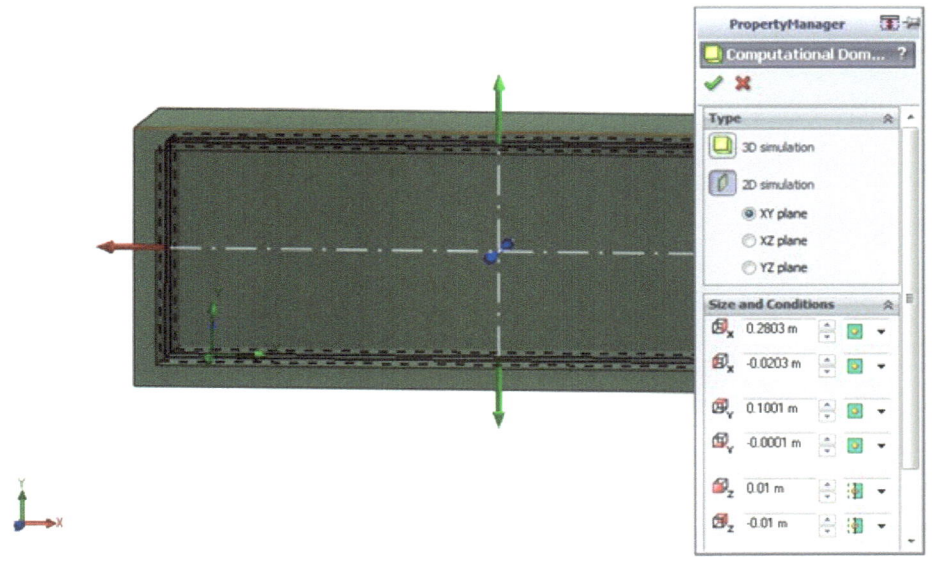

2-5 전산도메인 수정 (2-D)

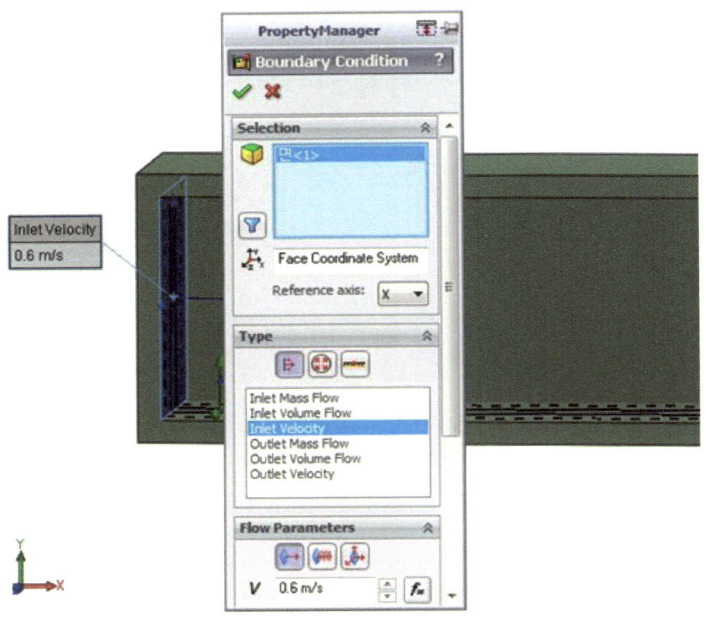

2-6 유입 경계조건 (0.6 ms-1) 설정

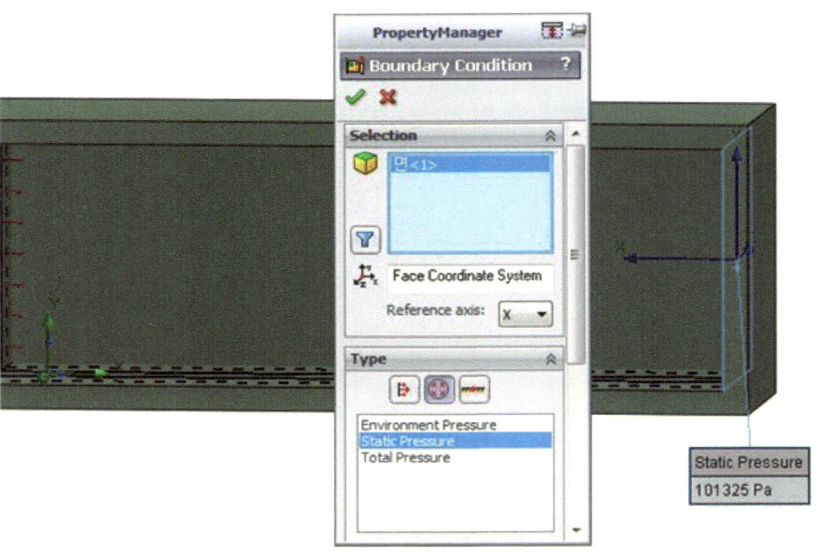

2-7 유출 경계조건 (정압) 설정

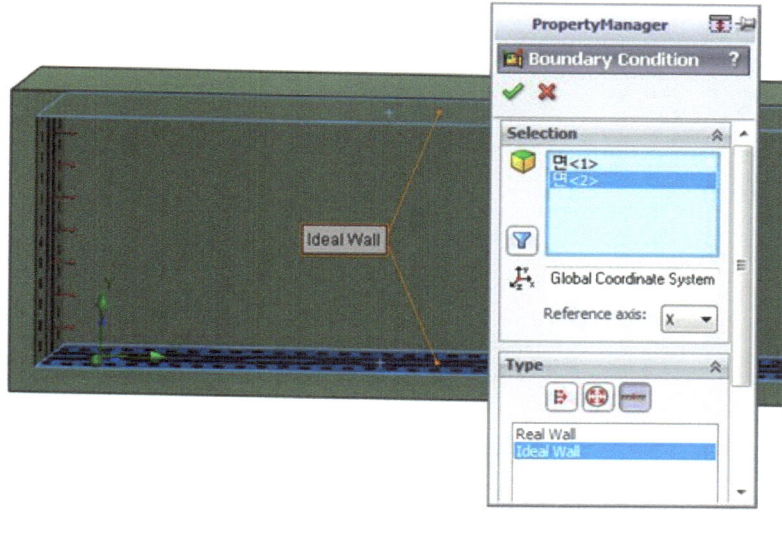

2-8 벽면조건 (Ideal-wall) 설정

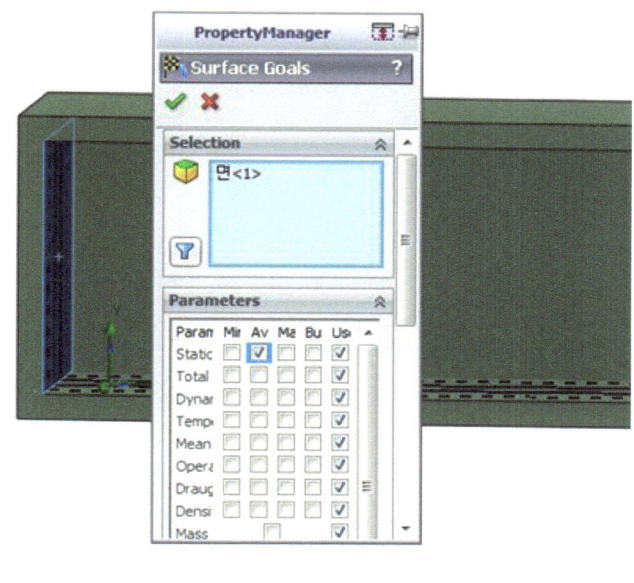

2-9 면 목표 (Surface-goal) 설정

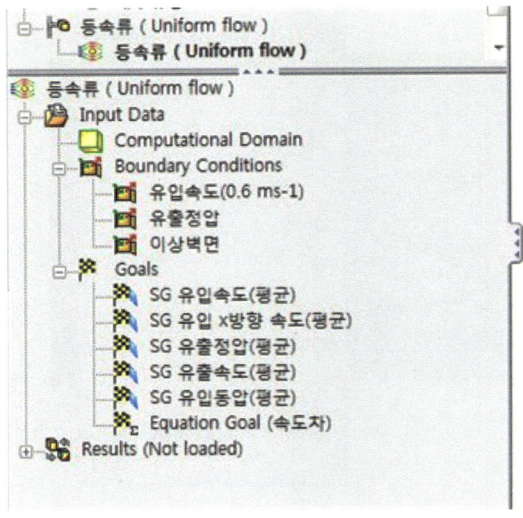 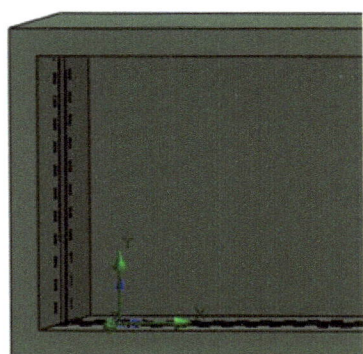

2-10 면 목표(Surface-goal) 개별설정 참조

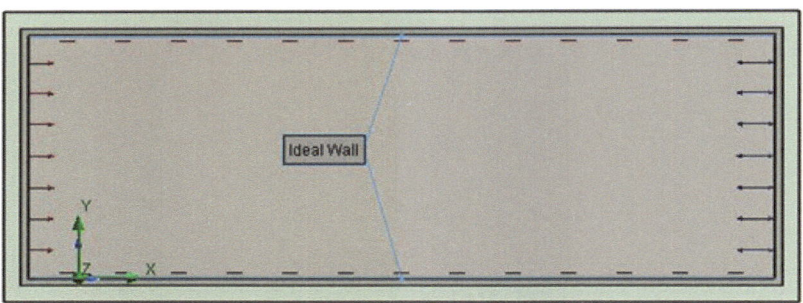

*정면

2-11 전처리 2단계 설정 symbol

2-2-3 내부유동 vs 외부유동

유체유동의 유형은 내부유체유동과 외부유체유동으로 구분되며 algorithm이 통상 서로 다르게 구성된다.

전산도메인의 구성에 있어서 내부유동은 통상 solid로 쌓여지는 유체유동 영역인 경우가 대부분으로서, 전산도메인의 외부와 통하는 부분을 완전하게 차단시키고 이를 검증하여 내부유동 체적을 solver가 인식하여 계산해낼 수 있도록 처리해 주어야 한다.

반면에 외부유동은 해석자의 의도대로 자유롭게 전산도메인 영역을 설정할 수는 있지만, 과도한 영역의 설정은 전산자원을 고갈시키는 원인이 되므로 해석실행 시간이 매우 지연되는 결과를 유발한다.

또한, 2가지 유형 모두 적절한 전산도메인 설정이라 하더라도, 도메인 영역 내에서의 과도한 세분화 역시 동일한 결과가 초래될 것임을 예측할 수 있다.

본 주제의 과정에서는 내부유동과 외부유동 해석에 대한 준비과정부터 적용상의 차이점 및 후처리 과정의 유의사항 등에 대하여 비교·검토한다.

▶ **내부유동**
1. Lid 생성, 형상 check, 해석유형 (내부유동)
2. 해석구조 단순화를 적용한 도메인의 변경과 검토, 유동 경계조건의 설정
3. 구성요소 컨트롤(더미바디의 활용) 및 계산 컨트롤(종료 및 저장조건)
4. 해석목표의 설정 (GG, SG, VG, EG)과 메시작성 논리완성 및 해석실행
5. 해석결과 유동의 가시화 (유동궤적, 입자스터디, 시간 애니메이션)

▶ **외부유동**
1. 해석유형 (외부유동), 물리적 피처와 초기조건 설정에 유의
2. 적절한 전산도메인의 변경과 검토
3. 계산컨트롤(종료 및 저장조건)
4. 해석목표의 설정 (GG, SG, VG, EG)과 메시작성 논리완성 및 해석실행
5. 해석결과 유동의 가시화 (유동궤적, 입자스터디, 시간 애니메이션)

외부유동 해석을 위한 이론적 고찰

비행물체나 자동차 주위를 흐르는 공기유동 또는 잠수함 주위를 흐르는 물의 유동과 같이 유체 중에 있는 물체표면 밖에서 발생하는 유체의 유동을 외부유동(external flow)이라 하며, 물체표면 주위에서 외부유동이 발생하면 유동하는 유체의 점성으로 인하여 물체의 표면에 인접한 경계층이 생성되고 또한 물체의 표면에 작용하는 압력의 불균형 현상은 물체의 형상과 표면조도 등에 따라 달라진다.

점성에 의한 경계층의 생성은 속도구배를 유발하게 되므로 물체의 표면에 전단응력이 발생(뉴턴의 점성법칙)하며, 이것(전단응력)과 압력분포가 물체에 영향을 주는 힘과 모멘트를 초래하는 결과가 된다.

이들 합력의 방향이 유동유체의 접근방향과 평행한 성분은 물체의 운동에 저항하는 힘으로서 항력(F_D ; drag force)이라 호칭하며, 수직한 성분은 물체를 부양시키는 힘으로서 양력(F_L ; lift force)이라 호칭한다.

외부유동에 대한 추가사항으로는 경계층의 정의와 구조 및 유형, 경계층의 두께, 양력과 항력계산, 박리현상 등에 관한 이론적 고찰이 검토되어야 한다.

박리(Separation)

박리현상은 역 압력구배지역($\dfrac{dp}{dx} > 0$)에서 발생한다.

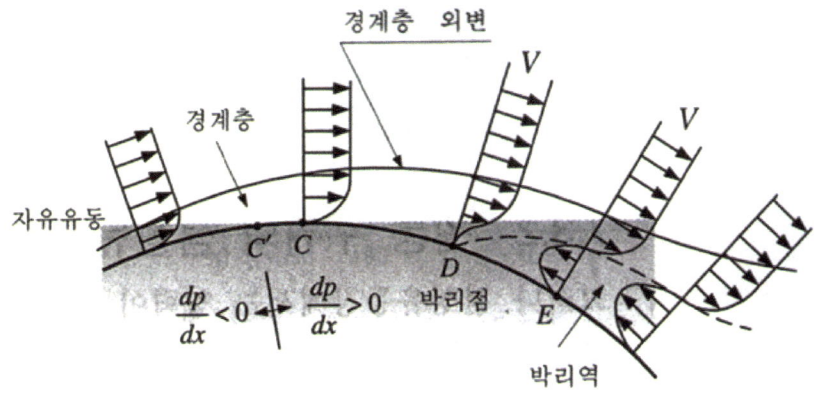

내부유동(해석실행)

❶ 프로젝트의 복사 〈 Window 조건하에서 〉
  이전단계(2-2-2. 해석트리의 구성)에서의 모든 파일을 윈도우상에서 현재폴더(2-2-3. 내부유동 vs 외부유동)로 복사.

❷ 프로젝트의 복제 〈 SWFS 조건하에서 〉
  복사된 현재폴더의 '등속류(Uniform flow)' 프로젝트를 활성화 한 후에 프로젝트를 복제하여 '내부유동' 구조를 생성하고 구조 manager에서 확인.

❸ '내부유동' 프로젝트 실행중의 preview 설정
  내부유동 프로젝트의 실행중에 우측하단에서 iteration 숫자가 확인되면 실행을 잠시 정지시키고 preview 등을 설정한 후에 재실행.

❹ 실행중의 검토
  해석실행 중에 preview상에서 예측과 일치하는 진행결과가 나타나지 않으면 항시 해석진행을 중지할 수 있음.

❺ 해석결과의 저장
  'Solver is Finished' 메시지가 확인되면 해석결과를 저장.

❻ 결과폴더 확인
  '내부유동' 프로젝트 해석결과 폴더 3이 추가 생성된 사항을 확인.

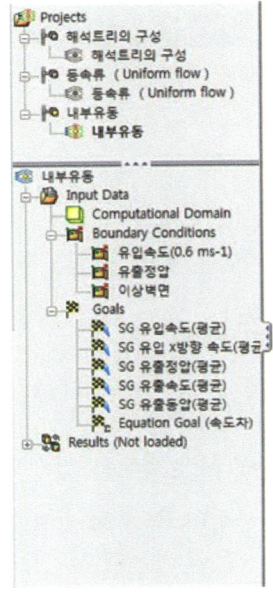
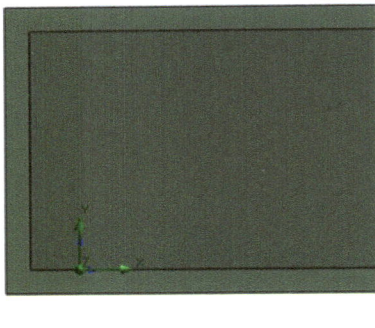

3-2 Project 복제이후의 초기화면

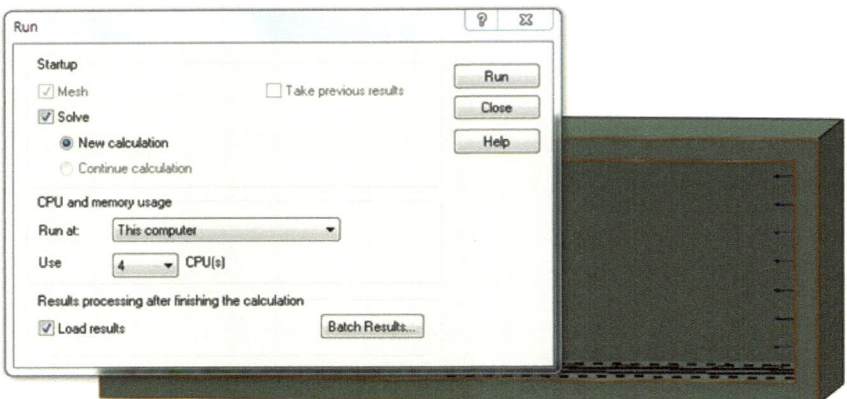

4 해석실행 설정화면

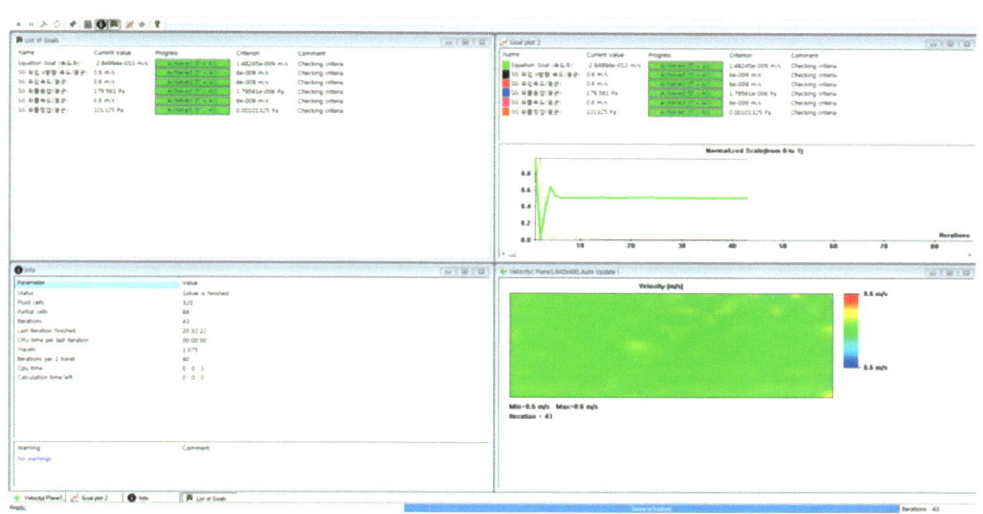

4-1 해석실행창 화면

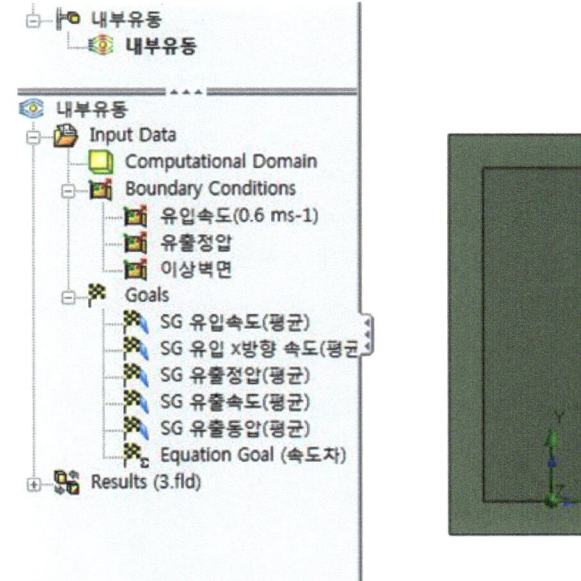
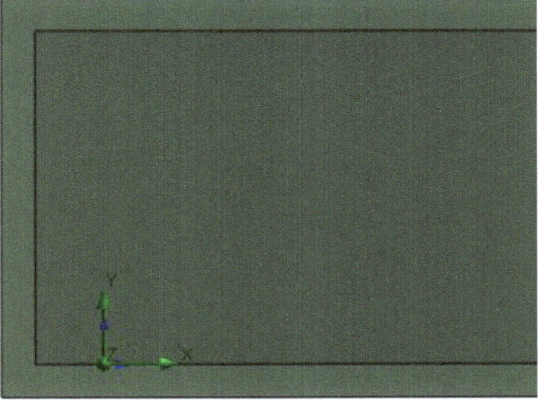

4-2 해석실행 결과폴더 확인

외부유동(전처리과정의 완성과 해석실행)

❶ 프로젝트 복제 또는 새로운 생성
'내부유동' 프로젝트를 복제하여 '외부유동' 구조를 생성 및 수정 또는 wizard를 이용하는 새로운 프로젝트의 생성과 확인.
☞ 저자의 경우에는 후자(새로운 생성)를 선택함.

❷ 외부유동 프로젝트에 대한 전처리과정 1단계의 완성
복제된 '외부유동' 프로젝트의 일반설정에서 해석유형을 외부유동으로 수정하고, 내부체적은 해석에서 제외시키며, 초기조건의 x방향 속도성분을 0.6m/s로 입력하여 설정함.

❸ 외부유동 프로젝트에 대한 전처리과정 2단계의 완성
해석도메인을 x-y 2-D 및 -y의 수치를 0으로 수정하고 확인한 후에, 내부유동 프로젝트에서 설정했던 경계조건과 해석목표는 해석도메인이 아니므로 모두 삭제하고, front 면에 대한 해석목표를 설정함.

❹ '외부유동' 프로젝트 실행중의 preview 설정
외부유동 프로젝트의 실행 중에 우측하단에서 iteration 숫자가 확인되면 실행을 잠시 정지시키고 preview 등을 설정한 후에 재실행.

❺ 해석결과의 저장
'Solver is Finished' 메시지가 확인되면 해석결과를 저장.

❻ 결과폴더 확인
해석결과 폴더 4가 추가된 사항을 확인.

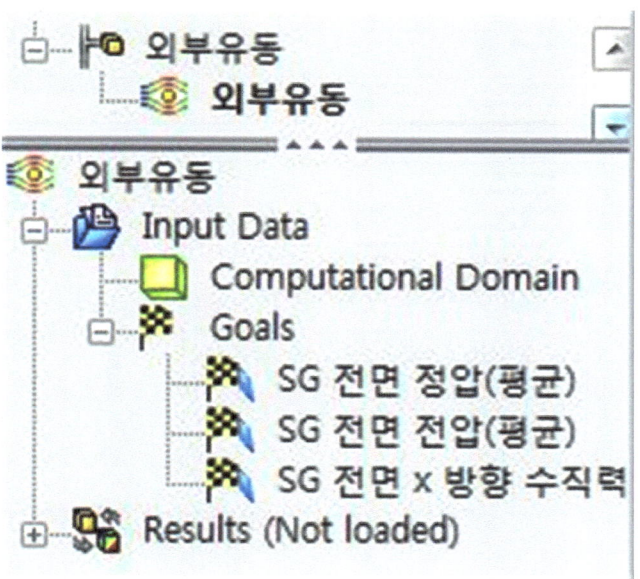

0 Project 명칭 및 전처리 설정완성 참조화면

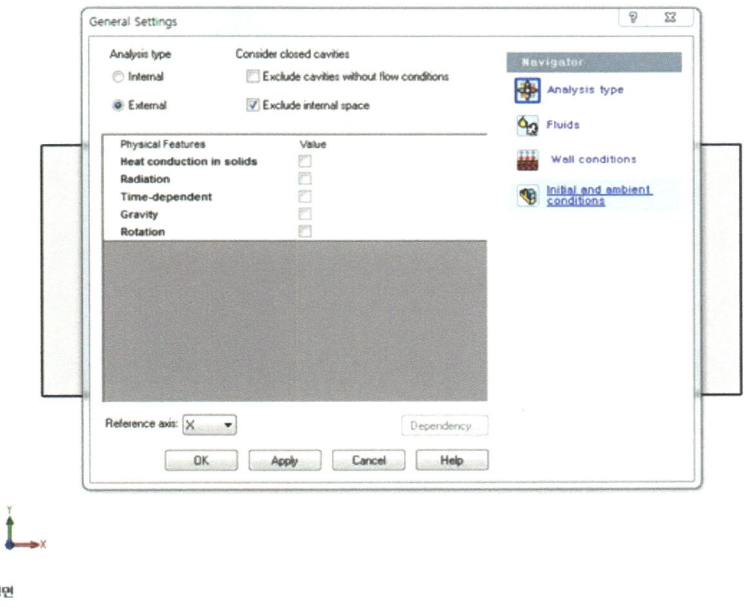

1-2 해석유형 정의

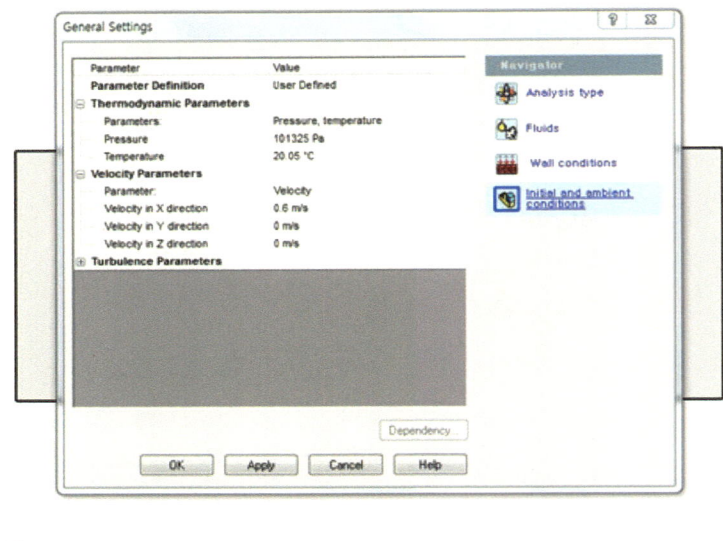

1-5 초기조건 정의

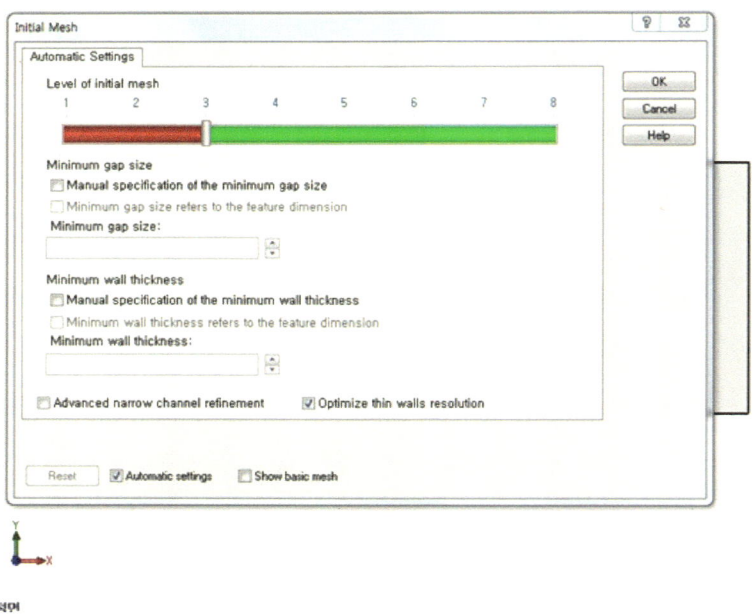

1-6 기본메시 해상도 정의 (舊 화면)

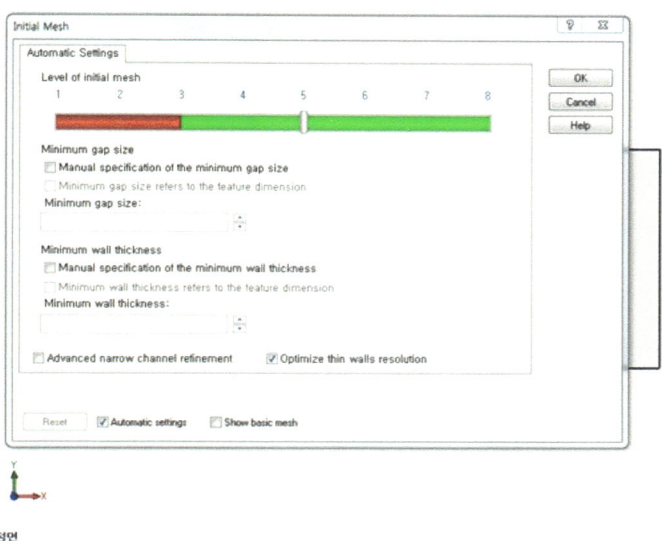

*정면

2 초기메시 해상도 수정 ⇨ (5) (舊 화면)

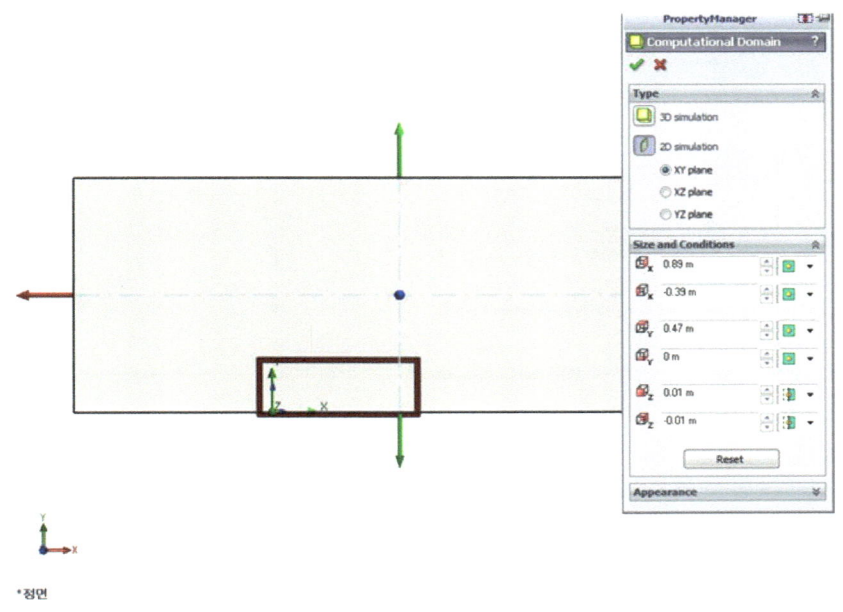

*정면

2-2 전산도메인 수정 (2-D)

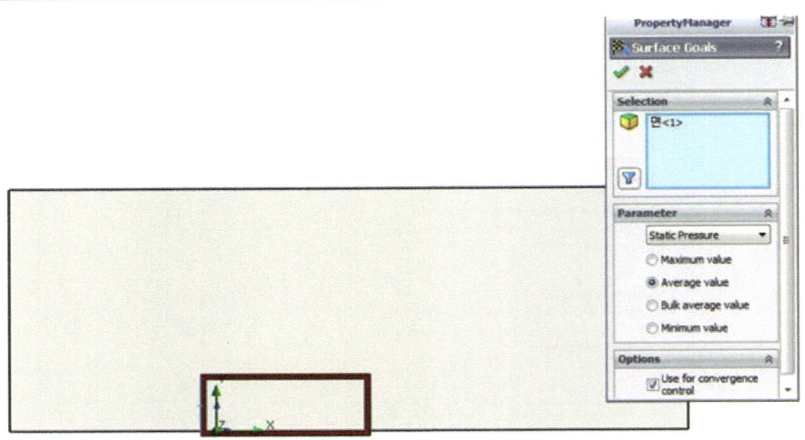

*정면

2-6 면 목표 (Surface-goal) 설정

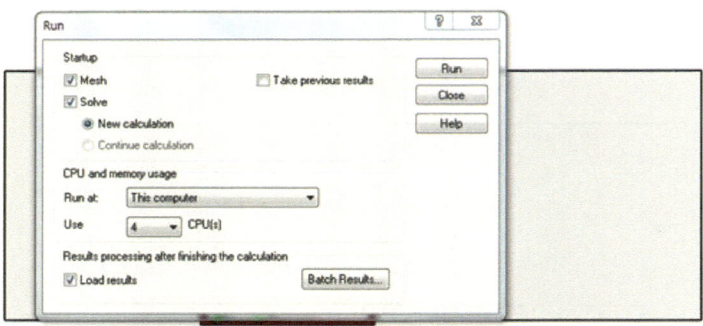

*정면

4 해석실행 설정화면

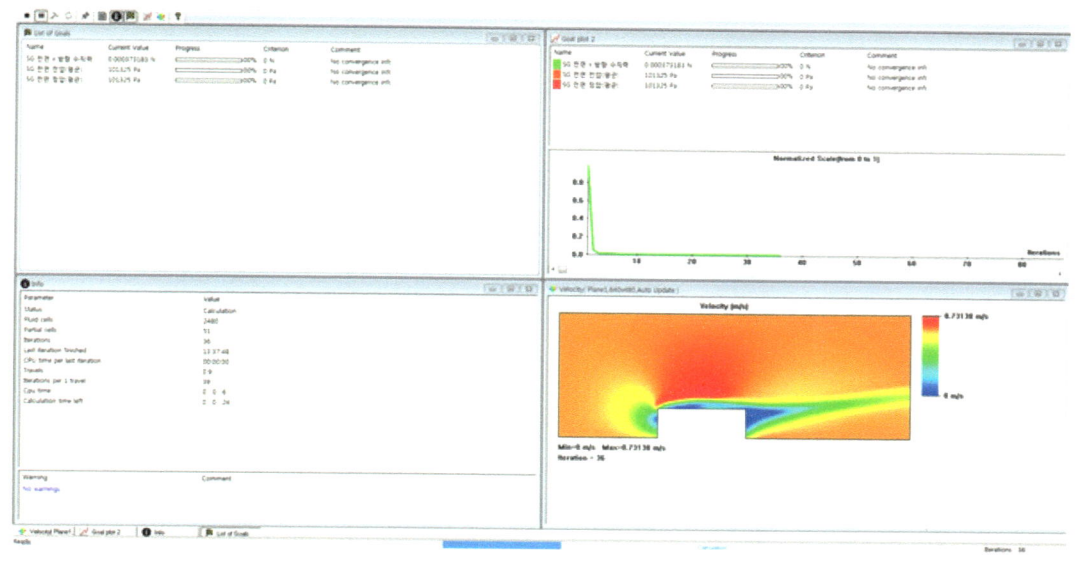

4-1 해석실행창 시작화면

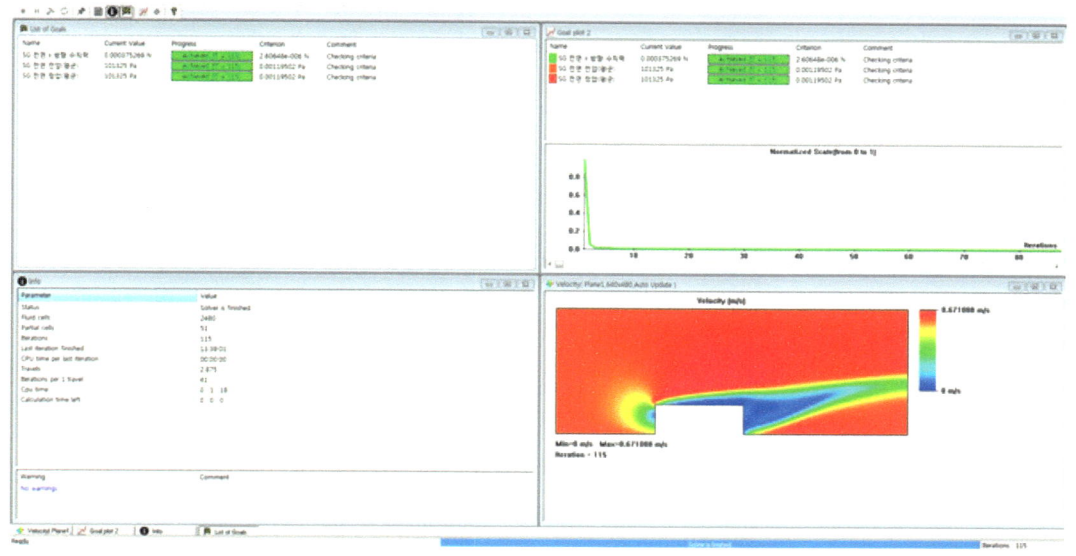

4-2 해석실행창 종료화면

2-2-4 입자스터디

유체유동의 유형은

본 기본예제에서는 이미 완료된 해석결과를 다시 탑재하여 대표적인 2-D 단면플롯과 3-D 유동궤적 작성방법을 검토한 후에 입자스터디(PS)를 적용하는 algorithm을 학습한다.

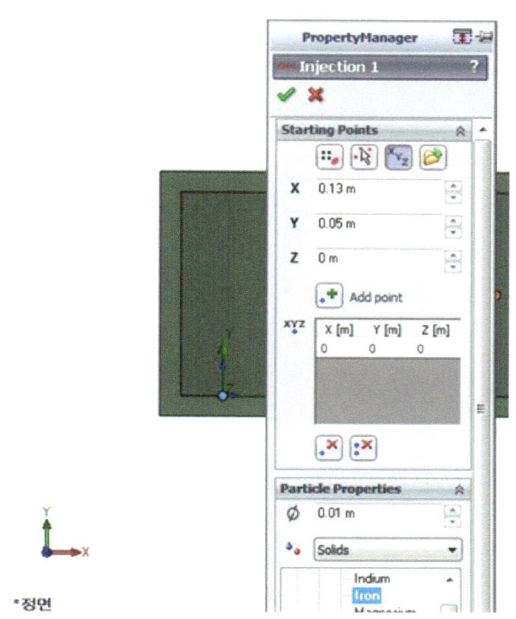

9 PS 1 논리설정 (1)

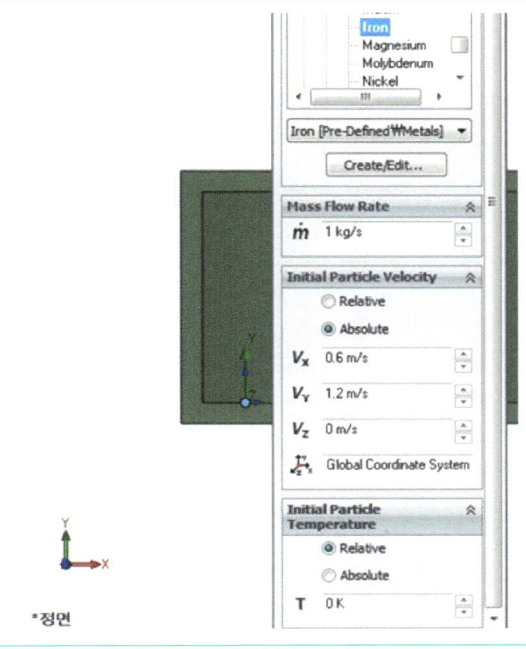

9 PS 1 논리설정 (2)

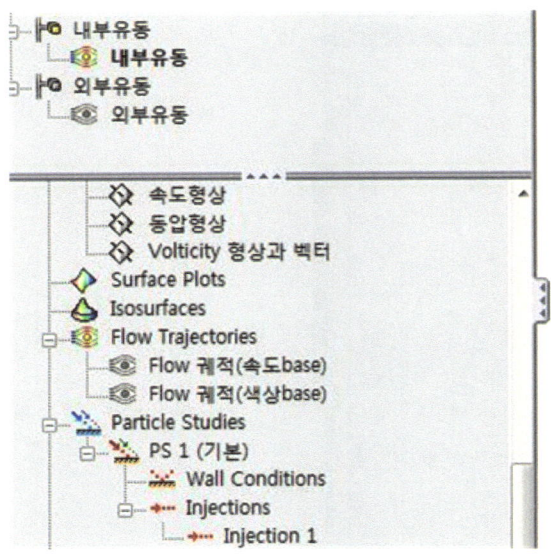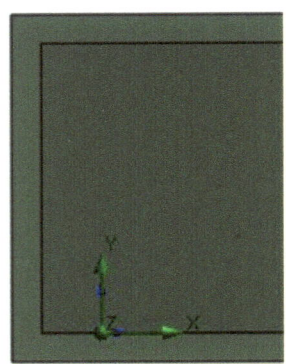

9-1 PS 1 논리설정이 완료된 해석트리 화면

9-2 PS 1 궤적플롯

학습모델 관련 folder에 첨부된 동영상 참조

9-3 PS 1 Animation

학습모델 관련 folder에 첨부된 동영상 참조

9-4 유동궤적과 PS 1 Animation

2-2-5 유동의 가시화 (해석결과의 분석)

구조해석과 비교되는 유동해석의 기본적인 특징은 용어에서도 이해되는 바와 같이 해석 중에 유동이 발생하고 있다는 속성을 지니고 있다는 것이므로, 유체유동 해석에서는 유동의 가시화가 필수적인 기본 후처리사항이며, 이 목표를 구체화하기 위해서는 모델의 준비작업과 유동을 생성하는 물리적 물성 값의 정확한 설정, 유동저항과 관련되는 인자의 설정, 초기조건 및 경계조건의 설정논리가 완벽하게 구성되어야 원하는 유동현상을 구현할 수 있다.

또한, 해석 중에 통찰될 수 있는 preview는 정상유동으로 수렴되어가고 있는 천이적인 과정을 표현하므로 왜곡된 영상으로 나타날 수 있기 때문에, 통상 최종수렴 메시지('Solver is Finished')가 생성된 이후에 수렴된 정상유동의 결과 데이터를 활용하는 다양한 표현기법을 적용하여 후처리과정에서 유동의 가시화 작업을 진행하는 것이 일반적이다.

한편, 수렴된 정상유동 결과가 도출될 수 없는 경우가 되는 비정상유동의 가시화 작업도 추가적인 설정기법을 활용하면 가능하도록 진행할 수 있으며, 실무도서의 후반부에 수록한 적용예제에서 검토될 수 있기를 기대한다.

유동의 가시화 방법은 원칙이 없으므로 해석자의 의도에 따라 무한히 독창적으로 작성될 수 있으며, 통상 해석결과의 분석을 위해서는 2-D 단면플롯을 활용하고 동영상의 작성에는 3-D 유동궤적과 입자스터디(PS)를 활용하는 것이 보편적이며, 비정상유동에서는 시간애니메이션 기법을 이용하고 있다.

또한 유동조건을 변경하는 다양한 유사해석 프로젝트들을 개별실습 과제로 제시된 사항들을 참조하여 최종과정으로 실행한 후에, 수정설정한 해석결과를 고찰함으로서 학습된 기법들의 활용에 단계적으로 익숙해지면서 동시에 학습효과를 스스로 진단하여 전체과정을 완성하기를 바란다.

내부유동(후처리과정)

❶ 해석트리 구성사항의 복사 〈 Window 조건하에서 〉
이전단계(2-2-3.내부유동 vs 외부유동)의 모든 파일을 윈도우상에서
2-2-4.유동의 가시화 (해석결과의 분석) 폴더로 복사.

❷ 내부유동 프로젝트의 해석결과 탑재
복사된 현재폴더의 SWFS 구조 중에서 '내부유동' 프로젝트를 활성화하고 해석결과(3.fld)를 탑재.

❸ 2-D 단면플롯 작성과 결과분석
첨부된 결과플롯들을 참조하여 속도형상과 벡터, 동압형상, vorticity 형상과 벡터 등을 설정하고 작성한 후에 probe하여 결과를 분석.

❹ 3-D 유동궤적플롯 작성과 결과검토 (첨부된 결과참조)
유동궤적(속도base), 유동궤적(색상base) 등의 설정과 작성 및 검토.

❺ 입자스터디 (particle study) 의 작성과 결과검토
PS 1(기본)을 구성하고 각 설정요소 효과검토 및 실행 후의 결과고찰.
☞ 단, 설정효과 검토를 위한 수정이 발생하면 항상 PS를 재실행.

❻ JPEG 와 AVI 해석결과 저장자료의 작성과 보관
Flow Simulation Result를 활용하는 2-D 단면플롯과 3-D 유동 및 PS 궤적 해석결과의 설정과 작성 및 저장보관.

cf. (SW Animation 도구 Wizard 의 활용은 동영상 참조)

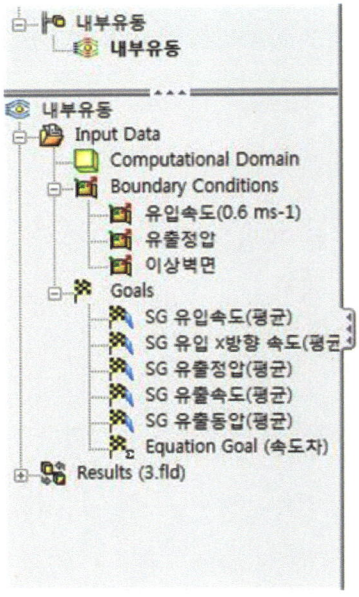
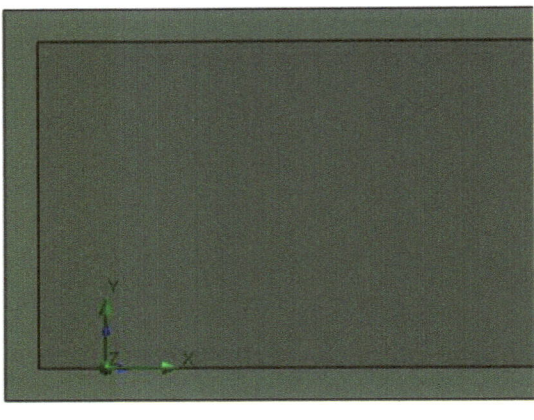

4-3 해석결과(3.fld) 탑재후의 초기화면

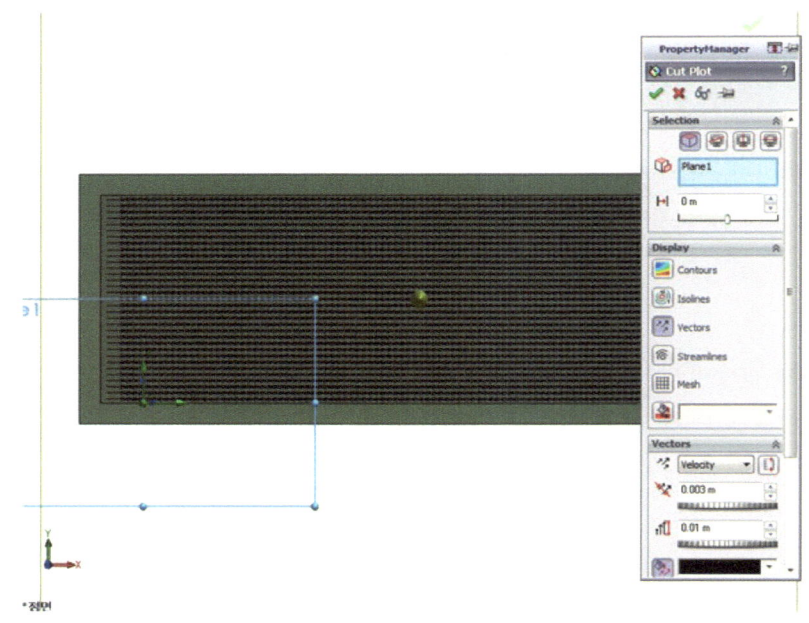

5 속도벡터 플롯과 설정 상세사항 (참조)

제2장 • 열 및 유체유동 해석

*정면

5 속도벡터 플롯

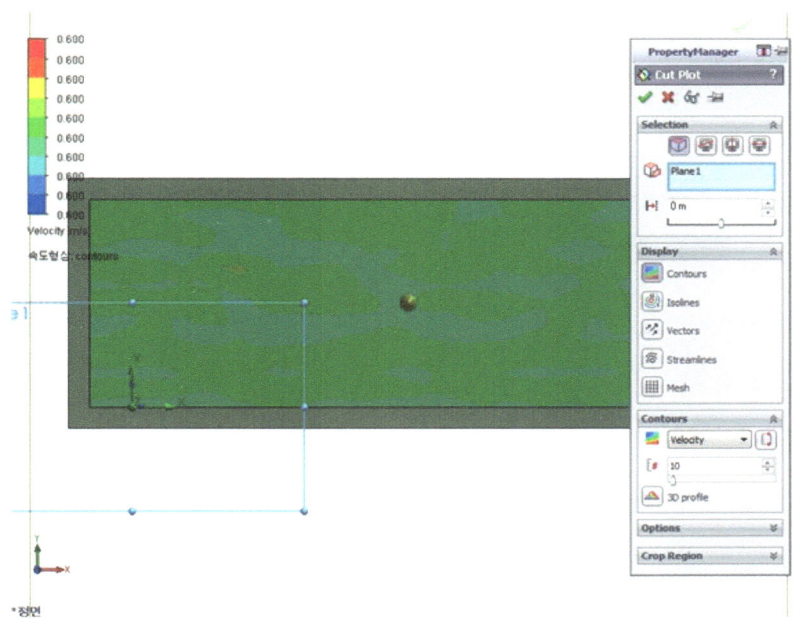

5 속도형상 플롯과 설정 상세사항 (참조)

*정면

5-1 속도형상과 벡터

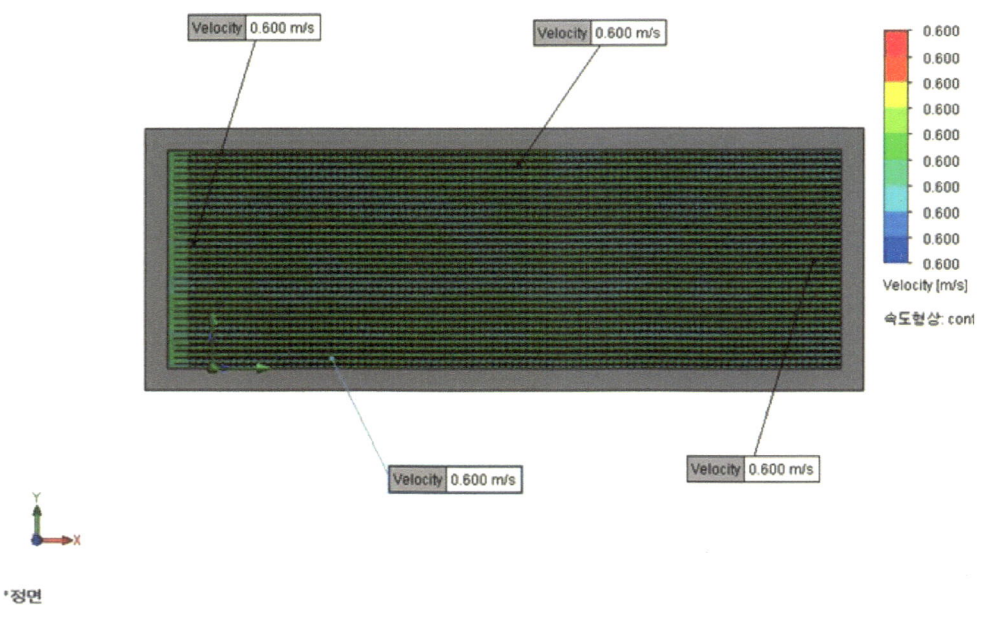

*정면

5-2 속도 probe

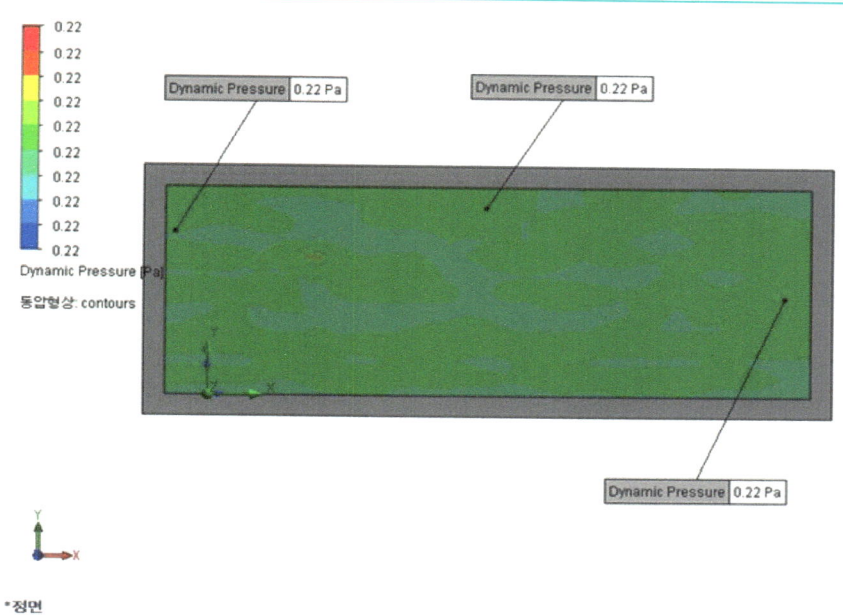

5-3 동압형상과 probe

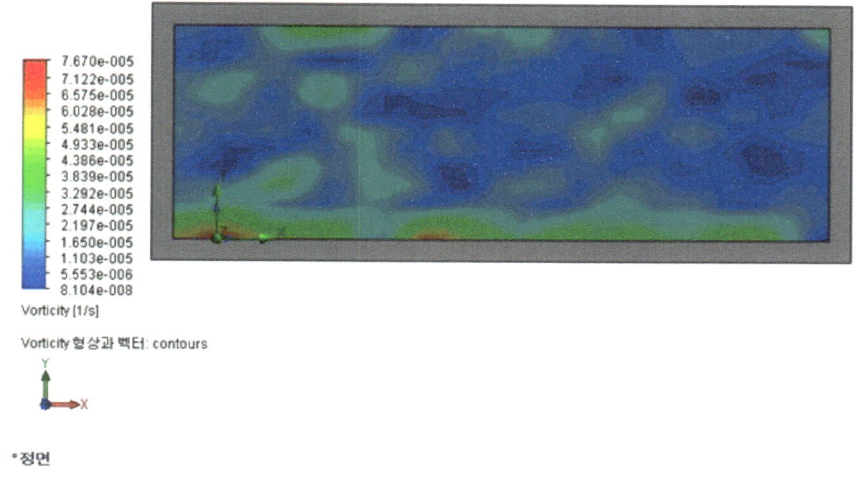

5-4 Vorticity 형상과 벡터

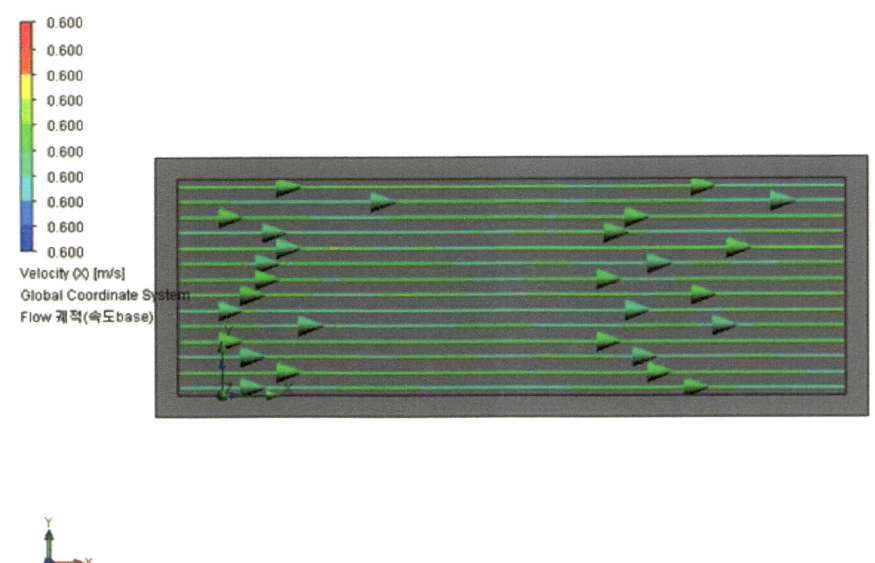

6 유동궤적 플롯 (속도 base)

학습모델 관련 folder에 첨부된 동영상 참조

6-1 ~ 6-2 유동궤적 animation

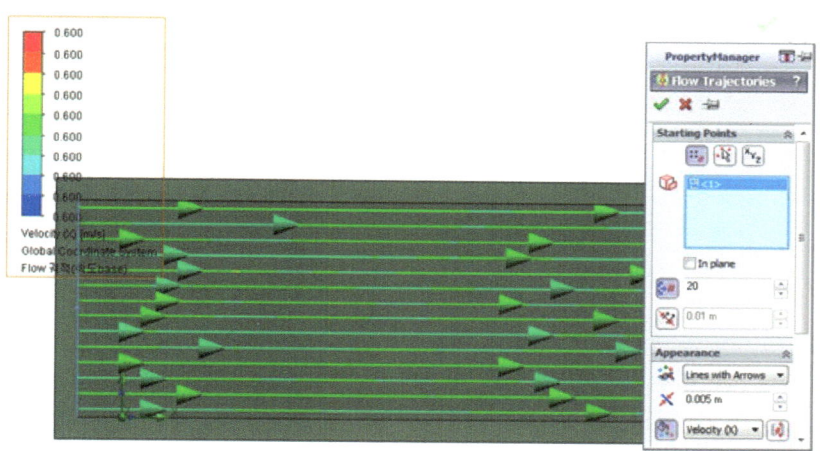

6-3 유동궤적 플롯과 설정 상세사항 - 속도 base (참조)

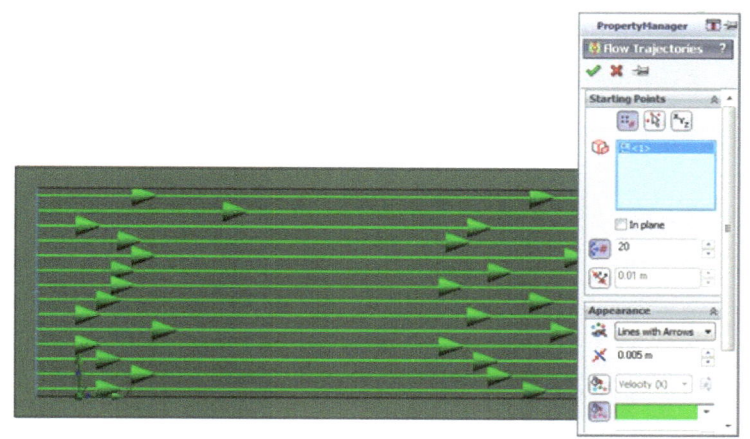

*정면

6-4 유동궤적 플롯과 설정 상세사항 - 색상 base (참조)

외부유동(후처리과정)

❶ 외부유동 프로젝트의 해석결과 탑재
'외부유동' 프로젝트를 활성화한 후에 해석결과를 탑재.

❷ 2-D 단면플롯의 작성과 결과분석
첨부된 결과들을 참조하여 속도형상과 벡터, 압력형상 등을 설정하고 작성한 후에 결과분석.

❸ 3-D 유동궤적플롯의 작성과 결과분석
첨부된 결과들을 참조한 유동궤적(wake flow)의 작성과 결과분석.

❹ JPEG 와 AVI 해석결과 저장자료의 작성과 보관
Flow Simulation Result를 활용하는 2-D 단면플롯과 3-D 유동궤적 플롯 해석결과의 작성과 저장보관 (2-D 단면플롯과 유동궤적(wake flow) 작성 및 동영상 작성은 필수사항).

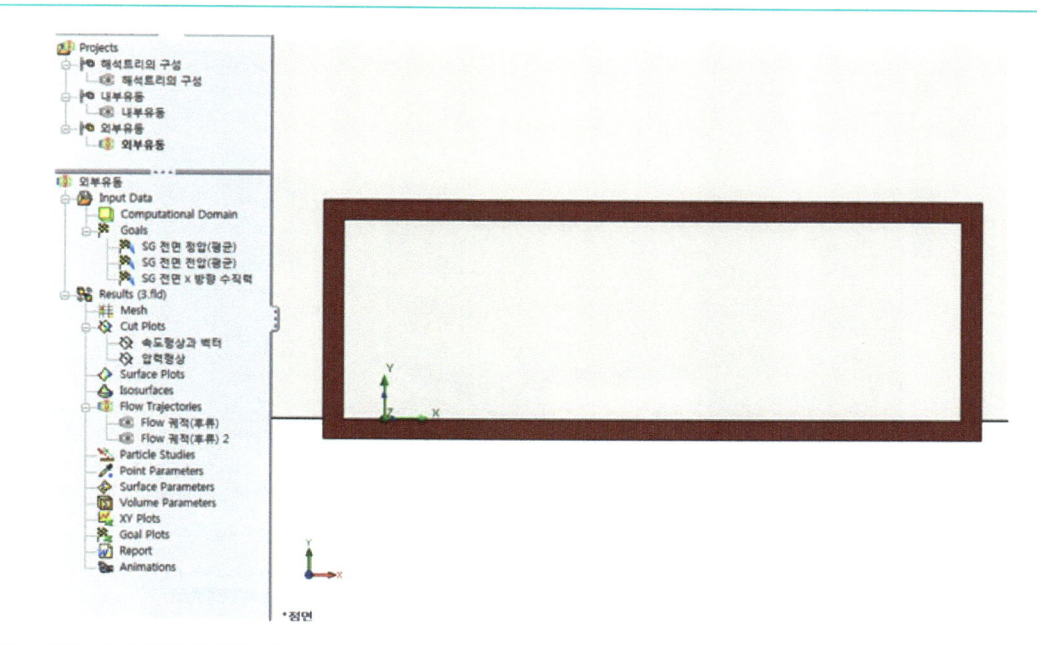

4-4 해석결과(3.fld) 탑재후의 초기화면

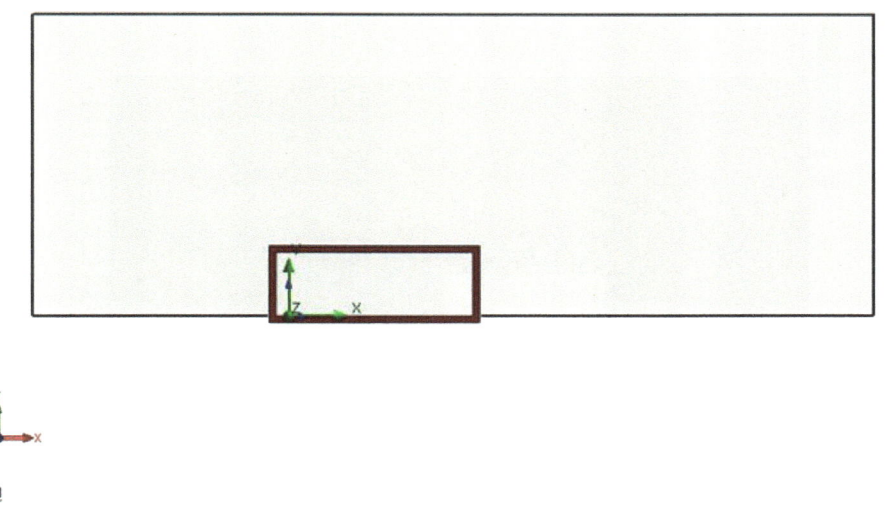

4-5 전산도메인 화면의 정렬

5-1 속도형상과 벡터플롯 및 설정 상세사항 (참조)

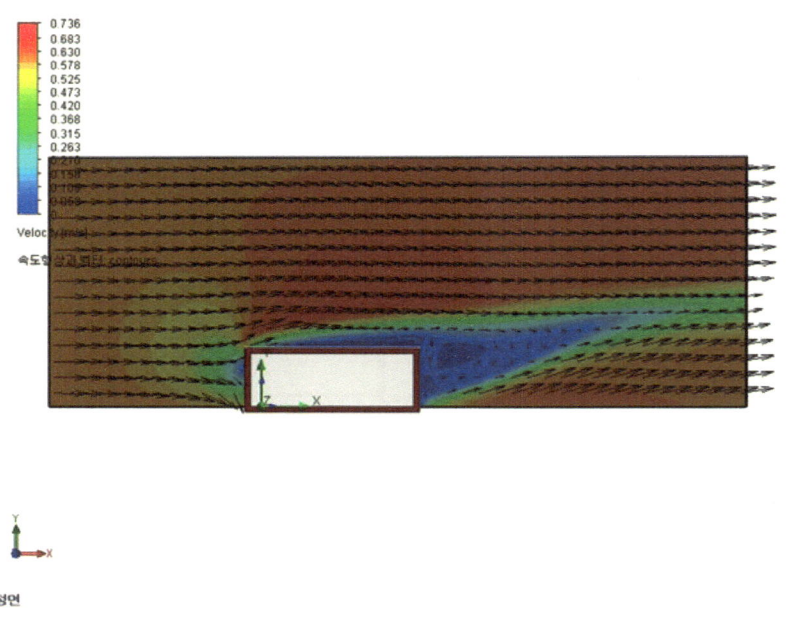

5-1 속도형상과 벡터

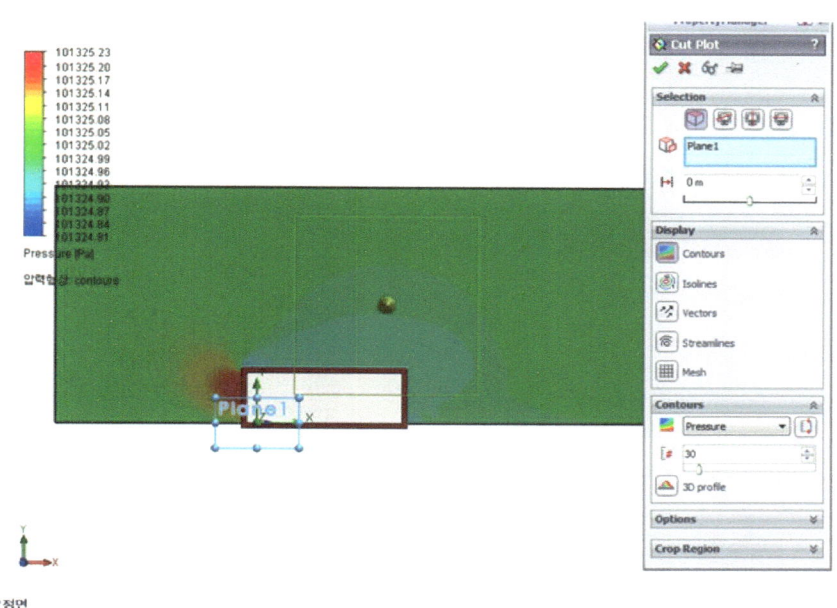

5-2 압력형상 플롯 및 설정 상세사항 (참조)

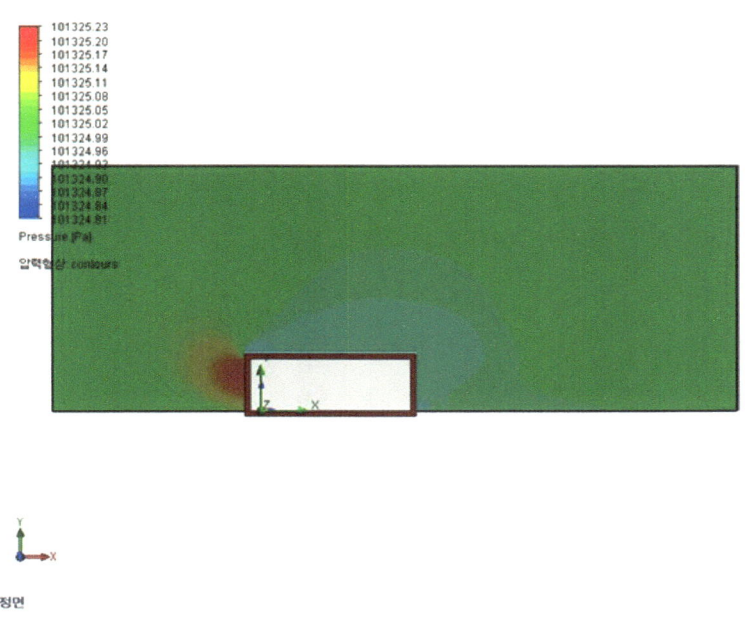

5-2 압력형상

6 유동궤적 - 설정 point (all) 참조플롯

6 유동궤적 - 설정 point (local) 참조플롯

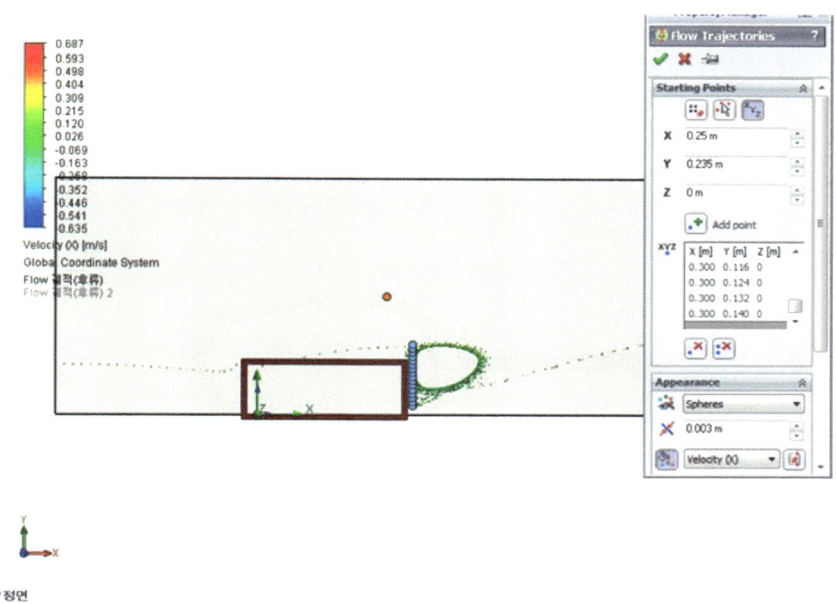

6-1 x-방향속도 base 유동궤적 플롯 및 설정 상세사항 (참조)

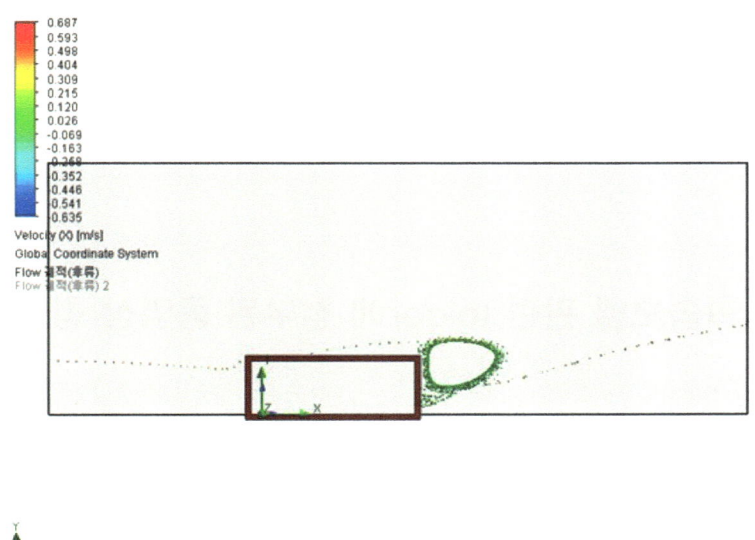

6-1 유동궤적(1) (x-방향속도 base) for wake-flow

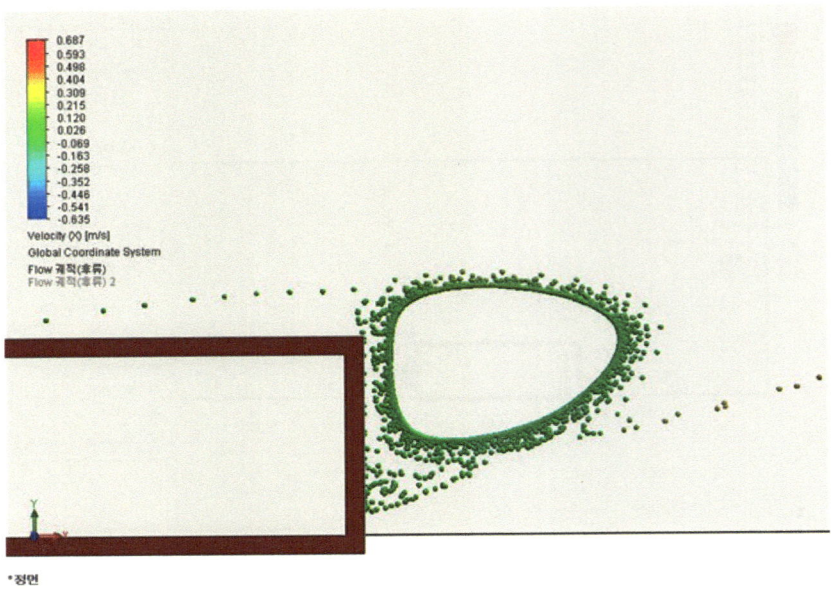

6-2 유동궤적(1) (x-방향속도 base) for wake-flow

학습모델 관련 folder에 첨부된 동영상 참조

6-2 유동궤적(1) Animation for wake-flow

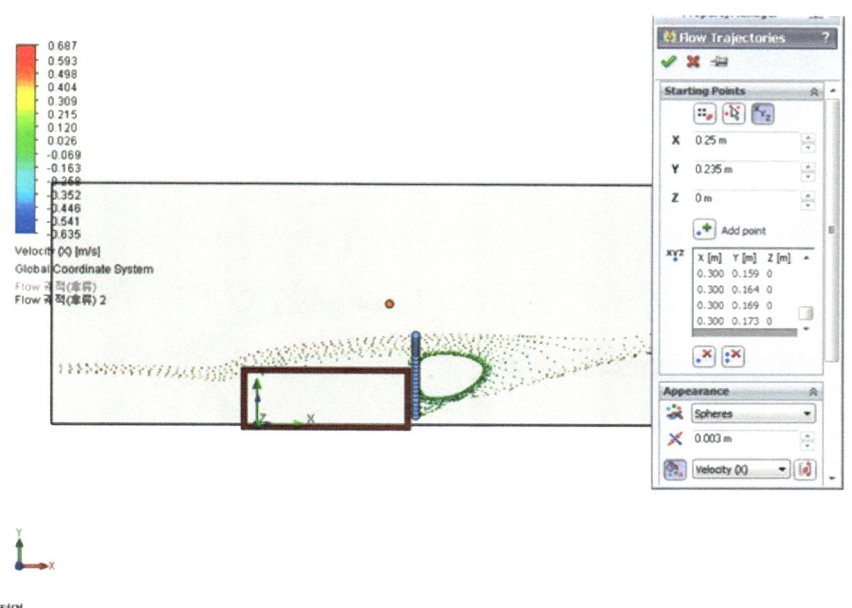

6-3 x-방향속도 base 유동궤적 플롯 및 설정 상세사항 (참조)

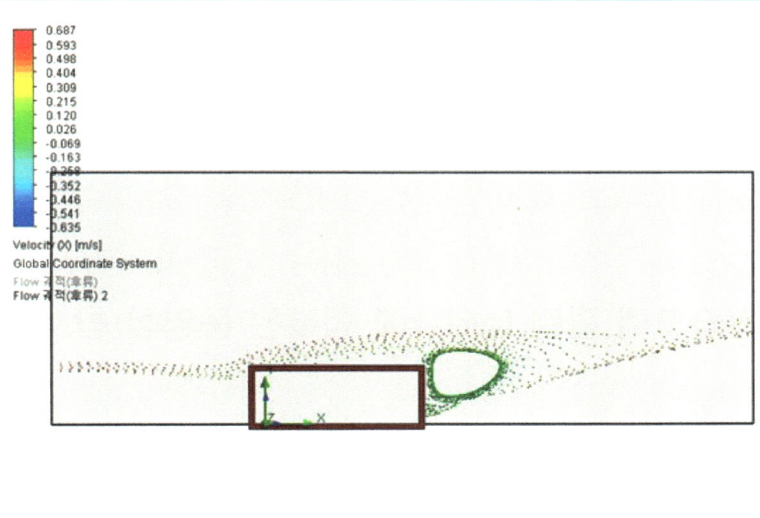

6-3 유동궤적(2) (x-방향속도 base) for 경계층

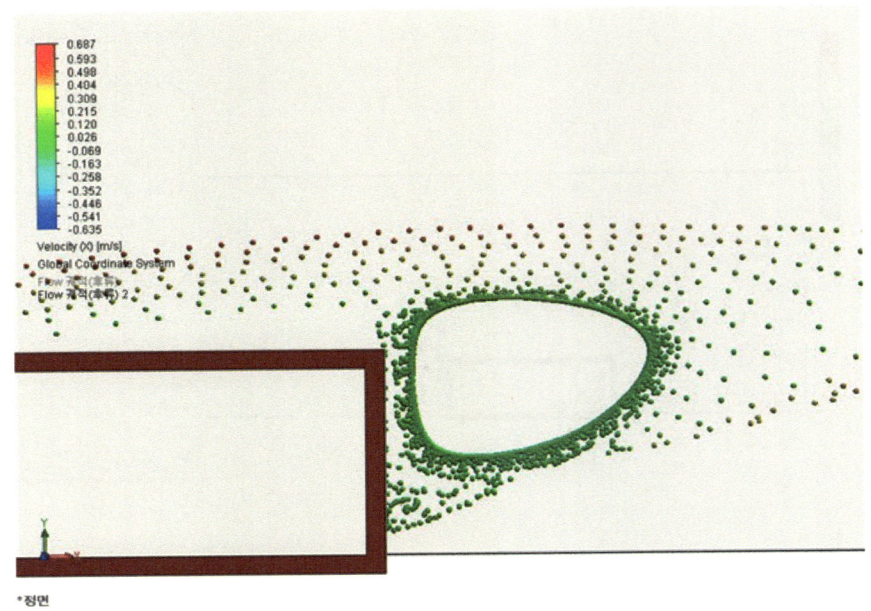

6-4 유동궤적(2) (x-방향속도 base) for 경계층

학습모델 관련 folder에 첨부된 동영상 참조

6-4 유동궤적(2) Animation for 경계층

2-2-5 개별실습 예제 (III)

구조해석과 비교되는 유동해석의 근본적인 사항으로는 해석 중에 유동이 발생한다는 것과 또한 유동을 생성하는 algorithm이 임의의 물리량 변수의 변화에 따라 서로 구분되는 차이점이 발생한다는 속성을 지니고 있는 것이므로, 해석자는 유동변화에 영향을 주는 물리량 변화의 종속성을 solver가 인식할 수 있도록 정확하게 설정할 수 있어야 한다는 것이다.

가장 대표적인 유동종속성으로는 유체유동 속도가 동일한 단면상에서 거리에 따라 변화하는 경우(비등속 유동)와 유동 및 열전달 특성인자가 시간에 따라 변화하는 경우(비정상 유동), solid 분자구조에서의 열의 전달이 방향에 따라 서로 다른 경우(방향종속성 열전달), 열의 발생 특성인자가 시간에 따라 변화하는 경우(시간종속성 열 소스) 등이 고려될 수 있다.

이 외에도 해석과제에 따라 국부지역의 방향 또는 회전종속성, 중력장과 압력 장 종속성 및 비압축성 등의 설정 필요성이 고려되어야 할 경우도 있다.

기초과정에서는 등속유동상자 모델에서 유사해석을 위한 실제벽면조건, 비등속 및 PS 설정변경 등의 종속성을 부여(명칭구분 포함)하고, 해석결과로부터 설정한 유동종속성이 해석에서 고려되었는지의 여부를 검증하는 방법을 개별실습 가이드에 따라 실행 및 검토하여, 연속되는 고급과정에서의 적합한 각 해석모델에 대하여 그 이외의 종속성을 설정할 수 있는 능력을 학습하는 단계에서 해석논리 설정과정에 도움이 될 수 있기를 기대한다.

▶ 유체유동
  1. 비등속 유동
  2. 중력장과 비 중력장 유동
  3. 방향종속성 유동
  4. 중력장과 압력 장 종속성 유동
  5. 회전종속성 유동
  6. 비압축성 유동

▶ 열 유동
  1. 비정상 유동
  2. 방향종속열전달
  3. 시간종속 열 소스

개별실습 guide (III)

A

기초과정 (개별실습 기본폴더 활용) – 복습사항

❶ 첨부된 설정과정 플롯들을 참조하는 전처리 1단계의 완성
❷ 첨부된 설정과정 플롯들을 참조하는 전처리 2단계의 완성
  및 설정결과 symbol의 확인
❸ 첨부된 후처리과정의 설정 상세사항 플롯들을 참조하는
  후처리 기본플롯의 완성 및 JPG 플롯의 작성
❹ 첨부된 유동궤적 영상들을 참조하는 Animation 동영상 작성
❺ 해석단계 각 과정에서의 저장, 재탑재 및 복사 실습

B

응용과정 (개별실습 응용폴더 활용)

❶ 실제벽면 조건
❷ 비등속유동   ☞ 이상벽면 조건하에서 실행
❸ PS 2~3   ☞ 이상벽면 조건하에서 실행

C

학습평가 ⇨ 예시된 결과의 전체과정 작성실습 및 자율평가

❶ 비등속유동 응용   ☞ 제 3 장 참조
❷ PS 응용 (4~5)   ☞ 도서 guide 및 제 3 장 참조

유사해석 진행순서 (추천사항)

❶ 유사해석을 위한 폴더생성 및 해석주제 명칭부여
  〈 Window 조건하에서 〉.

❷ 유사해석 주제설정에 적합한 기본 프로젝트의 복사
  〈 Window 조건하에서 〉.

❸ 유사해석 주제에 적합한 프로젝트 구조생성
  〈 SWFS 조건하에서 〉.

❹ 유사해석 주제와 일치하는 전처리 설정의 수정 및 저장
  〈 SWFS 조건하에서 〉.

❺ 해석의 실행 및 해석결과 폴더의 확인
  〈 SWFS 조건하에서 〉.

❻ 해석결과 분석과 검증 및 저장
  〈 SWFS 조건하에서 〉.

❼ JPEG 와 AVI 해석결과 자료의 작성과 저장
  〈 SWFS 및 Window 조건하에서 〉.

☞ 개별실습 A 단계의 복습사항은 개인적으로 해석단계를 판단하면서 작성하고 실행할 수 있기를 기대하며, B와 C단계는 제 3 장에 첨부된 실행 상세사항 및 플롯들을 참조하고 상기의 순서에 준하여 실행하기를 추천한다.

내부유동(실제벽면 및 비 등속) 유사해석

❶ 해석트리 구성사항의 복사 또는 **개별작성**
   (2-2-4. 유동의 가시화) ⇨ (2-2-5.개별실습 예제 (Ⅲ)).

❷ 실제벽면 조건의 해석검토

❸ 해석실행 결과의 후처리와 검토 및 저장
   2-D 단면플롯과 동영상.

❹ 프로젝트 복제
   내부유동 ⇨ '**내부유동(비등속)**' 구조

❺ 벽면조건과 유입속도 profile 설정변경
   이상벽면, 유입경계조건 **기능억제, 유입속도 profile 입력**

❻ '내부유동(비등속)' 프로젝트의 실행 및 해석결과의 후처리

❼ 결과폴더 확인

❽ 본 주제의 후처리과정 실습과 검토는 2-2-4.항의 학습사항에서와 동일하게 개별적으로 진행할 수 있기를 기대한다.

입자스터디(PS) 유사해석

❶ Main 유동의 실행
  내부유동 프로젝트 활성화, 벽면조건 변경, 해석실행.

❷ PS 2~3의 추가설정과 실행 및 설정변수 효과검토
  기존 PS 1의 입자 spec과 동일한 입자, 벽조건 및 중력조건 변수 추가설정.
  PS 2와 3 실행, 추가설정 변수의 효과 검토.

❸ PS 해석실행 결과의 후처리
  PS 2와 3 실행결과의 동영상 작성.

❹ 해석실행 결과의 저장

입자스터디(PS) 유사해석

❶ 비등속 유동 응용
  폴더에 첨부된 동영상 참조.

❷ PS 응용
  하단의 실습 guide와 폴더에 첨부된 동영상 참조

◈ PS (4~5) 개별실습 guide

다음 조건의 입자스터디에 대한 개별실습을 권장한다.

⇨ PS 4 $V_{유입}$ = 0.002m/s 의 공기유동, 수직 상방향 0.002m/s의
  속도로 분사된 직경 d = 0.5 mm의 금 입자, 중력무시 조건

⇨ PS 5 $V_{유입}$ = 10m/s 의 물유동, 수직 상방향 1, 2, 3 m/s의 속도로
  분사된 직경 d = 1 cm의 철 입자, 중력무시 조건

2-2-6 유체유동 vs 열 유동

★ 유체유동 해석과정의 요약

1. 해석모델의 준비 (lid 생성, 형상 check)
2. 프로젝트 명칭의 설정 (특징적인 해석구조의 생성)
3. 단위계의 설정 및 조절
4. 해석유형 (내부유동, 외부유동)과 물리적 특성 (유동의 종속성)의 설정
5. Default 유체의 설정
6. 벽 조건의 설정
7. 유동 초기조건과 난류모델 조건의 설정
8. Basic 메시 해상도의 설정
9. Initial 메시의 설정 및 메시의 최적화
10. 전산도메인의 설정 및 조절
11. 유동 경계조건(Fan 포함)의 설정 (내부유동)
12. 해석목표의 설정 (수렴조건 및 검토조건)
13. 구성요소 컨트롤 및 계산 컨트롤 (종료조건 및 저장조건 등)의 설정
14. 프로젝트의 해석실행
15. Preview를 활용한 실시간 해석상태의 가시화 및 검토

16. 해석결과의 후처리
    ⇨ 2-D 및 3-D 메시플롯의 활용
    ⇨ 2-D 및 3-D 해석결과 플롯의 생성과 검토
    ⇨ 해석결과 유동의 가시화 (입자궤적, 입자스터디, 시간 애니메이션 등)
    ⇨ 물리적 등가플롯의 생성 및 검토
    ⇨ 2-D 결과 및 참조플롯(JPG)과 해석결과 동영상(AVI)의 편집
    ⇨ X-Y 플롯과 결과 데이터의 검토 및 추가 프로젝트 실행여부의 고찰

17. 기타사항
    ⇨ 2-D 및 3-D 결과플롯 조절기법의 실습
    ⇨ 다양한 종속성 설정기법의 실습 (속도 profile 등)
    ⇨ 국부 초기메시 설정기법의 실습 (더미바디, 수동메시 및 ANCR)
    ⇨ 사용자 정의 데이터 설정기법의 실습
    ⇨ 해석결과에 대한 고찰기법의 실습

제2장 • 열 및 유체유동 해석

★ 열 유동 해석과정의 요약

1. 해석모델의 준비 (lid 생성, 형상 check)
2. 프로젝트 명칭의 설정 (특징적인 해석구조의 생성)
3. 단위계의 설정 및 조절 (℃)
4. 해석유형 (내부유동, 외부유동)과 물리적 특성 (열 유동 종속성)의 설정
5. Default 유체의 설정
5.5. Default 솔리드의 설정
6. 벽 조건의 설정
7. 유동 초기조건과 난류모델 조건의 설정
8. Basic 메시 해상도의 설정
9. Initial 메시의 설정 및 메시의 최적화
10. 전산도메인의 설정 및 조절
11. 유동 경계조건(Fan 포함)의 설정 (내부유동)
11.5. 열 해석을 위한 추가설정(솔리드 요소의 열적특성 및 열소스 특성)
12. 해석목표의 설정 (수렴조건 및 검토조건)
13. 구성요소 컨트롤 및 계산 컨트롤 (종료조건 및 저장조건 등)의 설정
14. 프로젝트의 해석실행
15. Preview를 활용한 실시간 해석상태의 가시화 및 검토 (열 유동 가시화)

16. 해석결과의 후처리
    ⇨ 2-D 및 3-D 메시플롯의 활용
    ⇨ 2-D 및 3-D 해석결과 플롯의 생성과 검토 (온도플롯)
    ⇨ 해석결과 유동의 가시화 (입자궤적, 입자스터디, 시간 애니메이션 등)
    ⇨ 물리적 등가플롯의 생성 및 검토
    ⇨ 2-D 결과 및 참조플롯(JPG)과 해석결과 동영상(AVI)의 편집
    ⇨ X-Y 플롯과 결과 데이터의 검토 및 추가 프로젝트 실행여부의 고찰

17. 기타사항
    ⇨ 2-D 및 3-D 결과플롯 조절기법의 실습
    ⇨ 다양한 종속성 설정기법의 실습 (속도 profile 등) (방향, 시간)
    ⇨ 국부 초기메시 설정기법의 실습 (더미바디, 수동메시 및 ANCR)
    ⇨ 사용자 정의 데이터 설정기법의 실습
    ⇨ 해석결과에 대한 고찰기법의 실습

제3장

개별실습 참조사항 및 참조플롯

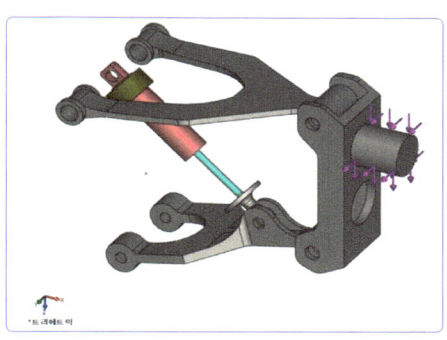

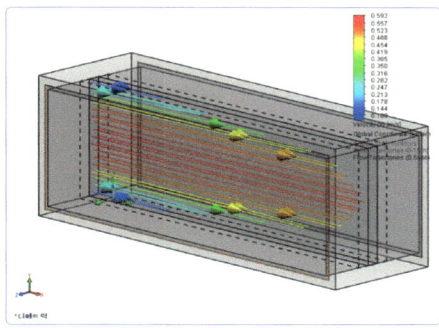

3-1 개별실습 예제 (I)

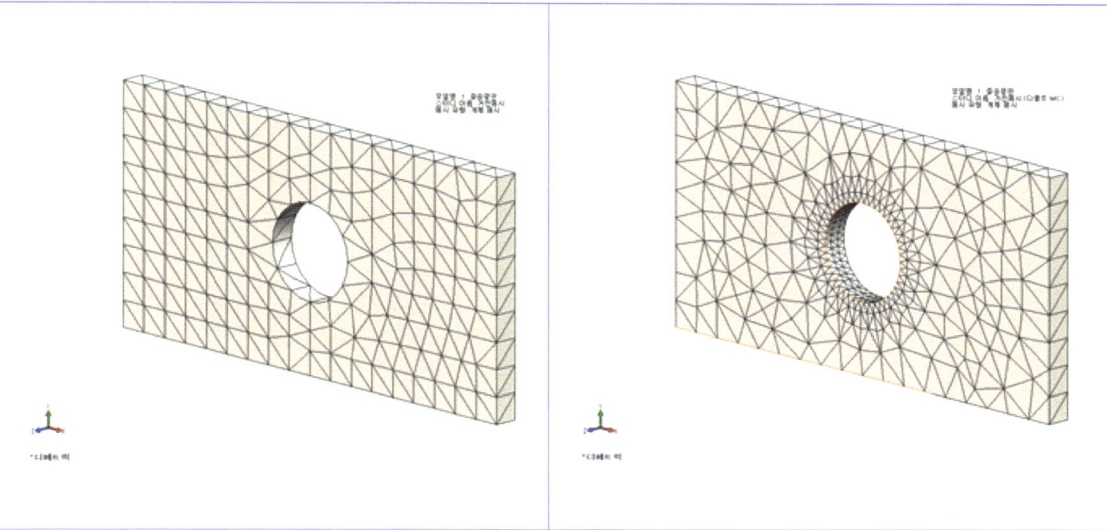

| 거친메시 플롯 | 거친메시 (디폴트 MC) 플롯 |

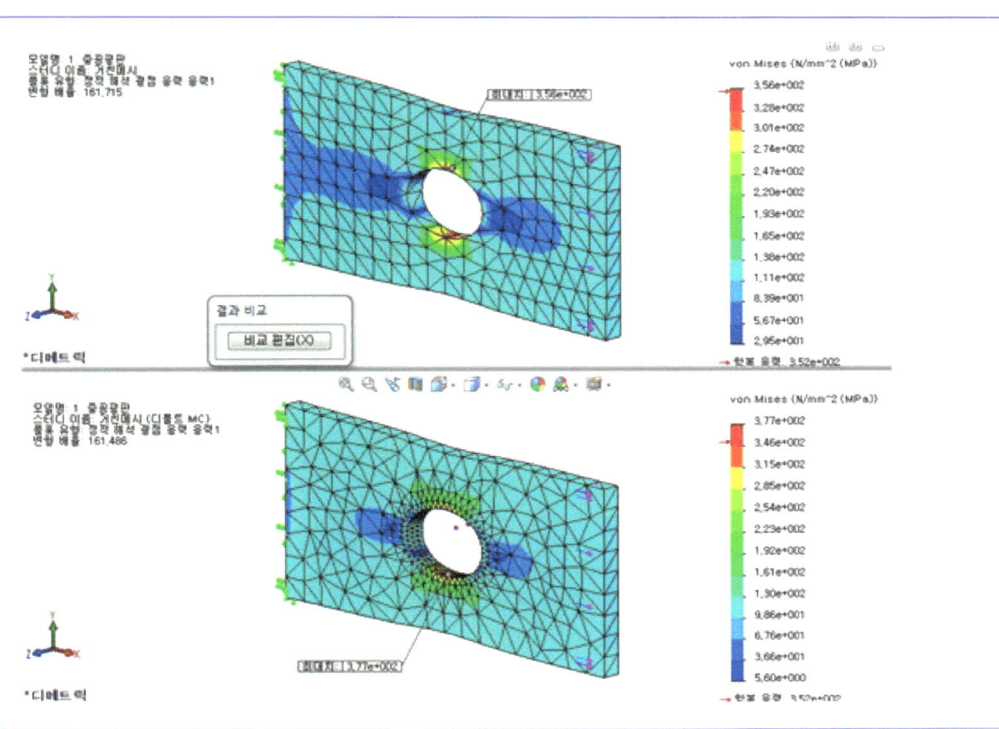

거친메시 vs 거친메시 (디폴트 MC) 응력결과 비교검토

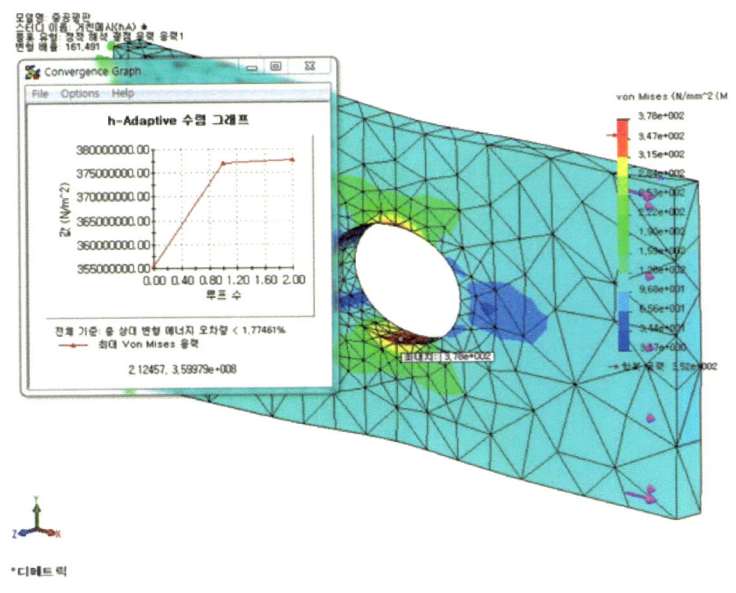

거친메시(hA) 응력플롯 및 수렴 graph

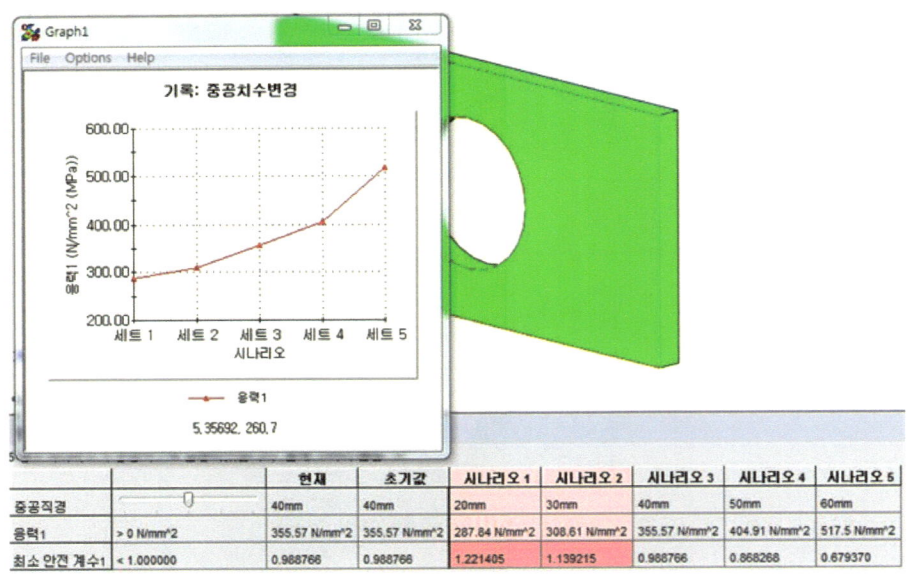

해석결과의 설계기록 graph (최대응력)

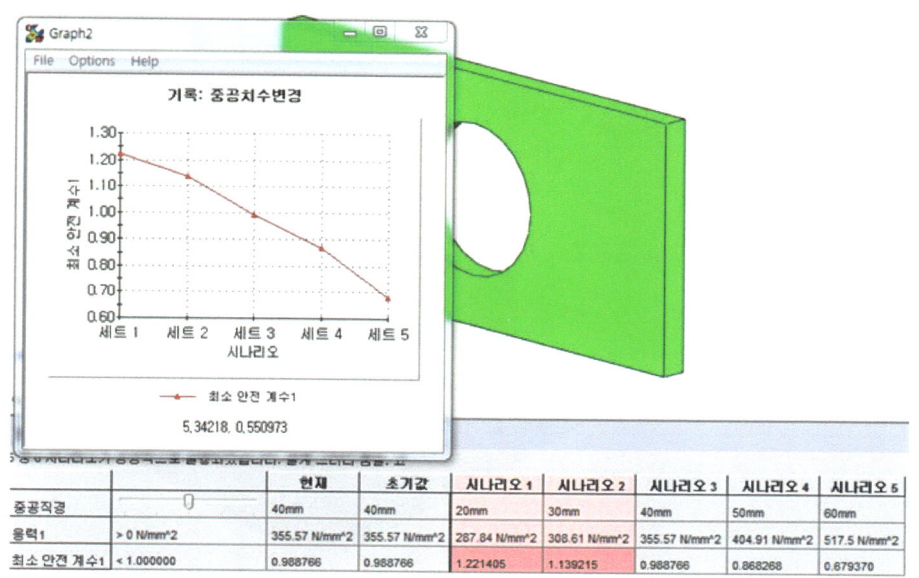

		현재	초기값	시나리오1	시나리오2	시나리오3	시나리오4	시나리오5
중공직경		40mm	40mm	20mm	30mm	40mm	50mm	60mm
응력1	> 0 N/mm^2	355.57 N/mm^2	355.57 N/mm^2	287.84 N/mm^2	308.61 N/mm^2	355.57 N/mm^2	404.91 N/mm^2	517.5 N/mm^2
최소 안전 계수1	< 1.000000	0.988766	0.988766	1.221405	1.139215	0.988766	0.868268	0.679370

해석결과의 설계기록 graph (FOS)

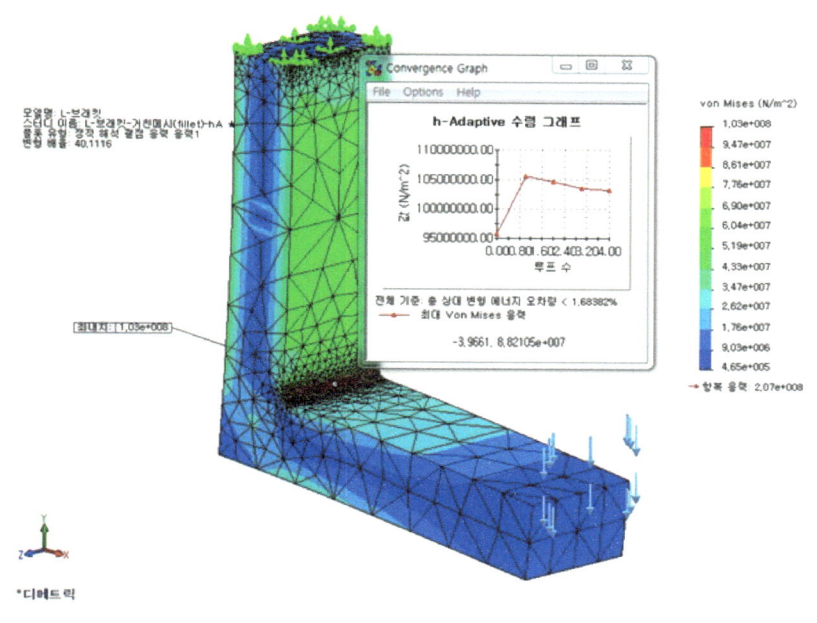

해석결과의 설계기록 graph (최대응력) – fillet

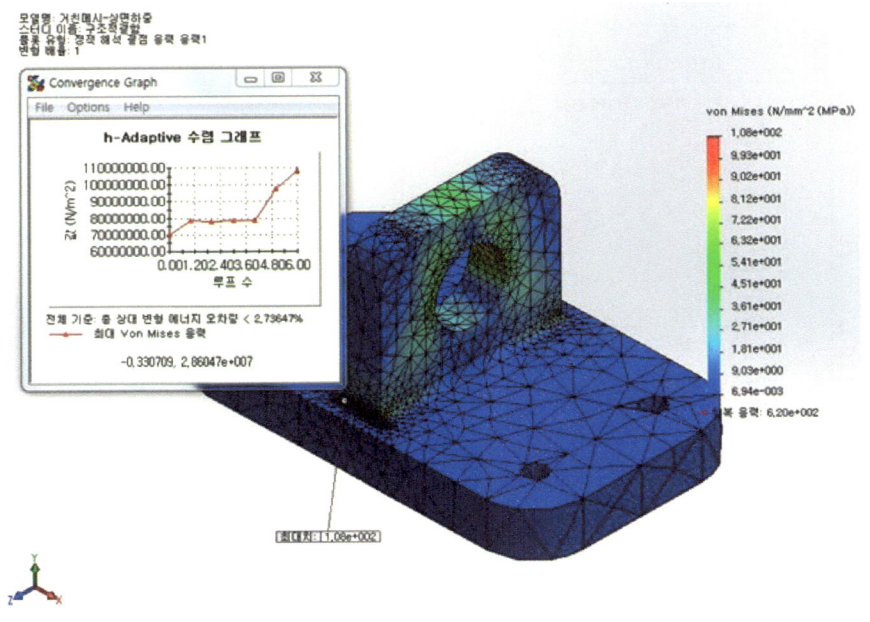

해석결과의 설계기록 graph (최대응력) - 3 fillet

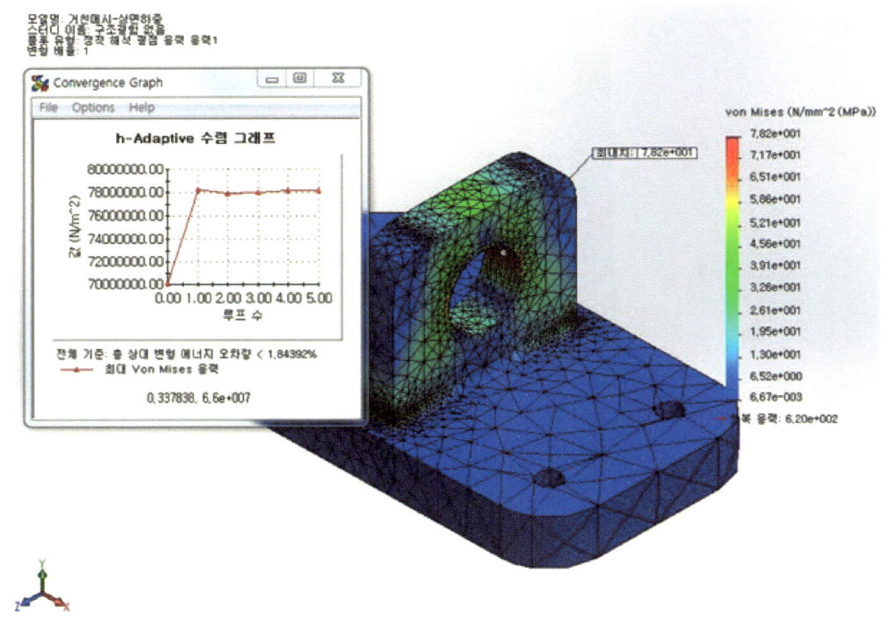

해석결과의 설계기록 graph (최대응력) - 4 fillet

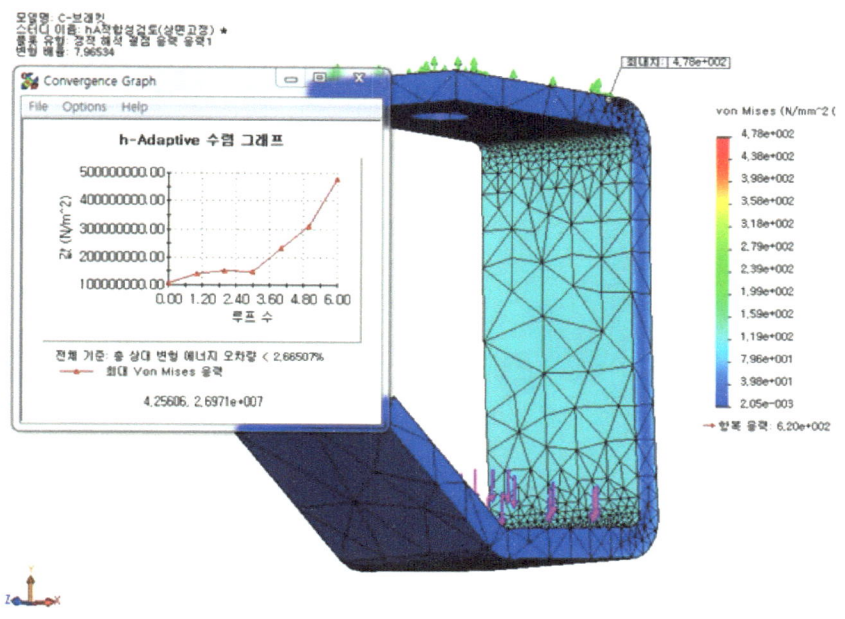

해석결과의 설계기록 graph (최대응력) – 상면 고정구속

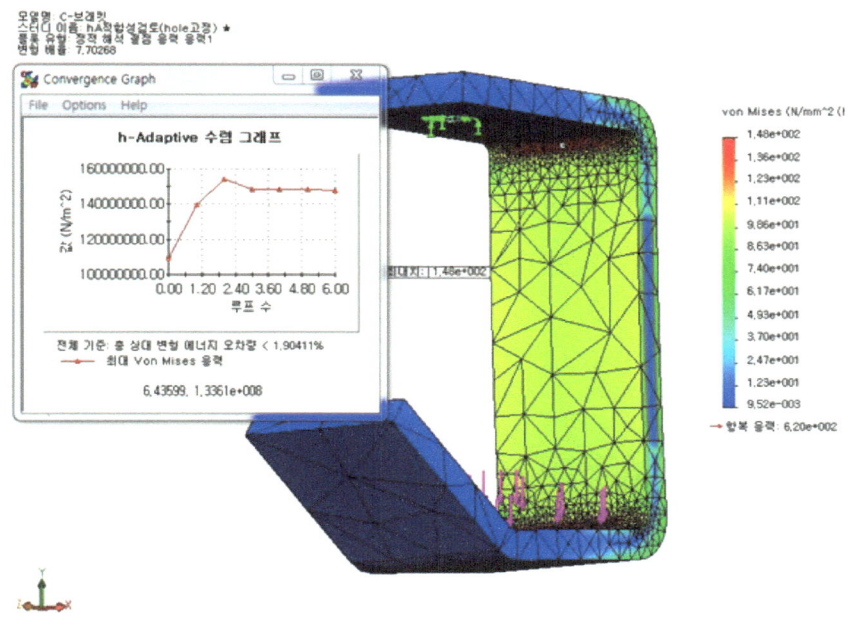

해석결과의 설계기록 graph (최대응력) – Hole 고정구속

3-2 개별실습 예제 (Ⅱ)

| 공학모델 | FEA 모델 |

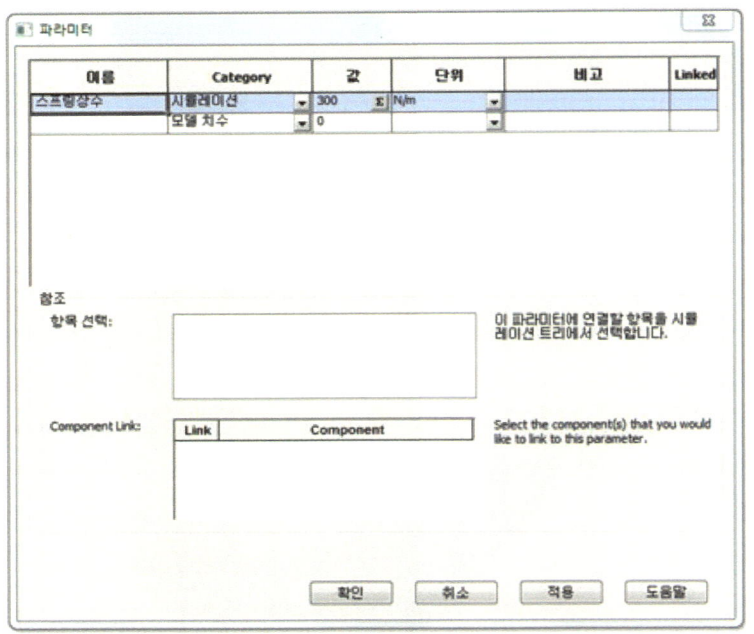

스프링상수 설계변수의 정의 (DS-2)

전처리 과정

- ◈ 해석모델 파일열기
    1-2-4. 연결유형 구분 및 설정기법
    / S1-2-4(2) 충격흡수기(개별실습)★
- ◈ 해석용 FEA 모델의 준비(스프링부품 기능억제)
- ◈ 스터디의 생성 및 명칭(충격흡수기)의 결정
- ◈ 스터디 트리의 검사
- ◈ 재질(Alloy Steel) 설정
- ◈ 스프링(평행평면, 축 강성 255.7N/m, 합계) 설정
- ◈ 고정구속 설정(Plunger 반대쪽 내부원통 면)
- ◈ Plunger 외부원통 면의 거동구속
    (축 방향으로 1자유도의 병진운동만 허용)
- ◈ 압축하중(Plunger 쪽 내부원호 면⇩, 3N) 설정
- ◈ 메시컨트롤(Collar fillet부, 0.5/1.5) 적용
- ◈ 전처리 과정의 저장

유한요소 모델의 구축

- ◈ 메시작성(기본, 표준, high)
- ◈ 메시표시와 확인
- ◈ 해석의 실행

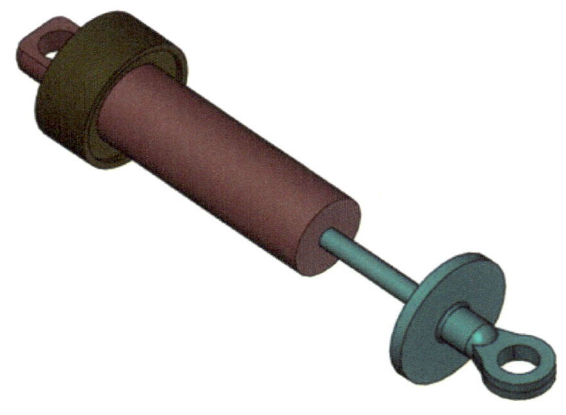

FEA 모델

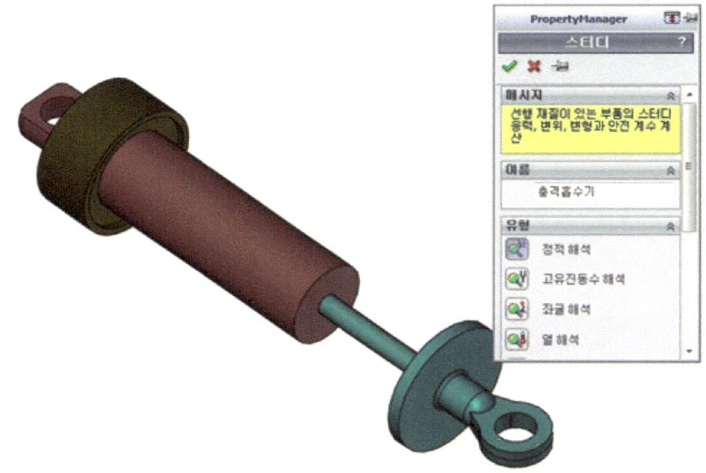

스터디 명칭의 설정

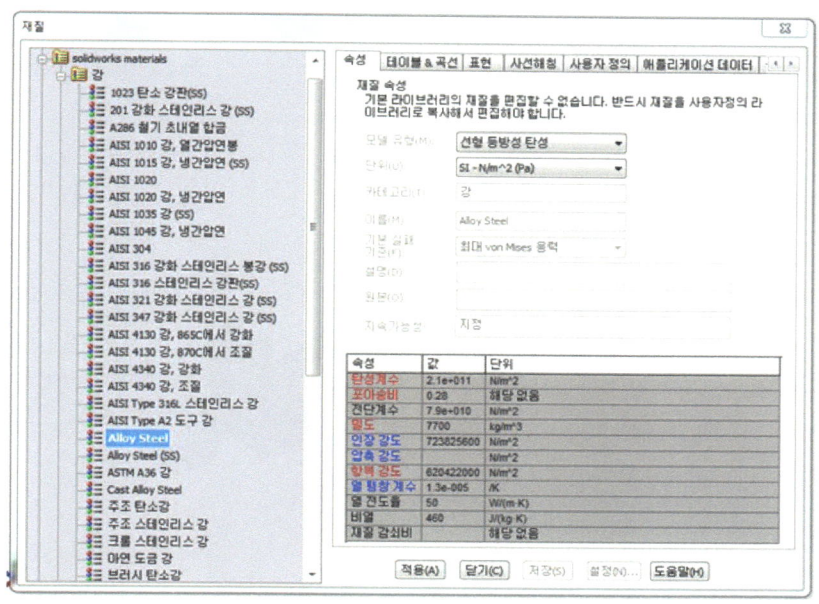

전체재질 설정 ⇨ Alloy Steel

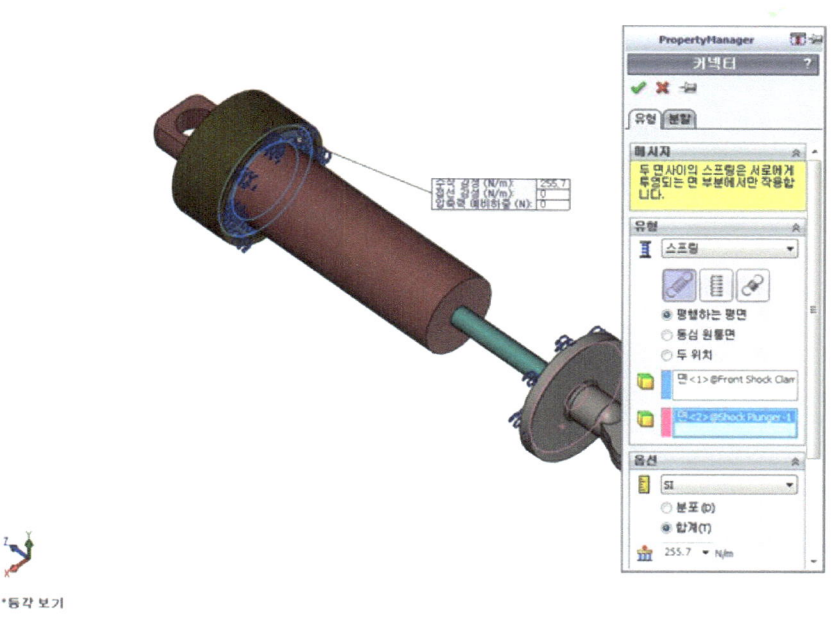

스프링 연결요소 (평행평면, 합계, 축 방향 강성 255.7Nm-1)

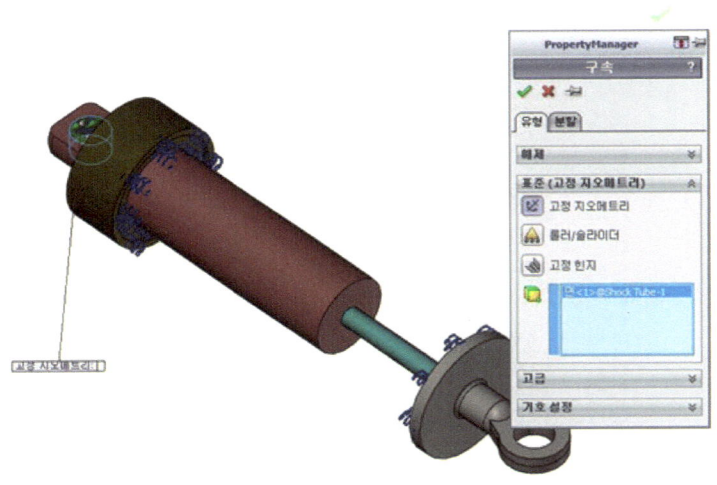

고정구속 설정

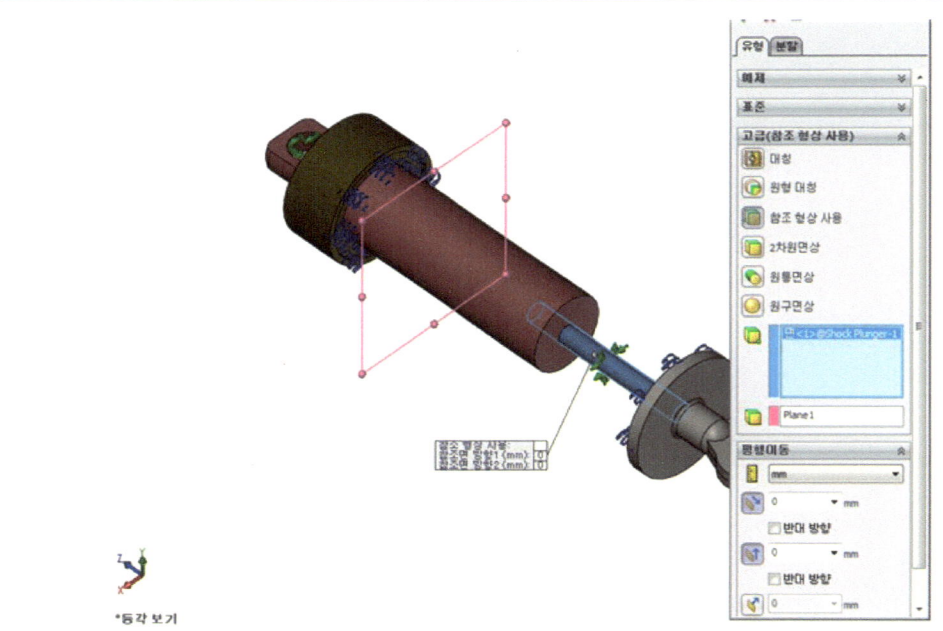

축 방향 만으로의 변형거동 추가구속 설정

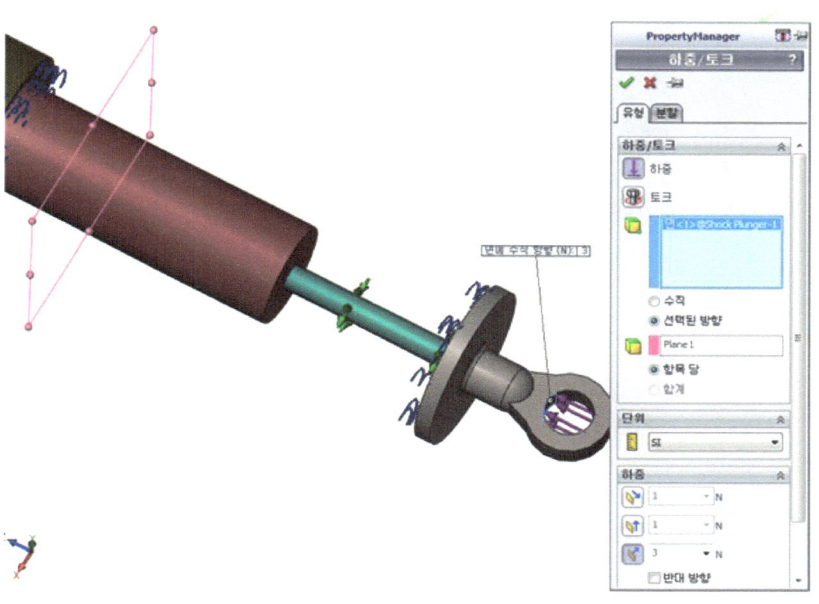

하중조건 설정 ⇨ 압축하중(3N)

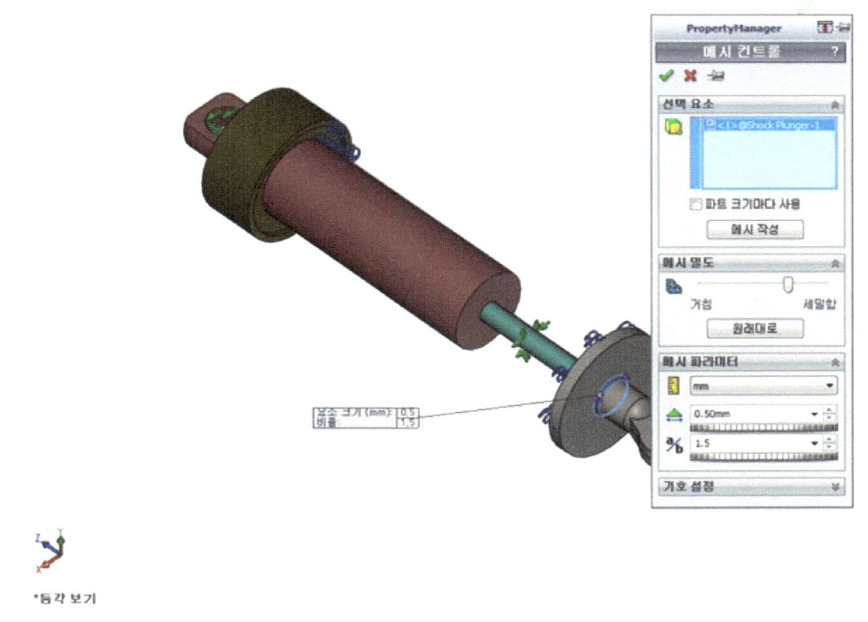

원형 fillet 면에 MC(0.5/1.5) 적용

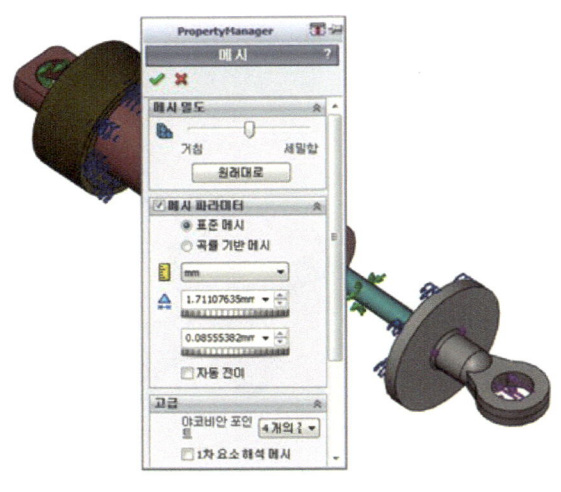

메시작성 (Default, 표준, high) 상세사항

메시플롯

후처리 과정

- 트리에서 응력 1 을 표시
- 최대응력 크기와 발생위치 검토
- 트리에서 변위 1 을 표시
- z 변위 플롯의 추가
- 축 방향 최대변위의 검증(11.7mm)
- 변위결과의 애니메이션 작성
- 저장 및 파일닫기
- 스프링상수 설계변수(DS-2)에 대한 고찰

논의

◆ 스프링상수 및 z 변위에 대하여

Z 방향 변위플롯에서의 최대변위 값을 검토한다.

11.7mm의 최대변위가 확인되며, 이는 Hooke의 법칙에 따른 선형적인 강성과 변형에 대한 스프링의 이론적인 계산 값과 일치하고 있다는 사항을 검토함으로서 해석결과의 신뢰성이 검증될 수 있다.

$$Uz = F/k = 3/255.7 = 0.0117m = 11.7mm$$

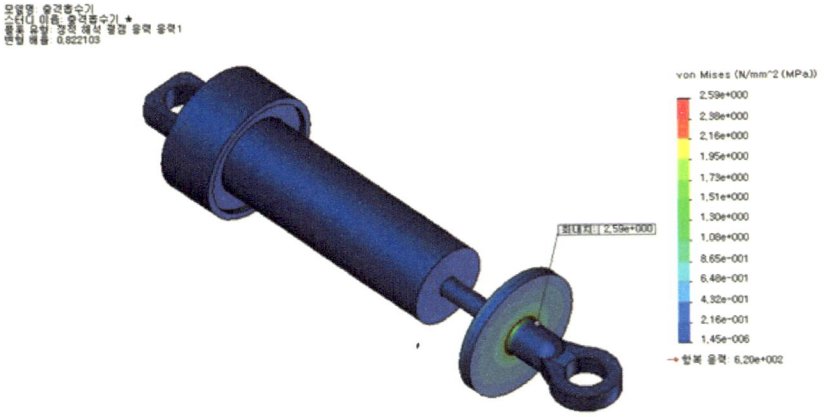

응력플롯 (자동배율)

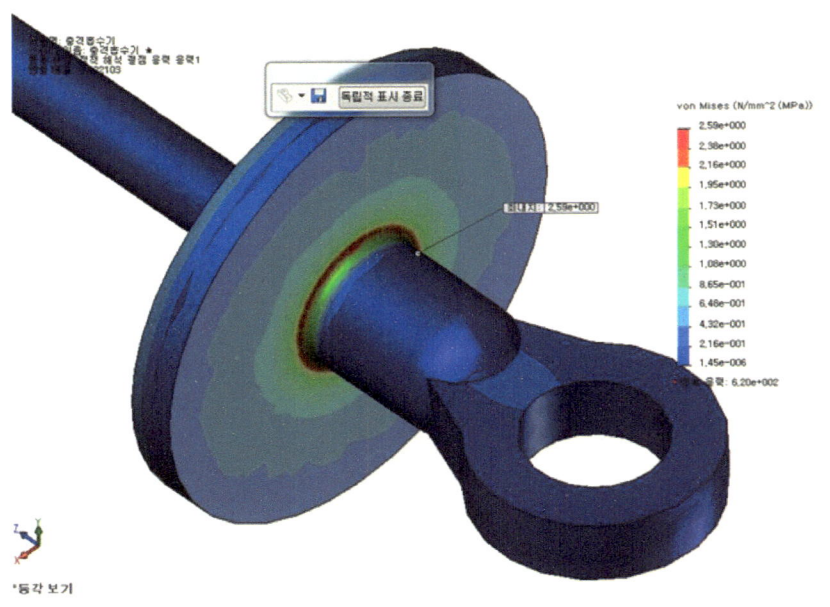

응력플롯 (독립적 표시) – zoom

총변위 플롯 (자동배율)

z-변위 플롯 (자동배율)

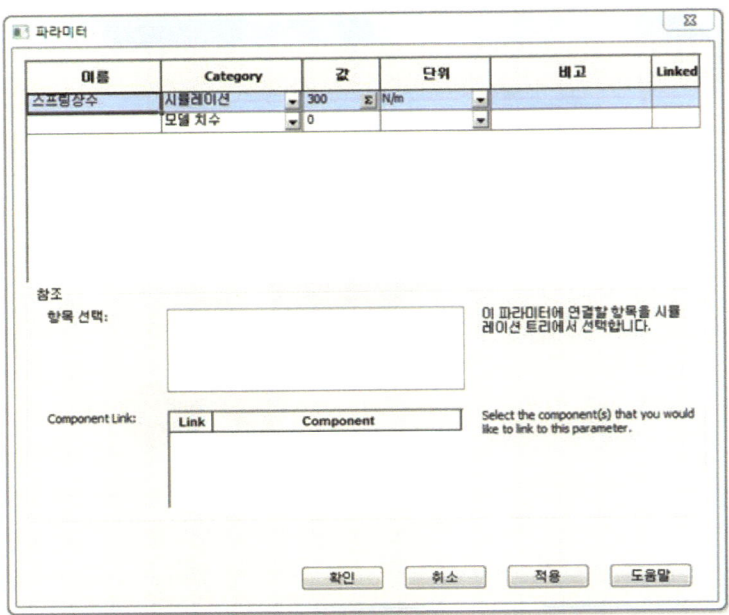

스프링상수 설계변수의 정의 DS-2 (응용과정 참조)

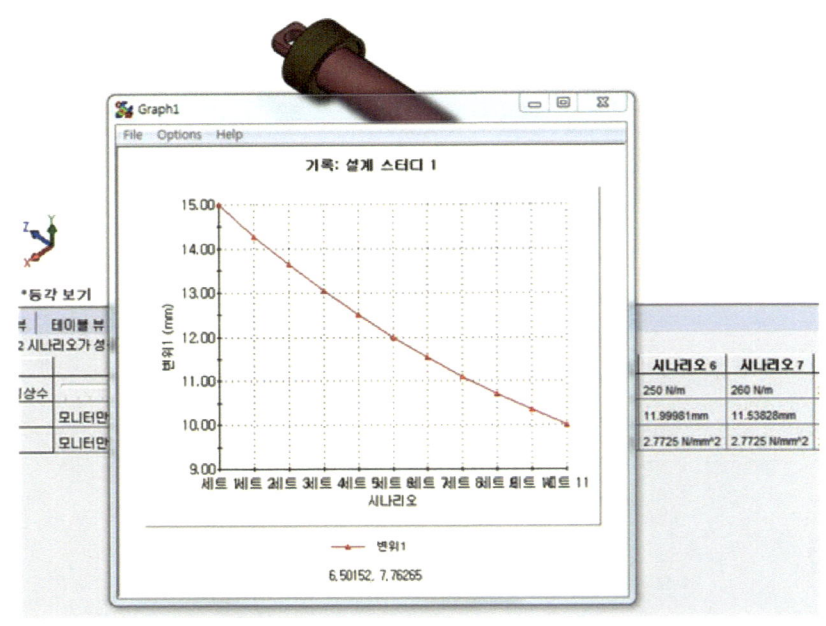

스프링상수 설계변수 DS-2 결과 (응용과정 참조)

3-3 개별실습 예제 (Ⅲ)

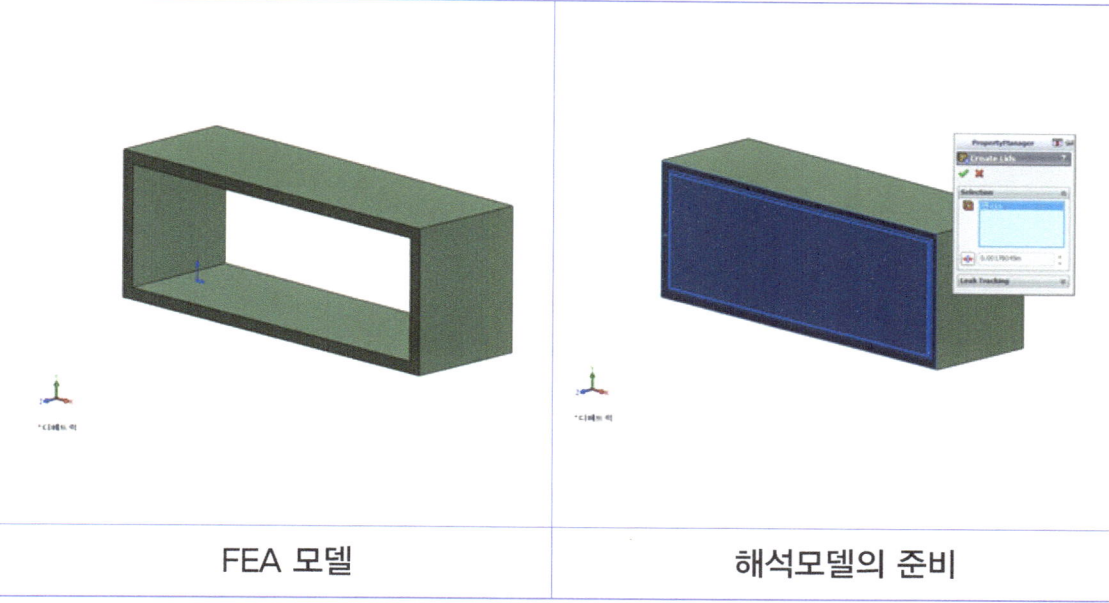

| FEA 모델 | 해석모델의 준비 |

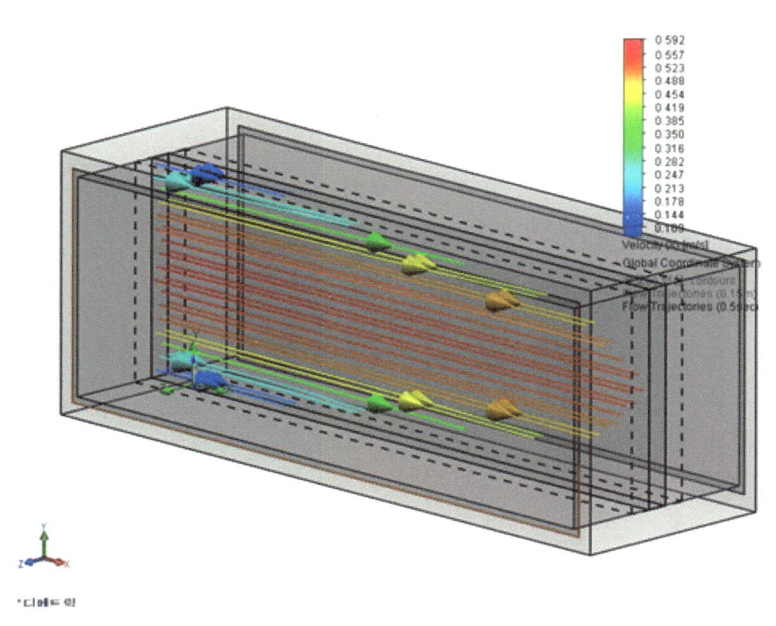

비등속 유동궤적 플롯

내부유동(실제벽면 및 비 등속) 유사해석

❶ 해석트리의 구성사항의 복사 또는 개별작성
  (2-2-4. 유동의 가시화)에서 저장한 모든 파일을 윈도우 상에서
  (2-2-5.개별실습 예제 (Ⅲ))로 복사. B-❶

❷ 실제벽면 조건의 해석검토
  복사된 현재폴더의 내부유동 프로젝트를 활성화하고 해석트리 경계조건 중 이상벽면 설정을 기능억제 한 후에, 동일한 면들을 실제벽면으로 추가설정하고 해석실행. B-❶

❸ 해석실행 결과의 후처리와 검토 및 저장
  2-2-4.항에서 학습된 사항 및 제 3 장 참조플롯과 동영상들을 참고하여 실행. B-❶

❹ 프로젝트 복제
  내부유동 프로젝트를 복제하여 새로운 '내부유동(비등속)' 구조를 생성하고 확인. B-❷

❺ 벽면조건과 유입속도 profile 설정변경
  해석트리 경계조건 중 벽면조건을 이상 벽면으로 되돌리고 기존의 유입경계조건을 기능억제한 후, 유입속도 profile을 입력(설정면 기반)하면서 preview를 검토하여 설정을 확인함. B-❷

❻ '내부유동(비등속)' 프로젝트의 실행 및 해석결과의 후처리 B-❷

❼ 결과폴더 확인
  해석결과 폴더가 추가된 사항을 확인. B-❷

❽ 본 주제의 후처리과정 실습과 검토는 2-2-4.항의 학습사항에서와 동일하게 개별적으로 진행할 수 있기를 기대한다.

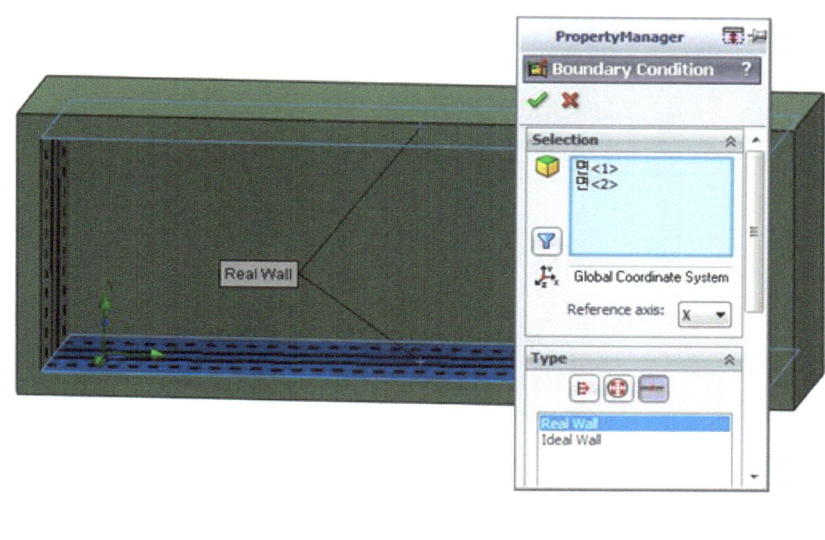

벽면조건 (Real-wall) 설정 B-❶

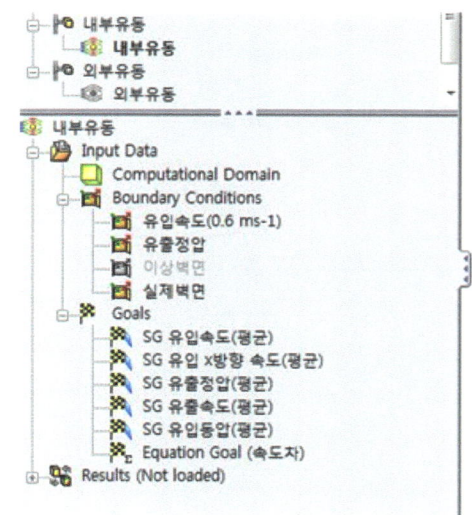
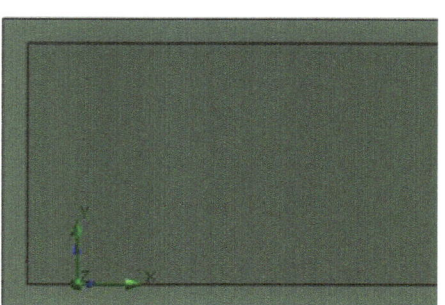

Ideal-wall 억제 및 Real-wall 설정 완료된 화면 B-❶

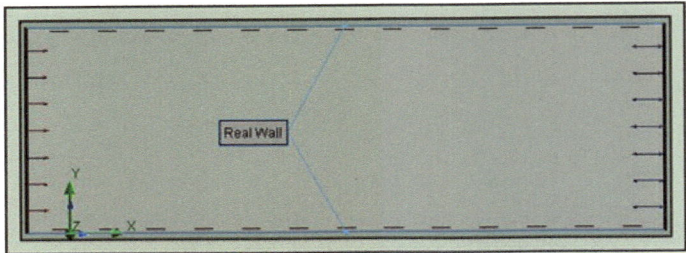

*정면

전처리 2단계 설정 symbol B-❶

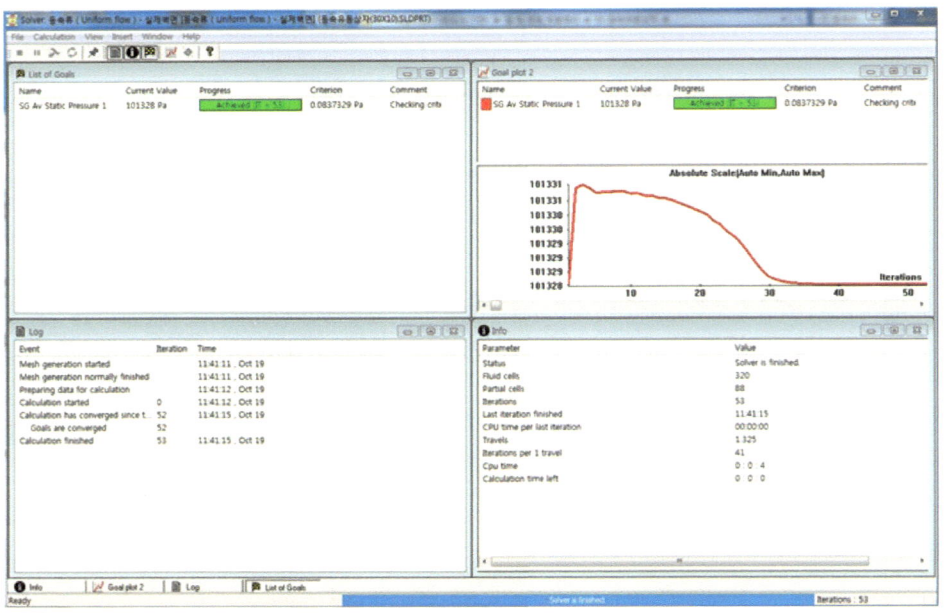

해석실행 창 화면 B-❶

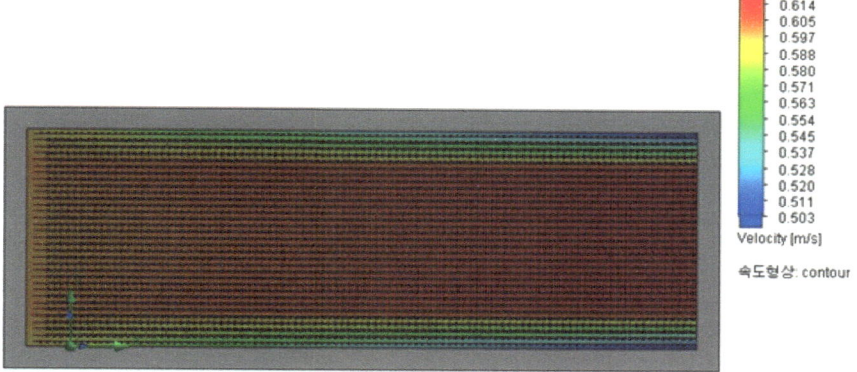

속도형상과 벡터 B-❶

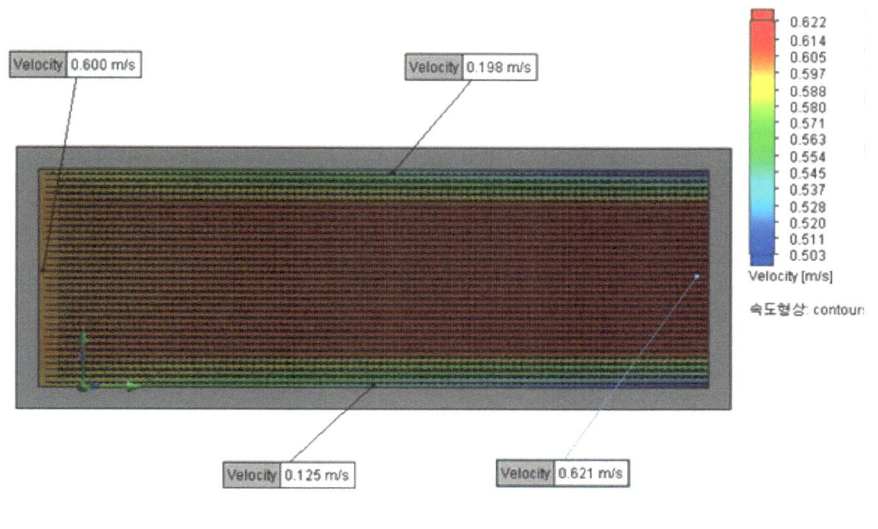

속도 probe B-❶

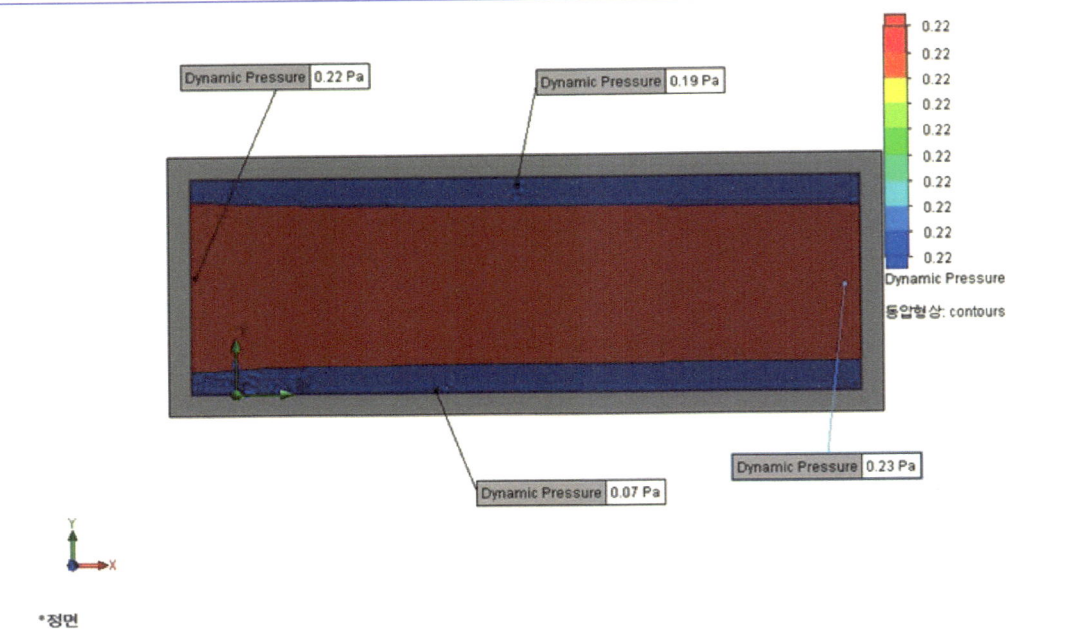

동압형상과 probe B-❶

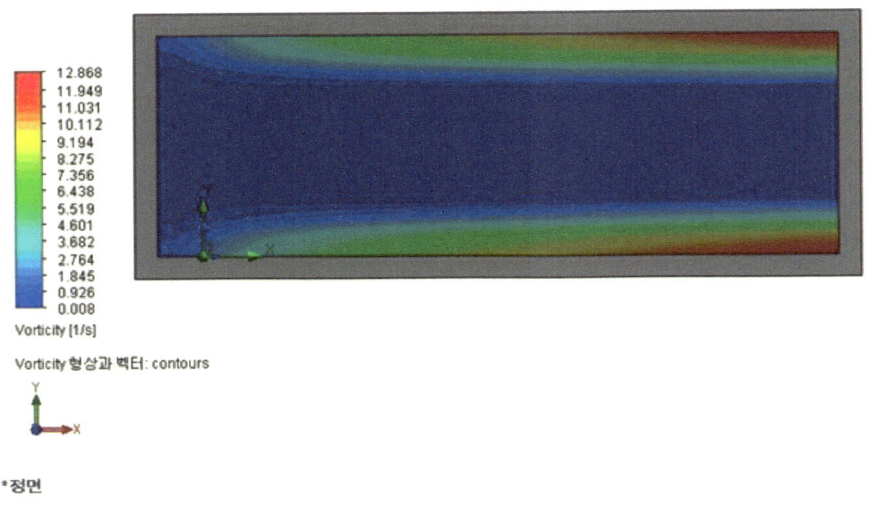

Vorticity 형상과 벡터 B-❶

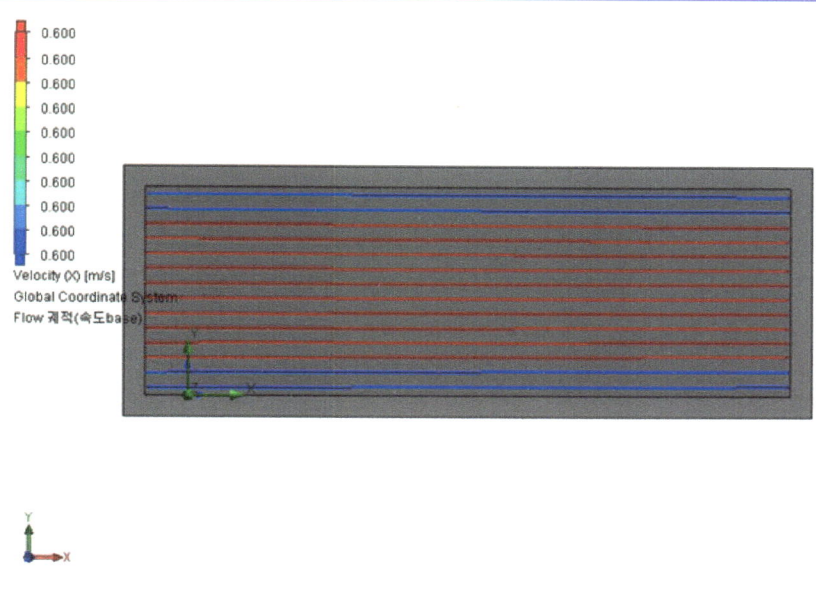

유동궤적 (속도 base) B-❶

학습모델 관련 folder에 첨부된 동영상 참조

실제벽면 유동궤적 Animations B-❶

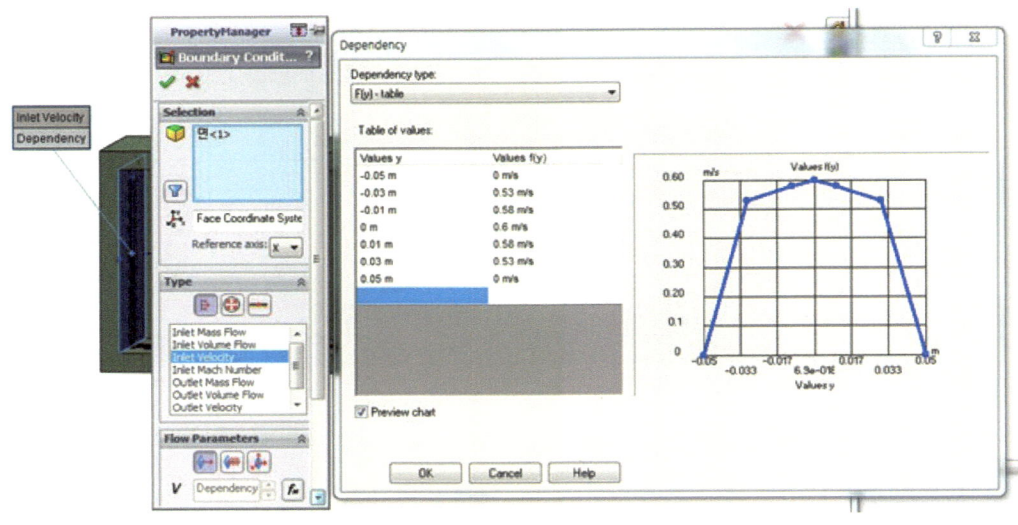

Y 변위종속 비등속 속도분포 설정 상세사항 B-❷

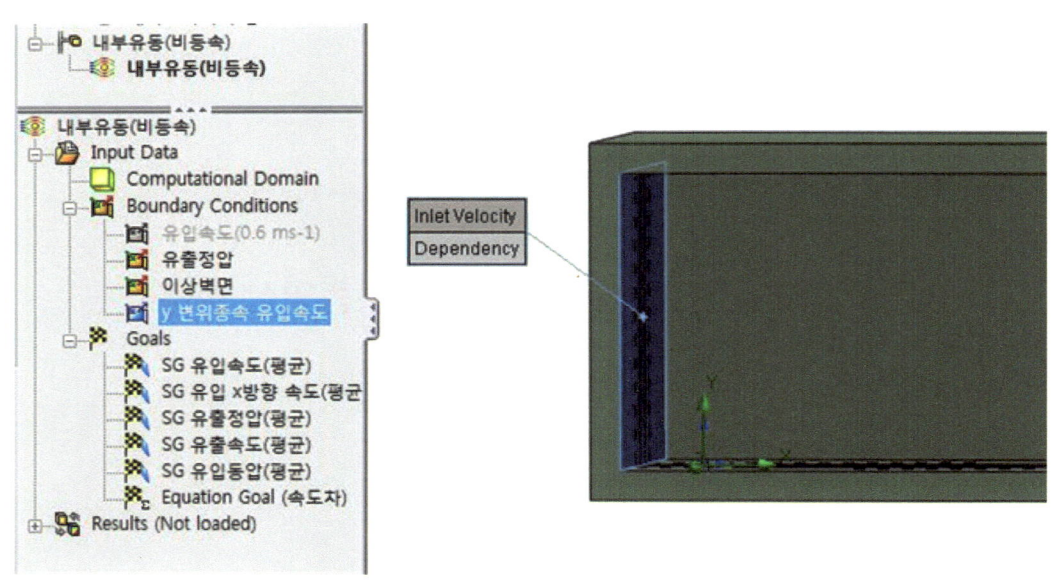

Y 변위종속 비등속 속도분포의 설정 완료된 화면 B-❷

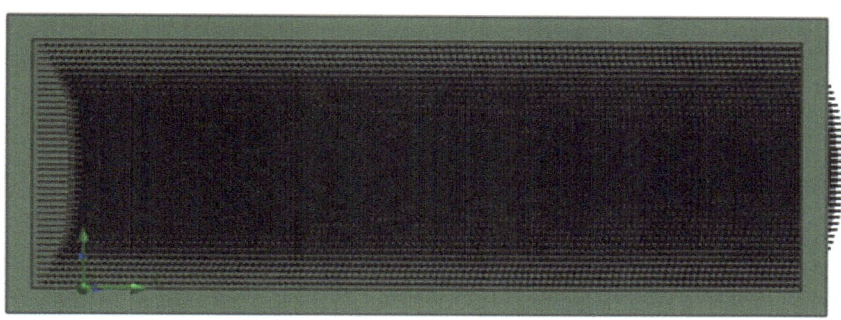

*정면

속도벡터 B-❷

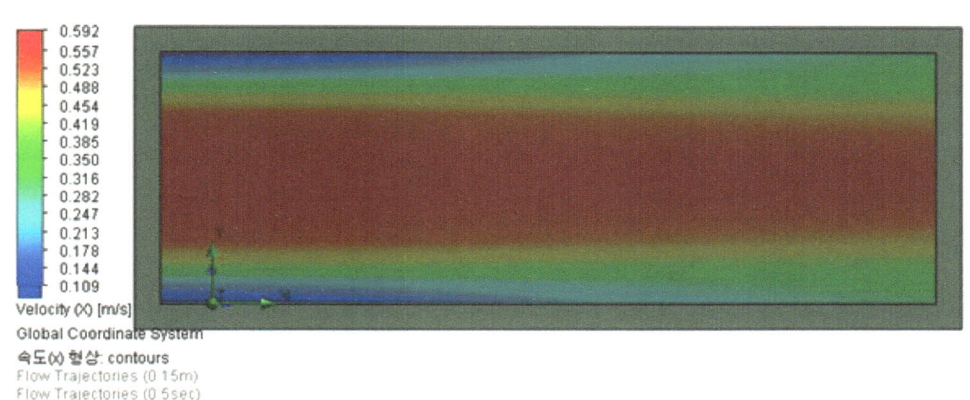

*정면

속도형상 B-❷

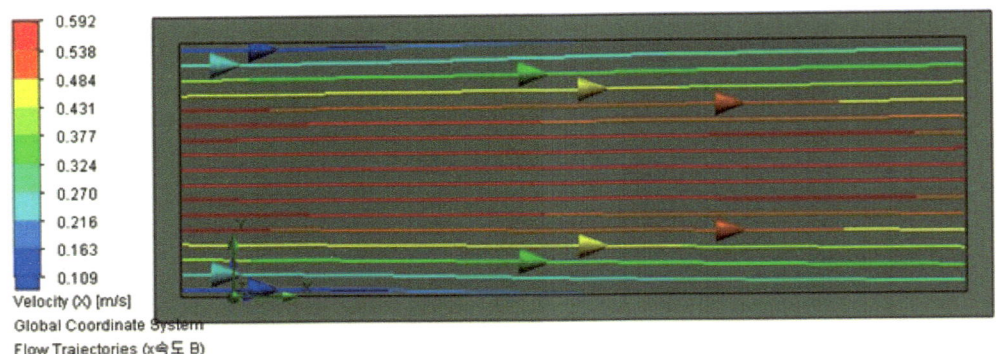

*정면

유동궤적 (x-속도 base) B-❷

학습모델 관련 folder에 첨부된 동영상 참조

비등속 유동궤적 Animations B-❷

입자스터디(PS) 유사해석

❶ Main 유동의 실행

　2-2-5.개별실습 예제 (Ⅲ) 폴더의 내부유동 프로젝트를 활성화하고 해석 트리 경계조건 중 벽면조건을 이상벽면으로 되돌린 후 해석실행.

❷ PS 2~3의 추가설정과 실행 및 설정변수 효과검토

　기존 PS 1의 입자 spec과 동일한 입자에 대한 벽조건 및 중력 조건변수를 추가 설정하는 PS 2와 3의 입자스터디를 실행하고, 각 PS 설정변수의 효과를 검토함.

❸ PS 해석실행 결과의 후처리

　3 장의 참조플롯 및 동영상과 일치하는 PS 2와 3 실행결과의 동영상을 작성함.

❹ 해석실행 결과의 저장

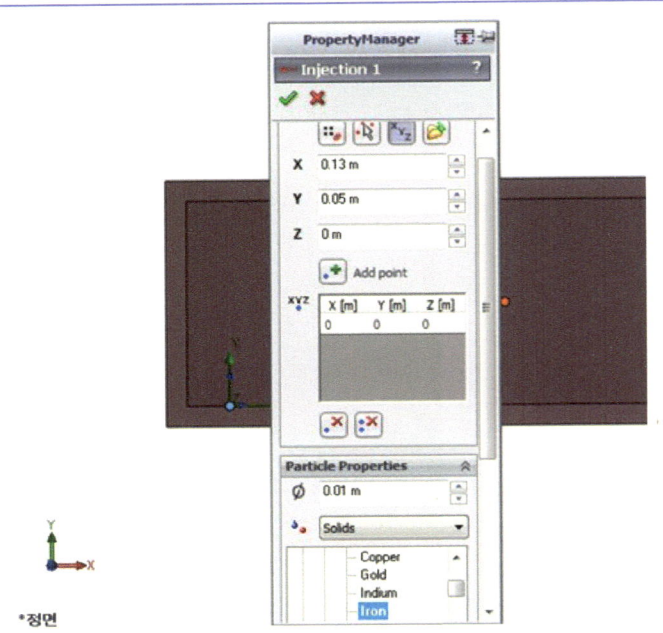

PS 2 논리설정 (1) B-❸

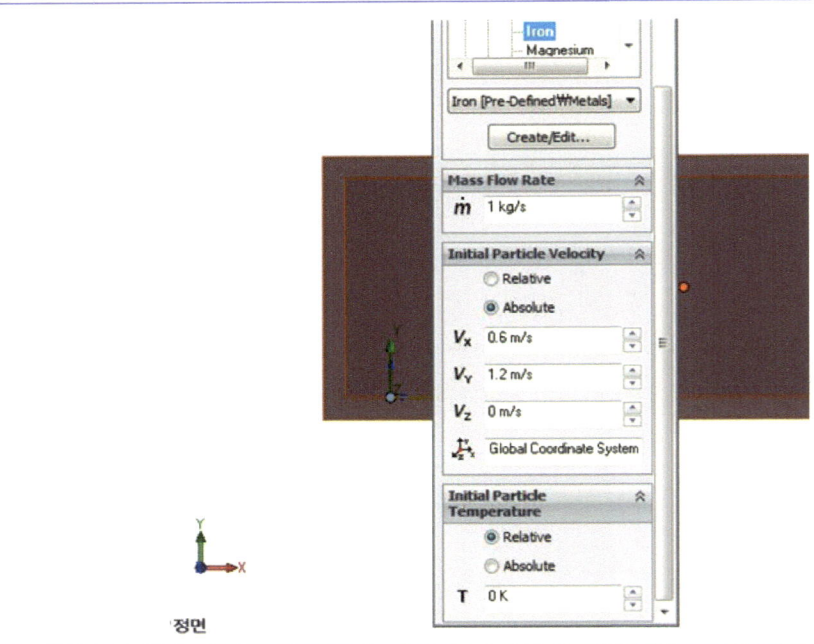

PS 2 논리설정 (2) B-❸

PS 2 논리설정 (3) – 벽조건 B-❸

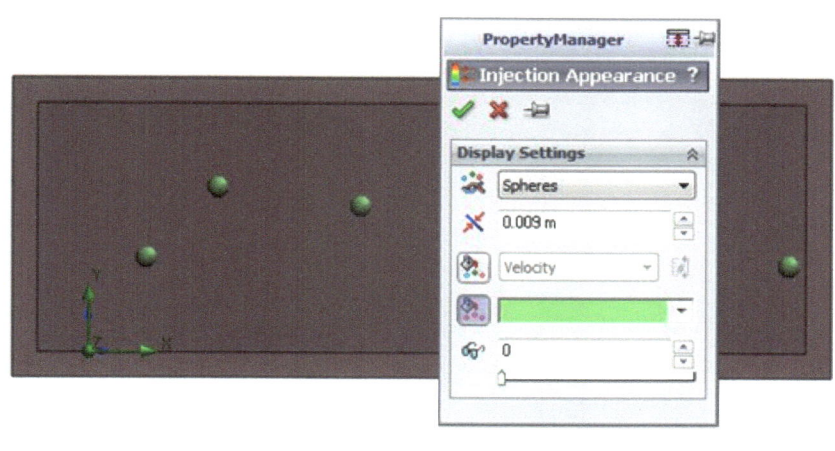

PS 2 Injection Appearance 설정변경 B-❸

학습모델 관련 folder에 첨부된 동영상 참조

PS 2 유동궤적 Animation B-❸

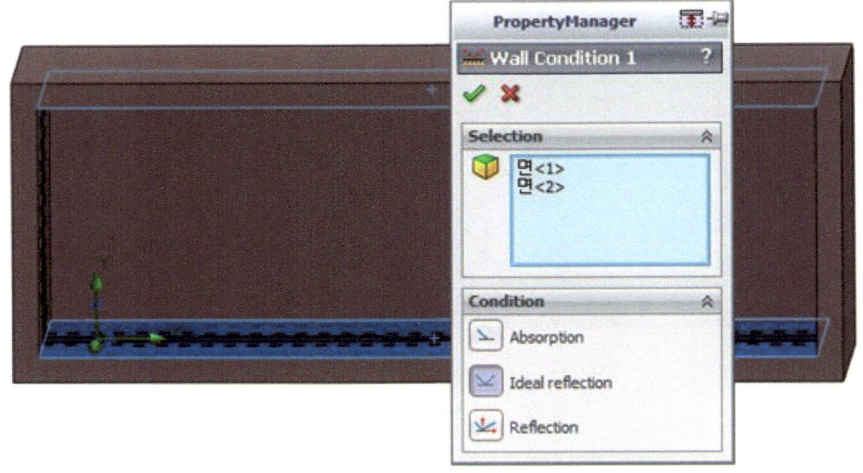

PS 3 논리설정 변경 (3) – 벽조건 B-❸

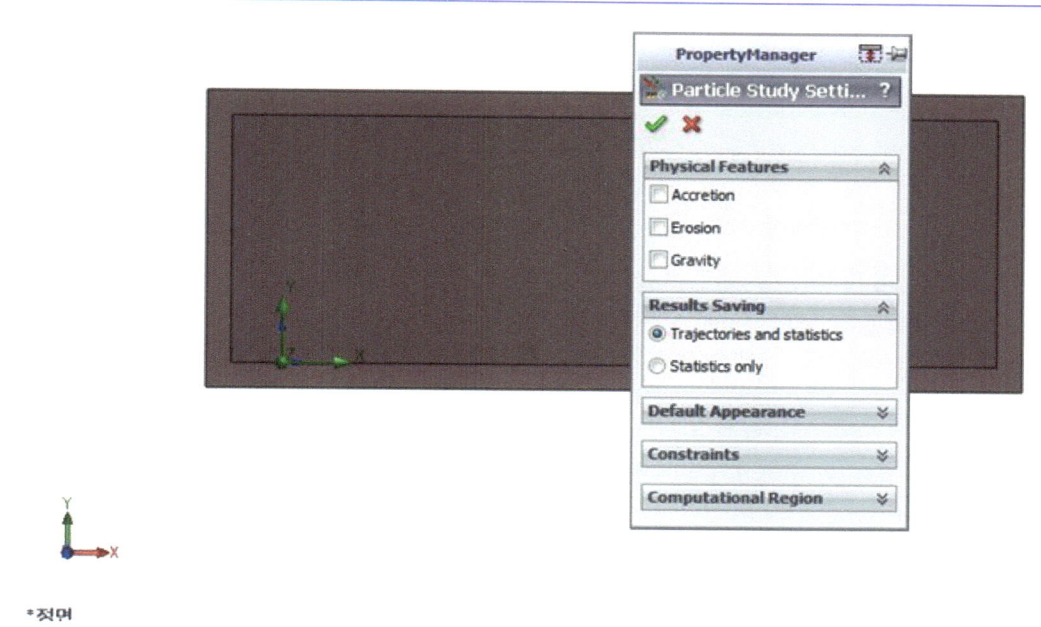

PS 3 논리설정 (4) – 중력무시 조건 B-❸

학습모델 관련 folder에 첨부된 동영상 참조

PS 3 유동궤적 Animation B-❸

학습평가 응용해석

❶ 비등속 유동 응용
2-2-5.개별실습 예제 (Ⅲ) 폴더의 내부유동 프로젝트를 활성화하고 해석 트리 경계조건 중 벽면조건을 이상벽면으로 되돌린 후, 비등속유동 응용 속도분포를 설정완료하고 해석실행.

❷ 비등속 유동 해석실행 결과의 후처리 및 저장
참조플롯 및 동영상과 일치하는 실행결과를 작성함.

---

❶ PS 응용
하단의 개별실습 guide와 폴더에 첨부된 동영상 참조.

❷ PS 응용 해석실행 결과의 후처리 및 저장
참조플롯 및 동영상과 일치하는 실행결과를 작성함.

◆ PS (4~5) 개별실습 guide

다음 조건의 입자스터디에 대한 개별실습을 권장한다.

⇨ PS 4 $V_{유입}$ = 0.002m/s 의 공기유동, 수직 상방향 0.002m/s의
          속도로 분사된 직경 d = 0.5 mm의 금 입자, 중력무시 조건

⇨ PS 5 $V_{유입}$ = 10m/s 의 물 유동, 수직 상방향 1, 2, 3 m/s의
          속도로 분사된 직경 d = 1 cm의 철 입자, 중력무시 조건

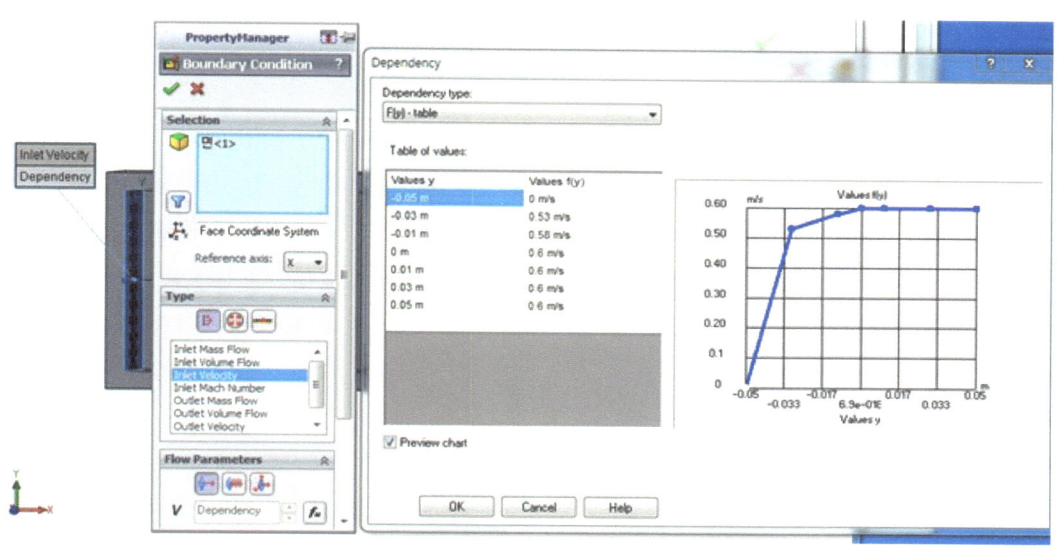

학습평가(비등속유동 응용) 속도분포 설정 상세사항 C-❶

속도벡터 C-❶

학습모델 관련 folder에 첨부된 동영상 참조

학습평가(비등속유동 응용) 유동궤적 Animation C-❶

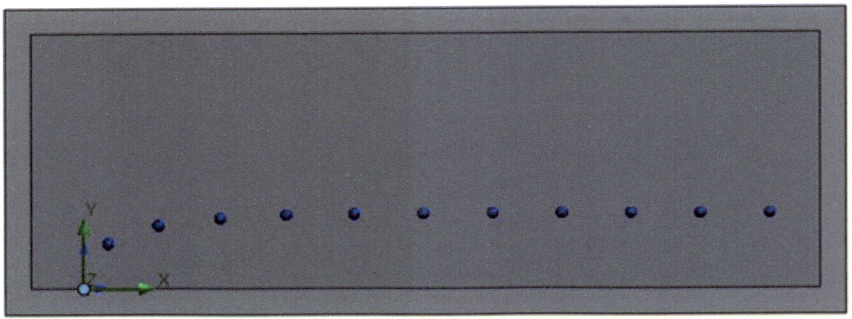

•정면

학습평가(PS 4 유동궤적, 색상 base) C-❷

학습모델 관련 folder에 첨부된 동영상 참조

학습평가(PS 4) 유동궤적 Animation C-❷

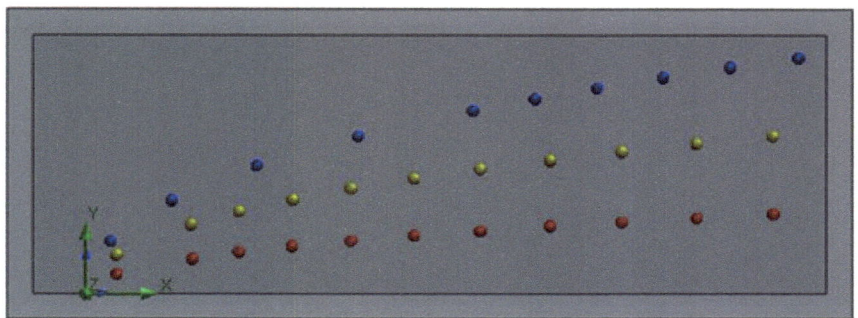

학습평가(PS 5 유동궤적, 색상 base) C-❷

학습모델 관련 folder에 첨부된 동영상 참조

학습평가(PS 5) 유동궤적 Animation C-❷

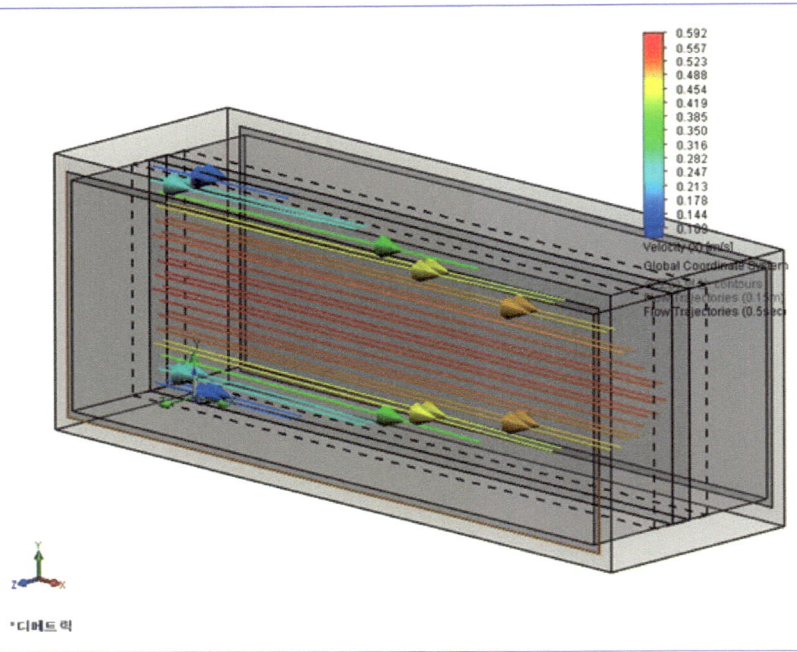

비등속 유동궤적 플롯(후처리기법 적용 예)

Appendix

공학해석 접근과정

1. 공학 기초이론의 이해

2. 수학적 모델과 FEA 전산모델의 이해

3. 해석유형의 구분

4. 각 해석유형 접근 및 설정기법의 이해

5. 접근기법의 숙달된 활용

6. 해석결과의 타당성 검토

7. Case study(사례연구)를 통한 해석이론의 증진

8. 실무적용 경험의 반복실행

9. 창조적 설계모델의 개발

정적 구조해석

- **모의해석 기술의 장점**
  재질, 형상, 치수 및 해석변수 선택의 용이성

- **공통사항**
  1. 해석범주의 결정 및 적합성
  2. 구속설정의 적합성
  3. 하중설정의 적합성
  4. 해석의 최적화
  5. 결과의 신뢰성과 진실성
  6. 실제 현상과의 접근성

- **해석기술**
  1. 적절한 구속설정
  2. 적절한 하중설정
  3. 해석모델의 단순화
  4. 메시의 최적화
  5. 결과플롯의 가시화 및 분석기술
  6. 실제 현상과의 비교분석 기술

모의해석 과정에 대한 구체적 분류 Summery

1. 구속과 하중 및 변형
⇨ 구속의 종류(고정 지오메트리, 힌지구속, 대칭·2차원 면·참조형상 등의 2차적 고급구속)
⇨ 특히 대칭 고급구속은 전산자원의 효율적 이용상 필수사항
⇨ 강체구속, 소프트스프링 구속, 변위구속 등은 해석상 응용되는 고급구속
⇨ 하중의 종류(물리적 하중, 압력하중, 온도하중, 접선하중, 원심력하중 등)
⇨ 변형의 종류(비례변형, 탄성변형, 소성변형, 항복점과 영구변형)

2. 수학적 3-D 모델링 에러 vs 모델의 수정
⇨ 최대응력 해석결과의 수렴과 발산으로 검토
⇨ 최대응력 발생위치 및 변화의 검토
⇨ 효율적 메시작성과 작성된 메시플롯으로 검토

3. 해석결과의 신뢰성 vs 전산자원의 효율적 이용
⇨ 해석결과의 수렴과 발산 확인
⇨ 효율적 메시작성을 위한 메시 품질 및 메시플롯의 확인과 검토
   Tool : Draft vs Fine, Mesh control, h-Adaptive 자동세분화 등

4. 부품해석 vs Assembly 해석
⇨ 트리구조의 비교
⇨ 접촉탐지 및 분해도 기능의 활용
⇨ 부품간의 접촉부 메시작성의 호환성과 효율성
⇨ 연결 또는 체결용 기계요소(핀, 스프링, 볼트, 용접 등)의 설정

5. 접촉의 종류 및 설정시의 유의점
⇨ 본드접촉, 관통없음 접촉, 관통허용 접촉, 끼워맞춤 접촉, 가상면 접촉
⇨ 접촉설정 연습과 확인
⇨ 해석의 불안정성(점 하중, 가로방향 변형 등) ☞ 소프트스프링 구속으로 안정화

6. 기타사항
⇨ 대변위
⇨ 쉘 및 빔메시 알고리듬
⇨ 역학 이론과의 비교
⇨ 해석 알고리듬 검토 및 안전계수 플롯의 작성과 검토
⇨ 해석인자의 링크 및 설계스터디
⇨ 사용자정의 재질 데이터의 설정
⇨ 쉘과 솔리드 혼합메시

자율적인 개별 평가항목

코드	학습 분야별 점검항목
\multicolumn{2}{c}{SWSS(SW Static Simulation) 활용에 대한 고찰}

SWSS(SW Static Simulation) 활용에 대한 고찰

코드	점검항목
Ⓐ-1	* 구속유형(고정구속, 참조구속)의 종류를 이해하고 활용하는가?
Ⓐ-2	* 외부하중(수직하중, 전단하중)의 종류를 이해하고 활용하는가?
Ⓐ-3	* 접촉유형(본드, 관통 없음)의 종류를 이해하고 활용하는가?
Ⓐ-4	* 연결(핀, 스프링)의 종류를 이해하고 활용하는가?
Ⓐ-5	* 간섭탐지 기법을 이해하고 활용하는가?
Ⓐ-6	* 피처매니저(FM)의 활용(조립, 분해, 측정)을 이해하고 활용하는가?
Ⓐ-7	* Solver유형(Direct Sparce, 반복 solver)을 이해하고 활용하는가?

메시작업에 대한 고찰

코드	점검항목
Ⓑ-1	* 1차원(draft)과 2차원(high) 메시품질을 이해하고 활용하는가?
Ⓑ-2	* 메시컨트롤(MC)의 필요성을 이해하고 활용하는가?
Ⓑ-3	* 메시의 호환성에 대하여 이해하고 활용하는가?
Ⓑ-4	* 솔리드 메시의 생성기반을 이해하고 활용하는가?
Ⓑ-5	* 비균질 메시인자(hA)의 활용기법을 이해하고 활용하는가?

데이터 후처리 작업에 대한 고찰

코드	점검항목
Ⓒ-1	* 해석데이터의 신뢰성 검증기법을 이해하고 활용하는가?
Ⓒ-2	* 결과플롯의 종류를 이해하고 활용하는가?
Ⓒ-3	* 플롯추가 및 편집기법을 이해하고 활용하는가?
Ⓒ-4	* Legend의 활용 및 편집기법을 이해하고 활용하는가?
Ⓒ-5	* 점진적인 후처리개선 접근기법을 이해하고 활용하는가?

기타

코드	점검항목
Ⓓ-1	* 모델링 error 및 fillet의 필요성에 대하여 이해하고 활용하는가?
Ⓓ-2	* 구조의 활성화기법을 이해하고 활용하는가?
Ⓓ-3	* 사용자 정의 재질속성의 설정방법을 이해하고 활용하는가?
Ⓓ-4	* 설계스터디(DS-1)의 활용기법에 대하여 이해하고 활용하는가?
Ⓓ-5	* 열 및 유체유동 해석의 필요성은?

열 및 유체 유동해석

➡ 모의해석 기술의 장점
재질, 형상, 유체의 종류, 유동조건 및 열적인자 선택의 용이성

➡ 공통사항
1. 해석범주의 결정 및 적합성
2. 해석유형 설정의 적합성
3. 메시생성의 적합성
4. 해석목표 및 수렴조건의 적합성
5. 가시화 조건의 적합성
6. 결과의 신뢰성 및 실제 현상과의 접근성

➡ 해석기술
1. 적절한 모델의 준비
2. 적절한 프로젝트 생성요건의 설정 (전처리 1단계)
3. 해석을 위한 적합한 설정 (전처리 2단계)
4. 메시의 최적화
5. 해석실행(real time) 중의 검토 및 컨트롤
6. 결과플롯의 가시화 및 분석기술 (후처리)
7. 실제 현상과의 비교분석 기술 (후처리)
8. 연성해석 기술 (후처리)

모의해석 과정에 대한 구체적 분류 Summery

1. **프로젝트의 생성을 위한 전처리(전처리 1단계)**
   - ⇨ 프로젝트 명칭의 설정(고유한 해석구조의 생성)
   - ⇨ 단위계의 설정 및 컨트롤
   - ⇨ 해석유형과 물리적 특성의 설정 및 컨트롤
   - ⇨ Default material 의 설정 및 컨트롤
   - ⇨ 벽면조건의 설정 및 컨트롤
   - ⇨ 초기조건과 주위조건의 설정 및 컨트롤(난류모델 포함)
   - ⇨ 기본메시 해상도 조건의 설정 및 컨트롤

2. **프로젝트의 실행을 위한 전처리(전처리 2단계)**
   - ⇨ 초기메시의 설정 및 최적화
   - ⇨ 전산도메인의 설정 및 컨트롤
   - ⇨ 경계조건의 설정(내부유동)
   - ⇨ 해석실행을 위한 추가조건의 설정(특히 열 유동)
   - ⇨ 해석목표의 설정(수렴조건 및 검토조건)
   - ⇨ 구성요소 컨트롤 및 계산컨트롤(종료조건 및 저장조건 등)의 설정

3. **프로젝트의 실행**
   - ⇨ 실시간(real-time) 해석상태의 컨트롤
   - ⇨ Preview 의 활용(실시간 해석상태의 가시화)

4. **해석결과의 후처리**
   - ⇨ 3-D 및 2-D 메시플롯의 활용
   - ⇨ 2-D 결과플롯의 생성과 검토 및 분석
   - ⇨ 3-D 해석결과 동영상의 가시화(입자궤적, 입자스터디, 시간 애니메이션 등)
   - ⇨ 물리적 등가플롯의 생성과 검토
   - ⇨ 2-D 결과의 JPEG 플롯과 3-D 해석결과 동영상의 편집
   - ⇨ X-Y 플롯, goal플롯, 결과 데이터의 분석 및 추가 프로젝트 실행여부의 고찰

5. **기타사항**
   - ⇨ 3-D 및 2-D 결과플롯 컨트롤의 실습
   - ⇨ 다양한 종속성 설정의 실습
   - ⇨ Dummy-body, Component control 및 Calculation control의 활용
   - ⇨ 국부 초기메시의 설정 실습
   - ⇨ 사용자 정의 데이터의 설정 실습
   - ⇨ 해석결과에 대한 고찰

자율적인 개별 평가항목

코드	학습 분야별 점검항목
SWFS (SW Flow Simulation) 활용에 대한 고찰	
Ⓐ-1	* 유동해석(내부유동, 외부유동, 열유동)의 종류를 이해하고 활용하는가?
Ⓐ-2	* 전처리단계(프로젝트 생성 및 solve)의 구분내용을 이해하고 활용하는가?
Ⓐ-3	* 프로젝트 생성을 위한 전처리 1단계의 정의사항을 이해하고 활용하는가?
Ⓐ-4	* Solve를 위한 전처리 2단계의 설정사항을 이해하고 활용하는가?
Ⓐ-5	* Preview의 기능을 이해하고 활용하는가?
Ⓐ-6	* 피처매니저의 활용(측정, 숨기기, 기능억제 등)을 이해하고 활용하는가?
Ⓐ-7	* 유동의 가시화 및 더미바디의 필요성을 이해하고 활용하는가?
메시 작업에 대한 고찰	
Ⓑ-1	* 해석모델의 준비과정(리드생성, 형상검사 등)을 이해하고 활용하는가?
Ⓑ-2	* 메시의 종류(기본, 초기, 국부 초기메시 등)를 이해하고 활용하는가?
Ⓑ-3	* 자동 및 수동메시의 생성(NCR, 컨트롤 평면 등)을 이해하고 활용하는가?
Ⓑ-4	* 구성요소의 컨트롤 및 재구성에 대하여 이해하고 활용하는가?
Ⓑ-5	* 3-D 메시 및 2-D 메시플롯을 이해하고 활용하는가?
데이터 후처리 작업에 대한 고찰	
Ⓒ-1	* 다양한 물리량 2-D 플롯생성의 필요성을 이해하고 활용하는가?
Ⓒ-2	* 유동궤적 및 입자스터디의 필요성을 이해하고 활용하는가?
Ⓒ-3	* 동영상(AVI) 작성과정을 이해하고 활용하는가?
Ⓒ-4	* 등가평면 및 결과 데이터 확인방법을 이해하고 활용하는가?
Ⓒ-5	* 해석결과 데이터의 탑재 및 프로젝트 복제방법을 이해하고 활용하는가?
기타	
Ⓓ-1	* 공학 데이터베이스의 이용방법에 대하여 이해하고 활용하는가?
Ⓓ-2	* 재질의 종속성(방향, 시간 등)에 대하여 이해하고 활용하는가?
Ⓓ-3	* 물리량의 종속성(수식, 표 등)에 대하여 이해하고 활용하는가?
Ⓓ-4	* 적절한 가정을 이용한 해석모델 단순화의 필요성을 이해하고 활용하는가?
Ⓓ-5	* 구조해석과의 연성해석 과정의 필요성을 이해하고 활용하는가?

솔리드웍스
정적구조 및 유체유동 공학해석 기초

1판 1쇄 발행　2021년 7월 30일
1판 2쇄 발행　2022년 1월 20일
1판 3쇄 발행　2023년 1월 10일
1판 4쇄 발행　2023년 8월 10일
1판 5쇄 발행　2025년 3월 20일

지은이 | 이상만
펴낸이 | 이주연
펴낸곳 | **명인북스**
등　록 | 제 409-2021-000031호

주　소 | 인천시 서구 완정로65번안길 10 114동 605호
전　화 | 032-565-7338
팩　스 | 032-565-7348
E-mail | phy4029@naver.com
정　가 | 35,000원

ISBN 979-11-94269-07-6 (13550)

이 책에서 내용의 일부 또는 도해를 다음과 같은 행위자들이 사전 승인없이 인용할 경우에는
저작권법 제93조 「손해배상청구권」 에 적용 받습니다.
　① 단순히 공부할 목적으로 부분 또는 전체를 복제하여 사용하는 학생 또는 복사업자
　② 공공기관 및 사설교육기관(학원, 인정직업학교), 단체 등에서 영리를 목적으로 복제·배포하는 대표, 또는 당해 교육자
　③ 디스크 복사 및 기타 정보 재생 시스템을 이용하여 사용하는 자

※ 파본은 구입하신 서점에서 교환해 드립니다.